ニーチェ・コレクション

偶像の黄昏
アンチクリスト

ニーチェ

西尾幹二＝訳

思想の
地平線

白水Uブックス
1140

Nietzsche-Werke
Kritische Gesamtausgabe

Herausgegeben von
Giorgio Colli und Mazzino Montinari

Sechste Abteilung, Dritter Band

Walter de Gruyter & Co. Berlin 1969

凡例

一　本書はいわゆるデ・グロイター版ニーチェ全集Nietzsche-Werke, Kritische Gesamtausgabe（I〜VIII Abteilung）, herausgegeben von Giorgio Colli und Mazzino Montinari, Walter de Gruyter, Berlin・New York（1968〜）を底本として刊行中の白水社版ニーチェ全集第四巻（第Ⅱ期）のなかから『偶像の黄昏』と『アンチクリスト』の二作品を取り出して編まれたものである。

二　白水社版ニーチェ全集の第Ⅰ期はデ・グロイター版全集のAbteilung Ⅲ、Ⅳ、Ⅴに、第二期はAbteilung Ⅵ、Ⅶ、Ⅷ、にそれぞれ相応する。

三　本書において「遺された著作」とあるのはデ・グロイター版全集のNachgelassene Schriftenである。それらの資料となったノート、手帖、覚え書など（ヴァイマルの旧ゲーテ＝シラー文庫——現在Die Nationale Forschungs-und Gedenkstätten der klassischen deutschen Literatur in Weimar所管——に保存）の表示は明記する。

四　標題、副題、扉の銘句などはすべてデ・グロイター版全集の体裁に従う。

五　ニーチェの原文における欠語・欠字が編者によって補塡されている場合は、〈　〉で示される。文章が中途で切れている場合は、〈以下欠落〉とする。

六　訳者による語句の補いは〔　〕で示される。

七　デ・グロイター版全集にみられるゲシュペルト（字間あき）の個所の訳文には傍点を付し、引用符（強調の意味にも使われる）には「　」を、引用符が重なる場合には《　》を用いる。書名、雑誌・新聞名、劇・音楽作品名などの固有名詞には『　』を用いる。

八　原文・原語を示す必要がある場合は、本文中もしくは訳注に付す。

九　訳注は行間に（1）（2）（3）……で指示し、巻末に置く。デ・グロイター版全集の編者による補注などは適宜訳注に取り入れる。

目次

偶像の黄昏

あるいは
人はいかに鉄槌《ハンマー》をもって哲学するか

Götzen-Dämmerung
oder
Wie man mit denm Hammer philosophirt.

序言

暗鬱で、このうえもなく責任の重い一件を抱えている最中に、自らの快活さをずっと保ちつづけていくことは、朝飯前の手軽な仕事ではありません。ですが、快活さより以上にもっと必要なことが他に何かありましょうか。何事でも、浮き浮きと勇み立つ気持が関わって来ないようでは、ものにはなりますまい。力があり余ってこそ、はじめて力の証明となるのです。――あらゆる価値の価値転換、この疑問符はじつに暗黒で、かつまたじつに巨怪であり、この疑問符を振る人間の上に影を投げ掛けて来るほどです。――このような運命的な課題は、いつ何時《なんどき》でも、人を日向に向かって走らせ、重い、あまりにも重くなり過ぎた厳粛さをその身から振るい落させずにはおかないものがあります。このようなことをするためとあれば、どんな手段でも構いません。どんな「場合」でも、必ず幸運なケースとなるでしょう。とりわけ戦争です。戦争はつねに、あまりにも内面的になり、あまりにも深くなり過ぎたすべての精神にとっての大いなる智慮でありました。負傷の中にさえ治癒力が宿っているものです。博識な好奇心のために出典を言うのは控えたいと思いますが、ある箴言が以前から私のモットーとなって来ました。

傷によって生気は増し、力は生長する。〔ローマの文法家アウルス・ゲリウスの『アッティカの夜』全二十巻中の第十八巻にあるプリウス・アンティアスの言葉〕

もう一つ別の快癒の仕方があります。場合によってはこの方が私にははるかに望ましいのですが、それは偶像を探ってそこから巧妙に聴き出すことであります。……世界には実在しているものより、偶像の方が数多く存在しています。と申し上げることが、この世界に対する私の「意地悪い眼」であり、また私の「意地悪い耳」でもあるのですが。……ことここに至って、ひと思いに、鉄槌をもって問いを発し、そしてその問いに対する返答として、膨れ上った臓腑のことを語るあの有名な、うつろな音色を聴くことは――耳のうしろにさらに耳を持っているような人間――すなわちこの私、老練な心理学者であり、かつ鼠取りの名手〔伝説「ハーメルンの笛吹き男」に由来し、一般に誘拐者」民衆煽動家の意〕である私にとっては、何という陶然たる歓びでありましょう。このような私の前に置かれると、ほかでもありません、自分を秘したままでいたがっている物事が、自分をおおっぴらに現わさずにはいられなくなって来るのであります。……

本書もまた――書名が隠しようもなく示していますが〔本書の書名は最初「一心理学者の怠惰な暮し」が予定されていた〕――何といってもまず一つの気晴しであり、太陽の中の一黒点であり、一心理学者の怠惰な暮しへの寄り道であります。ひょっとするとこれまた一つの新しい戦争ではないでしょうか？　そして新しいさまざまな偶像が探られ、巧妙に聴き出されているのでは？　この小著は一つの大いなる宣戦布告であります。また、偶像からの探り出しに関していえば、今度ここで、さながら音叉を手にしてするように鉄槌《ハンマー》を手にして触れてみたのは、時代の偶像にではなく、永遠の偶像にであります。――そもそも永遠の偶像より以上に年季の入った、信服をかち得ている、威張りかえった偶像はありますまい。……ということはまた、これ以上にうつろな偶像はないということでもあります。……さらにこのことは、それらが人々から最も信仰されている偶像群であることを何ら妨げません。ことに、最も高貴な場合においては、誰も偶像という言葉を絶対に用いようとはしないのでありますが……

トリノにて、一八八八年九月三十日、
あらゆる価値の価値転換の第一書〔現行の『アンチクリスト』に当たる〕が書きあがった日。

フリードリヒ・ニーチェ

箴言と矢[1]

一[2]

怠惰は心理学の始まりなり〔諺「怠惰は悪徳の始まりなり」に掛ける〕。何？　心理学が一つの――悪徳ではないかって？

二

われわれの中の最も勇気のある者でも、自分がいったい何を知っているかということへの勇気は、滅多に持ち合わせていない……

三

独りきりで生きるためには、人は一頭の獣であるか、さもなければ神でなければならない。――とアリストテレスは言っている〔『政治学』一二五三a二九〕。第三の場合が抜けている。すなわち、人は獣と神との両方でなければ――哲学者でなければ――ならないのである。……

四

「すべての真理は単純である。(3)」――これは二重に嘘ではないのか？　――

五

私はいっぺんに多くの物事を知ろうとは思わない。――叡智は、認識に対しても、限界線を設けている。

六(4)

自分の不自然、自分の精神性から元の自分に立ち直るのに一番いいのは、野性の自然の中である。……

七(5)

何？　人間は神の一つの失策《へま》に過ぎないって？　それとも、神が人間の一つの失策《へま》に過ぎないのでは？　――

八

人生の士官学校から。——私に死をもたらすものでない限り、何でもかえって私を強化する結果となる。[6]

九

汝自身を助けよ。そうすれば誰でも汝を助けてくれる。これこそ隣人愛の原理。

一〇

自分のとった行動に対しては卑怯な舞いに及ばぬこと。自分のとった行動を後日になって見捨てたりはしないこと。——自責の念は醜態ともいえる。

一一

驢馬が悲劇的になることはあり得るのだろうか？——自分が背負うことも出来なければ、投げ捨ててしまうことも出来ないような重荷の下で、身を滅ぼすなどということが？　……哲学者の場合。

一二

人生について自分の何故？　を摑んでいれば、ほとんどどんな如何に？　とでも、折合いをつけることが出来るものである。——人間は幸福を求めてはいない。そんなことをしているのは、イギリス人だけだ。

一三⑦

男は女を創り出した——が、何から？　自分の神の——自分の「理想」のあばら骨から。……

一四⑧

何？　君は探しているんだって？　君は自分を十倍にも、百倍にもしたいんだろう？　君は信者を探しているのかい？　——せいぜい零を探すんだね！　——

一五

死後に名声を得る人間たち——例えば私がそうだが——は、時代に合った人間たちよりもまずい理解のされ方をするものだが、しかし、かえってよく耳をかして聞いてもらえるものである。もっと厳密に言うなら、私たち〔死後に名声を得る人間たち〕は決して理解されはしない。——そして、そこに、私たちの権威は由来している。

一六

ご婦人たちの間で。——「真理ですって？　まあ、あなたったら真理をご存知ないんですのね！　真理っていうのは、私たち女の羞恥心に対するテロ行為じゃございませんこと？」——

一七

これこそ一人の芸術家、私の好みに適った芸術家である。彼の欲望はつつましい。彼が欲しがっているのは、二通りのことでしかない。彼のパンと彼の芸術と——すなわち「パンと妖魔と[9]」Panem et Circen……

一八

自分の意志を事物の中へ入れるすべを知らぬ者は、少くとも何らかの意味を、事物の中へ持ち込むものである。ということは、何らかの意志がすでに事物の中にあると彼が信じているということである（これすなわち「信仰」の原理）。

一九

何だっていうんだね？　君たちは徳と、昂然たる胸とを選んでおきながら、同時に、当り障りのない連中が得ている利益にねたましげな眼を注いでいるのかい？　——だが、徳を手にしたなら、「利益」の方は諦めることだ。……（ある反ユダヤ主義者の戸口に）

二〇[10]

完全な女性は、何か一寸した罪を犯すような風にして文学をやる。誰かがそれに気がついているかどうか、そして誰かがそれに気がついてくれるようにと、試すようにして、通りすがりに、四辺を見回しながら、文学をやるのである。……

二一（11）

うわべの徳などを持つことは許されず、むしろ綱の上の曲芸師のように、墜落するか、それとも立ちつくすか、――あるいはうまく渡り切ってしまうか、というぎりぎりの局面にまで出て行くこと。……

二二（12）

「悪い人間は歌を持たぬなり。」〔J・Gゾイメの『歌謡』から諺風言い回しに転用された〕――ロシア人が歌を持っているのはどういうわけか？

二三

「ドイツ精神」、これは十八年前〔一八七〇年、ドイツ帝国の成立〕から、一個の形容矛盾である。

二四

物事のそもそもの初めを探すことで、人は蟹になる。歴史家は後向きにものを見る。揚句の果てに、後向きに信ずるようにもなる。

二五

満足は風邪からさえ人を護ってくれる。いい身なりをしていることを意識した女が、風邪を引いたためしがあっただろうか。――女がほとんど何も身につけていない場合のことを私は言っているつもりだが。

二六

私はすべての体系家に不信の念を抱いていて、彼らを避ける。体系への意志は、知的誠実さの欠如である。

二七

人は女を深いと思っている。――何故か？　女を相手にすると決して底を踏めないからである。[13] 女というのは、まだ浅いというまでにも至っていないのだ。

二八

女が男の徳を持っていると、男の方で逃げ出したくなる。そして女が男の徳を持っていないと、女の方が自ら逃げ出してしまう。

二九

「昔は良心というやつは咬みつく相手をどれくらい多く持っていたのであろう？　良心にはどんな良い歯があったのだろう？　――そして今日は？　どの歯が抜け落ちているのだろう？」　――ある歯科医の問い。

三〇

軽はずみで過ちを犯す場合、一度だけということは滅多にない。一度目の軽はずみでは、誰でもつねにやり過ぎるものである。まさにそのために、通例はさらに二度目の過ちを犯す――今度はやらなさ過ぎるという過ちを。……

三一

踏みつけられた虫は身を縮める。じつに賢明な遣り方である。こうすることで、虫はあらたに踏みつけられる確率を減らしているのである。これを道徳の言葉でいえば、謙遜。――

三二

嘘いつわりに対する憎しみには、鋭敏な名誉観念から出たものもある。また嘘が神の掟によって禁じられている場合に限って、臆病さから出た、嘘いつわりに対する憎しみも存在する。あまりにも臆病で、嘘をつくことも出来ないという場合である。……

三三

幸福には何と僅かなものしか必要でないのであろう〔『ツァラトゥストラ』第四部「正午」〕！　一つの風笛の音色。――音楽がなければ人生は一つの誤謬であろう〔一八八八・一・一五ガスト宛書簡参照〕。ドイツ人は神さえも歌をうたっているものと思っている。(14)

三四

「腰を掛けないでいると、考えることも書くことも出来ないものです。」[15]（フロベール）――これでお前の正体を摑まえたぞ、ニヒリストめ！　じっと坐っている根気は、ほかでもない、聖霊にそむく罪である。歩きながら獲得した思想にだけ価値があるのだ。

三五

われわれが……われわれ心理学者が、馬のように落ち着きを失って暴れ回るという場合がある。自分自身の影が目先でゆらゆら浮き沈みするのが見えてしまう場合である。心理学者は、そもそも物を見るためには、自分から目を逸らしていなければなるまい。

三六[16]

われわれ非道徳主義者《インモラリスト》が徳に害をもたらすなどということはないのではないか？　無政府主義者《アナーキスト》が王侯たちに害をもたらすというようなことがほとんどないのと丁度同じように。王侯たちが銃口の標的にされるようになってはじめて、彼らはかえって再びその王座を固めている。ここから得た教訓、人は道徳を銃口の標的にしてはならない。

三七[17]

君は先頭に立って走っているのだね？　――それは羊飼い〔群れを統べる者から、指導者、統治者の意〕としてか？　それとも例外者としてか？　第三の場合は逃亡者ということになろう。……第一の良心の問題。

三八[17]

君は本物か？　それとも俳優にすぎないか？　君は代表者か？　それとも代表されたものそれ自身の方か？　――とどのつまりは君は模倣された俳優にすぎないことになってしまう……第二の良心の問題。

三九

幻滅した人間は次のように語っている。――私は偉大な人間を探して来た。私が出会ったのはいつもただ、偉大な人間の理想の猿にすぎなかった、と。

四〇[17]

君は傍観している人間か？　それとも、人に手を貸す人間か？　――あるいは目を逸らし、脇を通り過ぎてしまう人間か？　……第三の良心の問題。

四一[18]

君は一緒に行きたいと思うか？　それとも先頭に立って行きたいと思うか？　あるいは自分ひとりで行きたいと思うか？　……人は自分が何をしたいと思っているかを知っていなくてはならないし、また何かをしたいのだということを、知っていなくてはならない。第四の良心の問題。

四二

ここにあるこれらは私のためのいくつもの階段であった。私はそれらを登って越えて来た。――このために私はそれらの上を跳び超えて来なくてはならなかった。ところが、階段の方では、私がそこに腰を落ち着けて休息しようとしているのだと考えていたのである。……

四三

私の言ったことが結局正しかったと分ったとして、それが何だというのだろう！　私はいま現に正し過ぎるくらいなのだ。――今日最も良く笑う者が、最後にも笑う者である。

四四[19]

私の幸福の方式。一つの肯定《ヤー》、一つの否定《ナイン》、一の直線、一つの目標……

ソクラテスの問題[20]

一

あらゆる時代に、最高の賢者たちが、生きることは何の値打ちもない、という同じ判断を下して来ました。……彼らの口からいつでも、またどこでも聞こえて来たのは、同じ響きでした。――懐疑に満ち、憂愁に溢れ、生の疲労をみなぎらせ、生に対する抵抗をいっぱいに孕んだ一つの同じ響きでした。ソクラテスでさえ死んだときには次のように言ったものです。「生きるということ――これは長患いをするようなものである。私は医神アスクレピオスに鶏一羽の借りがある。」〔プラトン『パイドン』一一八a。病気が快癒したとき医神に鶏を献ずる習慣があった〕ソクラテスでさえ生きることには飽き飽きしていたのです。――このことは何を証明しているでしょうか？　何を指し示しているでしょうか？　――以前なら人はこう語ったことでしょう、「いずれにせよ、このように言われてきたことには何か真実があるに相違ない！　智恵ある者の意見の一致con-sensus sapientium は真実性を証明している」と。（――おお、人はそう言ったものでしたし、しかも十分に大声で、また現代の厭世主義者《ペシミスト》たちが先頭に立って言ったものでした！）――われわれは今日でもなおこんな風に語っているでしょうか？　こんな風に語ることが許されているでしょうか？　われわれは「いずれにせよ、このように言われて来たことには〔最高の賢者たちが一致して言って来たことには〕何かが病んでいるに相違ない。」——と答えているはずであります。つまり、これまでのあらゆる時代の最高の賢者たちである彼らを、やっとそば近くから、しげしげと眺めるべきだということになって来たのです！　ひょっとして賢者たちは皆もはや足許がしっかりしなくなっているのではありますまいか？　時期遅れとなっているのでは？　がたが来て、不安定なのでは？　デカダンなのでは？　智恵というものは、思うに、ほんの一寸した腐肉の匂いにも夢中になる鴉《からす》として、この地上に現われるものなのでしょうか？……

二

偉大な賢者たちは衰弱の典型であるという、以上に述べてきた不敵な判断が私の心にはじめて浮かび上りましたのは、ほかでもありません、この判断に最も強く、学識はあるが学者ぶりはしない先入見が対立している一つの場合においてであります。すなわち、私がソクラテスとプラトンの二人を、衰亡の徴候として、ギリシア解体の道具として、似而非ギリシア的、反ギリシア的であるとして認識したあの場合（『悲劇の誕生』一八七二年）においてであります。先に述べた、智恵ある者の意見の一致 consensus sapientium は——これは私にはいよいよ良く解って来ましたが——、智恵ある者たちが一致して認めた意見が正しかったのだということを、いささかも証明しておりません。それはむしろ、これら最高の賢者たち自身が何らかの点において生理的な一致をみていて、その結果同じ仕方で生に対して否定的な態度に出た——あるいは出ざるを得なかったのだ、ということをむしろ証明しているのであります。生に関する判断、価値判断は、肯定であるにせよ否定であるにせよ、突きつめていけば決して真実ではあり得ないのです。生に関する価値判断は、徴候として価値を有するに過ぎません。徴候として問題になるだけであります。——そもそもそれ自体としては、この手の判断は愚にもつかぬことです。人はすべからく指をさし伸ばし、生きることの価値を査定することは不可能なり、という驚くほどの微妙さを摑まえるべく試みなくてはなりますまい。生きることの価値はまず生きている人間には査定できません。生きている人間は係争当事者、否、係争物件でさえあって、裁判官ではないからです。次いで死んだ人間にも、これとはまた別の理由から、生きることの価値をめぐる査定はできません。[21]——このようなわけで哲学者の側から生きることの価値を問題視するのは、その哲学者にとって不利な反証となり、その人の智恵に対する疑問符となり、一つの無知でさえあるということになるでしょう。——何を仰いますのか？　してみるとこれら偉大な賢者たちはすべて——ただデカダンの徒であったというだけではなく、智恵ある人でさえなかった、ということになるのでしょうか？　——ともかく私はソクラテスの問題に立ち還ることに致します。

三

ソクラテスはその生まれからして最下層の民衆に属していました。つまりソクラテスは賤民だったのです。彼がいかに醜い男であったかは、すでに知られており、今でもわれわれが目にしてさえいます。ところで、醜さはそれだけでも非難の種ですが、ギリシア人の間にあってはほとんど否定の種であります。ソクラテスはそもそもギリシア人だったのでしょうか？　醜さが混血を経た後の進化を表わしている、もしくは混血による進化の阻害を表わしている場合はざらにございます。そうでない場合には、醜さは下降する進化として現われます。犯罪徴証学者の中にはいる人類学者がわれわれに伝える処によりますと、典型的な犯罪者は醜く、「外観においても怪物、魂においても怪物なり」monstrum in fronte, monstrum in animo だそうであります。ところで、犯罪者というのはデカダンの徒です。ソクラテスは典型的な犯罪者だったのでしょうか？ ――少くとも、ソクラテスの友人たちにはいたって不愉快に響いた例の有名な観相家〔Zopyrosという名。次の注のキケロの書にある〕の判断は、この、ソクラテスは典型的な犯罪者という考えに矛盾してはいないようです。人相に心得のあった外国人が、アテナイを通過したとき、ソクラテスに面と向かって、貴方は一個の怪物ですね、あらゆる邪しまな悪徳や欲望を心に蔵し持っておりますね、と言ったというのです。するとソクラテスは、「私のことがよくお分りですね、君！」と答えただけだったそうです〔キケロ『Tusculanae Disputationes』第四巻にあり、G・C・リヒテンベルク『人相学に関する雑考』一八六七年に引用されている〕。

四

ソクラテスのデカダンスを暗示するのは、これまでに承認されて来た本能の荒廃や乱脈だけではありません。論理的なものの異常過多、そして彼の特徴をなす例の傴僂に特有の底意地の悪さもまた、まさしくデカダンスを指し示しています。われわれはまた、「ソクラテスのダイモニオン」〔プラトン『ソクラテスの弁明』三一d〕と呼ばれ、宗教的なものに解釈されて来たあの幻聴のことも忘れないでおきたいと思います。彼にあってはすべては誇張です。ブッフォ〔オペラの道化役〕です。戯画《カリカチュア》なのです。そして同時にすべてが隠蔽されていて、背後思想的であり、地下的なのであります。――私はソクラテスによる例の理性＝徳＝幸福の同一視が、どのような特異体質から出て来たものであるのかを理解したいと努めております。これはおよそ世界に存在する最も奇怪きわまりない同一視なのであって、特に古代ギリシア人のいっさいの本能を敵に廻してさえおります。

五

ソクラテスとともにギリシアの趣味は、弁証法に役立つものへと急激に変化しました。そのときいったい何が起こったのでしょうか。何よりもまず、高貴な趣味が、このことによって打ち負かされたのであります。賤民が弁証法とともにのさばり始めたのであります。ソクラテス以前においては、上等の社会では、弁証法の流儀は排斥されていました。弁証法の流儀は下等の流儀と看做されていました。物事を暴露したからです。若者たちはこの流儀に染まらぬよう警告を受けました。自分の根柢をあからさまに曝け出してみせる遣り方に疑いが持たれたのです。礼節のある物事というのは、礼節のある人間もそうですが、あんな風に自分の根柢を手にぶら下げて歩いたりはしないものです。五本の指の全部を見せるのは不作法です。ようやくにして証明されなければならないというような物事には、ほとんど値打ちがありません。権威がいまだに良き習俗をなしていて、人が「論証」などせずに、命令していればよかった処ではおよそ何処であろうと、弁証家などというものは一種の道化者にほかなりません。弁証家は笑い物にされ、真面目に相手にされませんでした。――ソクラテスは自分を真面目に相手にされるように世間に仕向けた道化者でした。いったい彼において何が起こったのでしょうか？——

六

弁証法が選ばれるのは、他に手段のない場合だけです。知っての通り、弁証法を用いると世間の不信を招き、世人をほとんど説得しません。弁証家の用いる効果ほどに、簡単に消し去ることが出来るものはないでしょう。演説の行われるすべての集会の経験がこれを証明しています。弁証法とは他にどんな武器ももはや持っていない人間の手の内において、わずかに正当防衛たり得るにすぎません。自分の権利を強引に求めなくてはならないときがあります。その必要が起こるまでは、誰も弁証法を行使しないのであります。それだからこそ、ユダヤ人は弁証家でした。ライネケ狐《フクス》〔ライネケ・フクスは多くの鳥獣を苦しめ獅子もたぶらかした狡滑な狐で、十世紀以来ラテン語の詩その他に流布された叙事詩の主人公。ゲーテ作は名高い〕がそうでした。え、何ですって？　ソクラテスもまたそうだったんですって？——

七

——ソクラテスのイロニーとは反逆の表現なのでしょうか。賤民の内攻的復讐感情《ルサンチマン》の表現なのでしょうか。ソクラテスは被抑圧者として、三段論法という匕首《あいくち》を突き刺すことで自らの残忍性を楽しんだのでしょうか。ソクラテスは自分の魅力の虜《とりこ》になっている貴人たちに復讐しているのでしょうか。——弁証家であれば、情容赦のない一つの道具を手中にしているようなものです。この道具で暴威を揮うことも出来ましょう。凱歌をあげながら、暴露するというわけです。弁証家は自分が愚か者ではないことの証明を、論争の相手に任せてしまいます。つまり、弁証家は相手を怒り狂わせると同時に、手も足も出ない状態にしてしまうのです。弁証家は自分の論争相手がもつ知性の力を殺いでしまいます。――え、何ですって？　――弁証法とはソクラテスの場合には復讐の一形式にすぎないんだって？

八

以上私が暗示して来たことは、ソクラテスが何によって人の反感を掻き立てることが出来たのかという点でした。それだけに一層、彼が人の心を魅了したという事実がさらに説明されなくてはなりません。――彼が新しい種類の競争精神《アゴーン》〔Agon はスポーツの競技、詩人の技競べ、都市同士の闘争から宇宙論にも及ぶギリシア人の生の基本理念〕を発見したということ、アテナイの貴族社会にとっては、彼がこの精神の第一級の達人であったということが、その一つです。彼は世人を自分の魅力の虜《とりこ》にしましたが、それもギリシア人の競争衝動を揺り動かすことによってです。――彼は青年や少年の間で行われる格闘競技に一つの変形を持ち込みました。ソクラテスはまた偉大なエロスの人でもありました。

九

しかし、ソクラテスはそれ以上のことを見破っていました。彼はアテナイの貴族たちの背後に目をやったのです。自分のケース、自分の特異体質のケースがすでに例外的ケースではなくなっていることを、はっきり悟ったのでした。彼と似たような種類の退化変質は、至る処で、秘かに準備されていました。古きアテナイは今や終らんとしていたのです。――そこで、ソクラテスは、全世界から自分が必要とされていることを――自分の遣り方、自分の治療法、自分一流の自己保存術が必要とされていることを理解したのでした。……さまざまな本能が随所で乱脈をきわめていました。人は至る処で、放縦放埒からわずか五歩しか離れていませんでした。「魂においても怪物」monstrum in animo〔本章の三節を見よ〕は、何処にでもある危険でした。「さまざまな本能が暴君にならんとしている。そこでこれに対抗する、一層強い暴君が考え出されねばなるまい。」……で、先述の観相家がソクラテスに、あなたは何者なのですか、あなたはあらゆる邪しまな欲望の巣窟ですよ、と打ち明けたとき〔本章の三節を見よ〕、この大反語家《イロニカー》は、自分の秘密を解く鍵ともなるもう一つの語を次のように洩らしました。「それは本当です。しかし、私はすべての欲望を制圧したのですよ」と彼は言ったのです。ソクラテスはどのような遣り方で自分というものを制圧したのでしょうか。――ソクラテスの場合というのは、結局は極端なケースにすぎなかったのです。当時一般的な困難災厄となりかかっていたケースの中でも、最も人目に立つケースであったといえましょう。ということは、彼以外の何人《なにびと》も自分というものをもはや制圧できず、さまざまな本能が互いに角突き合わせていたということを意味します。ソクラテスが人の心を魅了したのは、こうした極端なケースとしてであります。――恐怖をそそらんばかりの彼の醜さが、誰の目にも、彼の正体を物語っていました。ソクラテスが極端なケースの示す解答として、解決策として、治療の見せ掛けとして、誰よりも一段と強く人の心を魅了したのもまた、自明のことであったと申せましょう。

一〇

ソクラテスがしたように、もしも理性を暴君に仕立てあげる必要があるのだとすれば、それは何か理性に代る別のものが暴君になるという危険が小さくなかったために相違ありません。当時、理性的であることは救い手〔次節冒頭の「救世主」に意味上つながる〕であると推察されていたのであって、理性的であることは、ソクラテスにも、彼の「患者たち」にも、思いのままというわけには行きませんでした。――それはのっぴきならぬ de rigueur こと、彼らのいよいよ最後の切り札だったのです。ギリシアの深い思索の全体がこぞって理性的であることに飛びついて行ったあの狂信振りは、端なくも一つの切羽詰った状態を露呈しています。ギリシア人は危険に瀕していたのでした。彼らにはただ一つの選択しかありませんでした。すなわち、滅亡するか、しからずんば――ばかばかしいまでに理性的になるか、のいずれかだったのです。……プラトン以降のギリシアの哲学者たちの道徳主義は、病理学的《パトローギッシュ》な原因で発生したものです。彼らの弁証法の尊重もまた同様であります。理性＝徳＝幸福の同一視は、次のことを意味するにすぎません。すなわち、人は須《すべから》くソクラテスに倣《なら》ひて、もろもろの暗き欲望に抗し、一条の白日の光を――理性の日の光を、永久不変に打ち建てるべし。人はいかなる犠牲を払はんとも、怜悧、明断、清澄であるべし。一歩たりともさまざまなる本能に、無意識的なるものに譲歩するは、下降に道を通ぜんことと知るべし。

二

以上私が暗示したのは、ソクラテスが何によって人の心を魅了したのかという点でした。すなわち、彼は医者であり、救世主であると思われたのです。「いかなる犠牲を払はんとも理性的であるべし」というソクラテスの信仰の中に宿る過ちを、いまさら論《あげつら》う必要がありましょうか。——哲学者や道徳主義者たちが、デカダンスに戦いを挑むことだけでデカダンスから脱け出られると思うのは、哲学者や道徳主義者たちの側の自己欺瞞です。デカダンスから脱け出られるなんて、彼らの力の及ぶ処ではありません。なぜなら、彼らが手段として、救済として選ぶものがそれ自体、またしてもデカダンスの一表現にすぎないからです。——彼らはデカダンスの表現を変えているだけで、デカダンスそのものを片附けているわけではありません。ソクラテスは一個の誤解でした。すべての改良道徳は、キリスト教道徳も含めて、一個の誤解でした。……ぎらぎらと照り輝く白日の光、どんな犠牲を払っても理性的であること、明澄な、冷徹な、慎重な、意識的な、本能を知らない、本能に抵抗してさえいる生、このようなものはそれ自身一つの病気、一つの別の病気にすぎなかったのです。——そして、「徳」への、「健康」への、「幸福」への帰路では断じてありませんでした。……戦って打ち勝たねばならない相手が本能であること——これがデカダンスの方式であります。生が上昇している限り、幸福とはすなわち本能のことであります。——

一二

——ソクラテスは自分でもこのことが分っていたのでしょうか、あらゆる自己欺瞞者の中でも最も怜悧なこの人物は？　死に赴く勇気の示す叡智の中で、彼はついにこのことを自らに語ったのでしょうか？　……ソクラテスは死ぬことを欲していたのです。彼に毒杯を与えたのは、アテナイではありません、彼自身でした。彼はアテナイが彼に毒杯を与えざるを得ないように仕向けたのです。……「ソクラテスは医者ではない」と、彼は声をひそめて自分に言い聞かせました、「死だけがここでは医者なのだ。……ソクラテス自身は久しい間病気であったにすぎない。……」と。

哲学における「理性」

一

哲学者における異常体質は何であるか、とお尋ねになるのですね。――例えば、哲学者は歴史感覚を欠いている、とか、生成の観念そのものを憎んでいる、といった彼らのエジプト主義がそれに当ります。彼らがある事柄を「永遠の形態の下に」sub specie aeterni〔スピノザ『エティカ』五、二九―三一〕非歴史化してしまうのは、ある事柄をミイラにすることにほかなりませんが、彼ら自身はその事柄に名誉を与えてやったのだと信じている始末です。哲学者たちが幾千年来手がけて来たことはみな、概念のミイラでした。彼らの手から現実的なものが生《なま》のままで出て来たためしはありません。彼ら、この概念の偶像崇拝者たちが崇め奉るときには、彼らは屍体を作って、剝製にしているのです。――彼らに崇め奉られると、どんな物にも生命の危険が生じて参ります。生殖や生長と同じくらいに死、変化、老年は、彼らには抗議さるべき欠点であり――反駁の対象でさえあるのです。存在するものは、生成はしない。生成しているものは、存在してはいないのだ。……というわけで、哲学者たちはみな破れかぶれにさえなって存在者を信じてしまいます。ですが、存在者は手で摑まえられませんので、彼らはなぜ存在者が自分の方へと差し出されないままなのか、その訳を探します。「もしもわれわれが存在者を知覚しないとすれば、それには何らかの見せ掛け、欺瞞が与《あずか》っているからに相違ない。どこに欺瞞者は隠れているのか。」――それから「さあ、欺瞞者を摑まえたぞ」と哲学者は有頂天になって叫びます。「感性が欺瞞者だったのだ！　感覚というものは、そうでなくてもじつに不道徳だが、この感覚が真の世界についてわれわれを欺いているのだ。だから哲学者の道徳は、感覚の欺瞞から手を切ること、生成から、歴史から、嘘から手を切ることを措いてない。——歴史とは感覚への信仰、嘘への信仰にほかならないのだ。哲学者の道徳は、感覚に信頼を置いているようないっさいの者に対して、つまり哲学者以外の人類の残り全体——そんなものはすべて「大衆」だが——に対して、否《ナイン》を言うことを措いてないのだ。哲学者であることは、ミイラであることであり、墓掘り人的物真似狂言によって、単調神学 Monotono-Theismus〔一神論 Monotheismus に対する皮肉〕を演出することにほかならぬ！　——かくて、何を措いてもまず身体を取り払うべし！　感覚のこの憐れむべき固定観念である身体を！　身体は自らが現実的であるかのように見せる厚かましさを具えているとはいえ、じつはありとあらゆる論理の誤謬に附き纏《まと》われていて、すでに論破され、あり得ぬものでさえあるではないか！」と。……

二

私はこの際篤い尊敬の念を以て、哲学者の中からヘラクレイトスの名前を脇へよけて置きたいと思います。彼以外の哲学者＝大衆が感覚の証言を退けたのは、感覚が多様と変化を示したからでしたが、ヘラクレイトスが感覚の証言を退けた理由は、感覚によって事物があたかも永続と統一を持っているかのように表わされたためにほかなりません。ヘラクレイトスも感覚に不当な仕打ちを加えた一人でした。感覚は、エレア学派が信じたようにも、またヘラクレイトスが信じたようにも、偽ったりはしません。――だいたい感覚は偽らないものです。感覚の証言をもとにしてわれわれが拵え上げるもの、それがはじめて偽りを持ち込むのです。例えば統一という偽りだとか、物性、実体、永続といった偽りをです。……われわれが感覚の証言をもとに偽りを拵え上げていく原因は、「理性」にほかなりません。感覚が生成、消滅、変遷を示している限り、感覚は、偽ったりはしないものです。とはいえ、ヘラクレイトスは、存在とは一つの空なるフィクションであるという説を以て、永遠に正当さを保ちつづけるでしょう。「仮象」の世界が唯一の世界なのです。「真の世界」とは単に後から追加的に持ち込まれた偽りの世界にすぎません。

三

――ところで、われわれの感覚というのは何という精妙な観察の道具を持っていることでしょう！例えばこの鼻です。まだいかなる哲学者も、鼻について尊敬と感謝の念をこめて語ったことはありませんが、鼻はわれわれの意の侭《まま》になる道具の中で、差し当り最もデリケートな道具であるとさえいえるでしょう。すなわち分光器《スペクトロスコープ》でさえ確かめようのない微小な運動差を確かめることの出来る道具です。われわれが今日所有している科学の及ぶ範囲は、われわれが感覚の証言を受け容れる決心をした――つまりわれわれが感覚をさらに研いで、武装させ、とことんまで考えることを学んだ――丁度その範囲に限られています。その範囲以外は畸型児であり、未科学です。未科学と私が言うのは、形而上学、神学、心理学、認識論のことです。さもなければ、論理学や例の応用論理学ともいうべき数学のような形式科学、記号学のことです。これらの学問においては現実はさっぱり姿を現わしません。問題としてさえ現わしません。論理学のような記号の因襲に、そもそもどんな価値があるのか、という問題としてさえ、現実はやはり姿を現わさないのです。

四

哲学者のもう一つの異常体質も、今まで述べたのに劣らず危険です。最後のものと最初のものとを取り違えるという点に、彼らの異常体質の本質があるからです。哲学者たちは一番最後に現われるもの——こういう言い方がじつは残念でなりません！ だいたい現われる筈のないもののことを言っているのですから——つまり、彼らの言う「最高概念」、最も一般的かつ最も空っぽの概念、蒸発する実在の最後の煙を、一番最初に、物事の発端として据えてしまいます。これがまた哲学者流の尊敬の仕方の表わし方なのかもしれません。すなわち、高いものが低いものから成長することがあってはならない、そもそも高いものが何かから成長することがあってはならない。……ということは、一流のものはすべて「自己原因《カウサ・スイ》」でなければならない、が哲学者の道徳だというわけです。何か別のものから由来したということは、欠点のうちに入るべきこと、価値を疑うべきことと看做されるというのであります。あらゆる最上の価値は一流のものであり、あらゆる最高概念、存在者、絶対者、善、真、完全など——こうしたいっさいのものは、別の何かから生じたものではあり得ない以上、「自己原因《カウサ・スイ》」であらざるを得ない。

しかもこうしたいっさいのものは互いに不同ではあり得ないわけですし、互いに矛盾することもあり得ないのです。……こうして、哲学者たちは彼らの驚くべき概念「神」を持つに至るのであります。……一番最後のもの、最も稀薄なもの、最も空っぽのものが、最初のものとして、原因それ自身として、「最も実在的なもの」ens realissimum として据え置かれる次第であります。……人類が病める蜘蛛どもの脳髄の疾患を真《ま》に受けなければならなかったとは、何ということでしょう！　――そして人類がそのために高い代償を支払って来たことは！……

五[22]

――われわれが（――私は礼儀上われわれと言って置きますが……）錯誤と仮象性の問題をいかにさまざまな仕方で注目しているかを、最後に、以上述べてきたことに対置させてみましょう。そのむかし人は、変化、変遷、生成一般は仮象性を証明するものと受け止めました。何かわれわれを迷わすものがそこに必ず存在する徴候だと考えて来たわけです。これに反し、今日では、われわれがある程度錯誤に捲き込まれ、錯誤を強いられるほかに仕方がないのは、われわれが理性＝先入見を持つお蔭で統一性や同一性や永続や実体や原因や物性や存在やらを定立せざるを得ないという、丁度その限りにおいて止むなく起ることなのだということが分って来ております。ここに錯誤があるという確信を、われわれの側でこれほどにも持てるというのは、後からもう一度厳密に検討した結果に基いています。この事情は大きな天体の運行と変わりがありません。天体の運行にあっては、錯誤が頼りにしている忠実な弁護人は、われわれの肉眼ですが、右の場合にはわれわれの言語です。言語はその発生から見て心理学の最も未発育な形式の時期に属しています。つまり、言語形而上学の、ありていにいえば理性の根本前提をわれわれがわれわれの意識にのぼらせるとしますと、われわれは一つの原始的な呪物崇拝活動の内部へ足を踏み入れることになるのであります。そこでわれわれの意識が至る処で認めるのは、さまざまな行為者と行為ばかりです。で、行為を動かす原因一般として意志を信じることになります。われわれの意識は「自我《イッヒ》」を信じます。存在としての自我、実体としての自我を信じ、この自我＝実体への信仰を、ありとあらゆる事物に投影することとなります。――こうすることではじめて「事物」という概念を創り出すのであります。……至る処において存在が原因として考え入れられていると言えましょうし、下へ差し入れられているのだとも申せましょう。「自我《イッヒ》」という概念から、派生されたものとしてはじめて、「存在」という概念が発生します。……そもそも初めにあった大きな禍いともいうべき間違いは、意志が働きを及ぼす何ものかであるという点――意志が一つの能力だという点にあるのです。……今日ではわれわれは、意志は単に一つの言葉にすぎないことを知るに至っています。……理性範疇の取り扱いにおける安全性、つまり主観的確実性が不意討ちのように哲学者たちの意識にのぼったのは、はるかずっと後世になって〔言語発生の「心理学の最も未発育な形式の時期」よりずっと後世〕、千倍も啓蒙された世界においてでした。哲学者たちは、理性範疇が経験から由来するはずはないこと――否、経験の全部が理性範疇と矛盾していることを推論しました。だとすると理性範疇はどこから由来するのでしょうか。――この点でインドでも、ギリシアでも、次のような同じ失策を犯しました。すなわち、「われわれはすでに一度、ある一段と高い世界を棲家としていたに違いない。（――はるかずっと低い世界を、と言う代りにです。低い世界をと言った方が真実だったでしょうに!)われわれは神のごときものであったに違いない。なぜならわれわれは理性を有しているのであるから!」と。……例えば、エレア学派によって言葉で言い表わされた、かの存在という錯誤ほどに、素朴な説得力を発揮したものは、実際これまでに、なかったといってよいでしょう。つまりこの存在という錯誤は、じつに一語一語を、われわれが口にする一文一文を、自分の味方につけているのです! ――エレア学派に反対する人々でさえも、やはりエレア学派の存在概念の誘惑に屈しました。とりわけデモクリトスが彼の原子という語を考え出したときがそうです。……言語における「理性」。おお、何という年老いた女詐欺師〔言語も理性もドイツ語で女性名詞〕なのでしょう! われわれはまだ文法を信じているがゆえに、神を振り切れないのではないかと、私は懸念しています。……

六

私はこれほどにも重要で、またこれほどにも斬新な洞察を、以下四つのテーゼに要領よく纏《まと》めますので、将来感謝されるでしょう。つまり私は私のこの纏めで理解を容易にしますし、抗論を挑発することにもなります。

第一の命題。「此の」世界を仮象の世界と呼んで来た諸根拠は、むしろ「此の」世界の実在性を根拠づけるものです。――別の種類の実在性は絶対に証明不可能だからです。

第二の命題。事物の「真の存在」に与えられて来た諸特徴は、非存在の、無の諸特徴といえます。――「真の世界」なるものは現実の世界に対する矛盾撞着から造り上げられたものです。いいかえれば、「真の世界」とは単に道徳上の錯誤＝目の錯覚にすぎないという意味において、じつは仮象の世界にほかなりません。

第三の命題。もしも生を毀損し矮小化し怪しげなものに仕立てようとする本能がわれわれの内部で旺盛な場合なら話は別ですが、そうでない場合に、此の世界と「別の」世界について作り話をするのは、まったくの無意味と申せましょう。生を毀損し矮小化し怪しげなものに仕立てようとする本能が旺盛な場合なら、われわれがなんらかの「別の」生、「より良き」生について幻《まぼろし》を描き出すことによって、われわれは生に対し怨みを晴らしていることになるのです。

第四の命題。世界を「真の」世界と「仮象の」世界とに二分するのは、キリスト教の遺り方によってであれ、カントの遺り方によってであれ（カントはとどのつまり策士的なキリスト教徒ですが）、デカダンスの一つの暗示——下降する生の一つの徴候にすぎません。……芸術家が実在よりも仮象を尊重するからといって、この命題に対する反証とはなりますまい。なぜなら、芸術家の場合には、「仮象」なるものはいま一度実在を意味しているからです。選抜、強化、訂正を潜り抜けてではありますが。……悲劇的芸術家は厭世主義者《ペシミスト》ではありません。——彼はいっさいの疑問とすべきことや畏怖すべきことそれ自体に向かってまさに肯定《ヤー》を告げる者であります。彼はディオニュソス的です。……

いかにして「真の世界」がついに作り話となったか(23)

ある錯誤の歴史

一、真の世界は知恵のある者、心の清らかな者、徳を具えている者にとっては到達可能な世界である。——彼は真の世界の中に生きている、彼が真の世界である。

（これは真の世界という理念の最古の形式です。比較的に怜悧で、単純で、また説得力がありました。「われプラトンは真理なり」という命題を書き変えたものです。）

二、真の世界は現在のところは到達不可能であるが、しかし知恵のある者、心の清らかな者、徳を具えている者（悔改める罪人）には約束されている世界である。

（これは真の世界という理念の進歩を示しています。理念はより手の込んだ、より油断のならない、より摑まえ処のないものとなって参ります。——理念は女になったのです、それはキリスト教的になったのです……）

三、真の世界は到達不可能であり、証明不可能であり、約束不可能である。けれども、真の世界は考えられただけですでに一つの慰めであり、一つの義務であり、また一つの定言命法《イムペラティーフ》である。

（これは結局のところは古い太陽なのですが、ひとまず霧と懐疑を潜り抜けております。いいかえれば、真の世界という理念は崇高になり、蒼白くなり、北方的になり、ケーニヒスベルク的〔ケーニヒスベルクはカントの生地）になったのです。）

四、真の世界は——到達不可能なのか？　ともかく、到達されたことはない。到達されたことがないのであるから知られてもいない。従ってまた慰めにもならず、救いをもたらさず、義務を負わせることもない。知られてもいないものがどうしてわれわれに義務を負わせることが出来るであろう？

（灰白い朝。理性の最初の欠伸《あくび》。実証主義の鶏鳴。）

五、「真の世界」——これはもう何の役にも立たない理念であって、もはやわれわれに義務を負わせることさえもない。——無用の長物となり果てた理念である。従って、論破されてしまった一理念なのだ。であるからには、われわれはこれを廃絶してしまおう！

（光明るい日中。朝食。良識《ボン・サンス》と快活さの復帰。プラトンの赤面。すべての自由な精神たちのどえらい馬鹿騒ぎ。）

六、真の世界をわれわれは廃絶してしまったのだ。で、どんな世界が残っているのか？　ひょっとして仮象の世界が残っているのでは？　そんなばかな！　真の世界と共にわれわれは仮象の世界をも廃絶してしまったのである！

（正午。最も影の短い瞬間。最も長い錯誤の終焉。人類の頂点。ツァラトゥストラ始まるINCIPIT ZARATHUSTRA.）

反自然としての道徳㉔

一

あらゆる熱情《パッシオン》は、ただもう取り返しのつかぬ災難を招き、愚劣の重みでその犠牲者を引きずり降ろすだけの一時期というものを持っています。――それからまた、熱情《パッシオン》が精神と結婚して「精神化」されるような後年の時期、ずっとずっと後の時期というものもあるのです。昔は熱情《パッシオン》の持つ愚劣が原因で、熱《パッ》情《シオン》そのものに対し戦いが仕掛けられたものでした。熱情《パッシオン》を絶滅するための結社が作られたほどです。――「熱情は殺さねばならない」il faut tuer les passions という点で、すべての古い道徳的怪獣どもの見解は一致しております。その最も有名な定式は新約聖書の、例の山上の垂訓の中にあります。ついでに申し述べておきますが、山上の垂訓では物事がいささかも高い処からは見られておりません。あそこでは例えば性欲に応用して、「もし右の目なんじを躓《つまず》かせば、抉《えぐ》り出して棄てよ」〔『マタイ伝』五の二九〕などと言われていますが、この掟に従って行動するキリスト教徒などは、幸いなことに一人もいないのです。今日では、情熱や肉欲の持つ愚劣やまた愚劣のもたらす不快な帰結を予防するというそれだけの目的で、情熱や肉欲を根絶やしにするなどというのは、われわれから見れば、それ自体が愚劣の烈しい形式であるとしか思われなくなっています。歯が二度と痛まないようにと歯を抜き取ってしまうような歯医者に、もはや感心するわけにはいきますまい。……他方、キリスト教が成長し来った地盤の上では、「熱情《パッシオン》の精神化」という概念が構想されることなどまったくあり得なかったこともまた、承認されて然るべきでありましょう、実際、よく知られている通り、初期の教会は「心貧しき者」のために「知性的な連中」を相手に戦ったのでした〔『マタイ伝』五の三〕。どうしてこういう教会から、熱情《パッシオン》に対する知性的な戦いなどを期待することが出来ましょう。――教会が熱情《パッシオン》を克服する遣り方は、あらゆる意味における切断ということでした。それの実施方法、それの「治療」は去勢法です。教会は「どうやったら肉欲を精神化し、美化し、神化しうるか」とは決して問わないのです。――教会はあらゆる時代において、（官能性の、自尊心の、支配欲の、所有欲の、復讐心の）根絶に戒律の重点を置いて来ました。――けれどもこれら種々の情熱の根元に攻撃を加えることは、とりもなおさず、生の根元に攻撃を加えるということにほかなりません。かくて教会の実践行動は、生に敵対的となるのであります。……

二

あまりに意志薄弱で頽廃しているために欲望に制限を課すことが出来ないような人々がいますが、切断とか、根絶とかいう、この同じ手段は、そういう人々が欲望と戦うときに本能的に選び出す手段です。こういう人々は自分と熱情《パッシオン》との間に、比喩的にいえば（また比喩抜きで申し上げてもそうですが）、「罠」la Trappe〔フランス・ノルマンディの Soligny-la-Trappe に十七世紀に建てられたトラピスト修道院にフランス語の普通名詞「罠」La trappe を掛けている〕を必要とします。[25] つまり何らかの最後的な敵対宣言を、何らかの溝を必要とするのです。過激な手段というものはただ頽廃者にとってのみ必要不可欠です。意志の薄弱、もっとはっきりした言い方をすれば、刺戟に対し無反応でいられる能力の欠如は、それ自体がもう一つ別の形式の頽廃にすぎないと言ってよいでしょう。そもそも官能性に対して著しく過激な、極端な敵意を抱くということが、やはり何といっても何処かおかしい一徴候ではあるのです。こんな風に極端に走る人間の全般の状態についてはあれこれ揣摩臆測する人がいるものですが、それも当然のことといってよいでしょう。――ところで、官能性に対する敵意や憎悪が頂点に達するのは、極端に走る人々が過激な治療を施すことに、つまり彼らの「悪魔」から手を切ることに、もはや十分な自信を持てなくなったときにはじめて起こることなのです。どうか僧侶や哲学者の、それに芸術家も加えての歴史の全体を見渡してもらいたいと思います。感覚に対し最も毒ある言葉を吐いているのは、不能者ではなく、また禁欲者ですらもありません。それは禁欲者になれない連中、禁欲者であることが必要であったろうにそれになれなかった連中にほかなりません。……

三

官能性の精神化が愛と呼ばれています。この愛こそがキリスト教に対する大いなる勝利です。もう一つ別の勝利は、われわれの行っている敵意の精神化です。敵を持つことの価値を深く理解することに、これの要諦があります。つまり今までの実行・推論の行き方とは反対に実行し推論することに、要諦があるといってよいでしょう。教会は今までのあらゆる時代に自らの敵の絶滅を望んで来ましたが、われわれインモラリストやアンチクリストは、こうした教会が存立しているというそのことのうちに、われわれの有利さを認めているのです。……政治方面でも現代では敵意が精神化されるようになって参りました。——昔と比べ格段に敵意が賢明さを増し、より思慮深く、より寛大になって来たということです。ほとんどどの政党も反対党が勢力を失わないことを、自らが自己保存していくための利益と理解するようになって来ています。同じことが大いなる政治にも当て嵌まるでしょう。とりわけ新しい創造、例えば新しい国などは、味方よりも敵をむしろ必要としています。対立があってはじめて新しい国は自己を必然と感じるようになり、対立があってはじめてそれは必然的となるのであります。……「心の中の敵」に対するわれわれの態度もまた、なんら変るものではありません。「心の中の敵」においてもわれわれは敵意を精神化し、敵意の価値を理解して参りました。人が生産的であるのは、ただ様々な対立に富んでいるという犠牲を払った場合にのみ限られます。人が若さを保っていられるのは、魂がゆっくり寝そべったり、平和を渇望したりしないという前提の下においてのみです。……「魂の平和」というあの以前の願いごと、キリスト教的願いごと以上に、われわれにとってそらぞらしく感じられるようになったものはありますまい。われわれが最も羨ましさを感じないことといえば、道徳の牝牛と晴れやかな良心の肥満した幸福に尽きると言ってよいでしょう。戦いを諦めてしまうということは、偉大な生活を諦めてしまうということと同じです。……勿論、多くの場合において「魂の平和」という言い方は一つの単なる誤解にすぎないのかもしれません。——もっと何か別の言い方があります。ただ、もっと正直に自分を呼び表わすすべを知らないだけのことかもしれません。もって回った言い方を止め、偏見ぬきで二、三の事例を挙げてみましょう。例えば「魂の平和」とは、一つの豊富な動物性が道徳（または宗教）的な領域に穏やかな光を放射しているケースが、その一つだと言い得るでしょう。あるいは、「魂の平和」とは、疲労の始まりであり、夕方が、あらゆる種類の夕方が投げる最初の影だといえるでしょう。あるいは、空気が湿っていること、南風が近寄っていることの一つの前兆だ、と。あるいは、順調な消化に対するそれとは知らぬ感謝の念（ときとして「人間愛」と呼ばれたりする）。あるいは、病気から快癒しつつある者があらゆる物に新しい味を覚え、そして時期を待っている間のあの心鎮まってくる気持。……あるいは、われわれの主要なる情熱の強烈な満足の後に引きつづいて起こる状態、すなわち稀にしか起こらない満ち足りた思いの幸福感。あるいは、われわれの意志や欲望や悪徳の老衰。あるいは、虚栄心に説きつけられて道徳的に自己化粧してみせるぐうたら振り。あるいは、不確実さに永い間緊張しさんざ苦しめられた揚句の果の、確実さの出現、恐しいまでの確実さの出現。あるいは、行為、創造、活動、意欲を今まさに行っている最中における円熟と練達の表現。静かな呼吸。達せられた「意志の自由」……偶像の黄昏、誰がこのことを知っているでしょう、これもまたひょっとして一種の「魂の平和」にすぎないのかもしれません。……

四

——私は一つの原理を定式化してみることに致します。道徳におけるすべての自然主義、すなわちすべての健康な道徳の中心の座を占めているのは、生の諸本能であります。——生の掟は「すべし」「すべからず」の一定の規範《カノン》で満たされていて、生の途上における何らかの阻害や敵意もこの規範《カノン》によって取り除かれてしまいます。ところがこれとは反対に、反自然的な道徳、すなわち今日まで教えられ、尊ばれ、説かれて来たほとんどすべての道徳は、ほかでもありません、この生の諸本能に逆らっているのです。――これら反自然的な道徳は、生の諸本能をあるときは密かに、またあるときは大声をあげて、ふてぶてしくも断罪します。反自然的な道徳は、「神は心に目をそそぎ給ふ」〔『ルカ伝』一六の一三〕と言うことによって、生の最低と最高の渇望に対して否《ナイン》を言うのであり、神を生の敵と受け止めているのであります。……神のお気に召す聖者は、理想的な宦官でありましょう。……「神の国」の始まる処で、生は終ります。……

五

生に対する反逆行為は、キリスト教道徳においてはほとんど神聖不可侵な行為ということになっていますが、これがいかに悪辣な行為であるかが分ったとしたら、それによって幸いなことに、別のことも分ったことになるでありましょう。すなわち生に対するこのような反逆はいかに無益であり、見掛け倒しであり、ばかげており、かつ欺瞞に満ちているかということがです。〔それは次のようなことです。〕いま現に生きている者の側から生に有罪の判決を下すということは、どんな判決を下そうとも、結局の処は、ある特定の生のあり方の徴候たる域を所詮出ないのであります。生に有罪の判決を下したことが正当であったかそれとも不当であったかという問題提起は、生きている者が下す生に対する判決を以てしてはなされたためしがありません。およそ生の価値の問題[26]に触れることが許されるためには、人は生の外部に何らかの立場を持たなければならないわけですし、また他方、生を知るその人の程度が、すでに生を終えてしまった個人、多数者、万人の域に達していなければならないということになるでありましょう。以上は、生の価値に関わる問題がそもそもわれわれには近づき得ない問題であることを解するに足る十分な理由と申せましょう。もしわれわれが生の価値を論《あげつら》ったりするとしたら、それはわれわれが生の与える霊感《インスピレーション》を受けて、生の透視レンズを用いて、お喋りをしているということです。いいかえれば、生そのものがわれわれを強いて価値を設定させているのであって、かりにわれわれ自身が価値を設定しているという場合があるとしたら、じつは生そのものがわれわれを介して価値づけを行っているのであります。……以上のことから結論として出て来るのは、神を生の反対概念、生の断罪として理解している例の道徳の反自然もまた、しょせんは生の一つの価値判断にすぎないということになりましょう。――それはいかなる生の、でしょうか？　いかなる種類の生の価値判断なのでしょうか？　――もっともこの答はすでに私が提出済みです、すなわち下降する、衰弱した、疲れた、断罪された生の価値判断なのだ、と。これまで理解されて来たような道徳――最近になってさらにショーペンハウアーが「生きんとする意志の否定」として定式化したような道徳――は、デカダンス本能そのものなのですが、自分を一個の定言命法《イムペラティーフ》に仕立て上げて、次のように言います、「没落せよ！」と。――この道徳は有罪判決を下された者の行う判決であります。

六

さらに、最後にわれわれは、「人間はかくかくであるべき筈だ！」などということがどだいどんなに素朴なことであるかを考えてみることにしましょう。現実がわれわれに見せてくれるのは、さまざまな典型の魅惑に溢れた豊富さ、浪費と見紛ごうまでの形相《フォルム》の戯れや移り変わりの贅沢さにほかなりません。ところがどこかの片隅に立っている哀れっぽい道徳家が、それに向かって「いけません！　人間はもっと別の存在であるべきものなのです」などと言い出す始末です。……この卑屈な不平家は、自分がどういう存在であるべきかまでも心得ていて、壁に自画像を描いては、それに向かって「この人を見よ！」ecce homo!〔荊冠をつけたキリスト受難像、『ヨハネ伝』一九の五の有名なピラトゥスの言葉。ニーチェ自身、詩と自伝の題とした〕と呼び掛けたりします。……けれども、道徳家がたとえただ一個人を相手にして「君はかくかくであるべき筈だ！」と言ったとしても、物笑いの種子になることに変りはありません。個人というものは、前からみても後からみても、一片の運命《ファートゥム》であり、これから到来しそして今後存在することとなる万物にしてみれば、個人とはさらにもう一つの掟であり、さらにもう一つの必然性なのです。そういう個人に向かって「変れ」と言うことは、万物が変ること、過去に遡ってさえ変ることを要求しているのだといってよいでしょう。……そして実際、この点で論理的に筋を通した幾人かの道徳家も存在しました。彼らは人間が別様であるように、すなわち徳のある人間になるようにと人間に求めたのです。彼らは人間が自分の肖像に倣《なら》って、不平家になることを欲しました。ほかでもありません、その目的のために彼らは世界を否定したのです！　これは決して小さな気違い沙汰とは申せません！　決して慎ましやかな種類の不遜ではありますまい！　……道徳というものは、生の見地、生の顧慮、生の目的に発するのではなくて、ただそれだけ単独で何かを断罪するというようなものである限りは、いかなる同情をも寄せるべきではない一つの特殊な錯誤であります！　言い知れぬほどの災禍を惹き起こして来た頽廃者の異常体質であります！　……これに反してわれわれ別人種、われわれインモラリストは、あらゆる種類の理解、把握、是認に向けて心を広く開けて来ました。われわれはたやすく否定したりは致しません。肯定者であることに、自らの名誉を求めております。僧侶の、というより僧侶の中の病める理性の神聖な瘋狂の心が拒否してしまったような事柄であっても、これをすべてさらに活用し、再利用するすべを知っているあの経済学に対する眼が、われわれにはいよいよ開かれて来ております。不平家、僧侶、有徳者といった厭わしい種属からさえもその利益を引き出すという、生の法則におけるあの経済学のことです。——どういう利益をでしょうか？

——だが、この場合には、われわれ自身、われわれインモラリストの存在が、回答だといえます。……

四つの大きな錯誤[27]

一

原因と結果を混同する錯誤。――原因と結果を混同すること以上に危険な錯誤はありません。私はこれを理性の本当の腐敗と名づけています。それにも拘わらず、この錯誤は人類の最も古くからあり、また最近でもいぜんとしてまだある習慣の一つであって、現にわれわれの間でさえこの錯誤は神聖視されていて、それが「宗教」であるとか、「道徳」であるとかいう名を担っているのであります。宗教や道徳が言葉で言い表しているようなすべての命題は、この錯誤を孕んでいるといえます。僧侶と道徳の立法者が理性のこの腐敗の張本人だといえましょう。――私は一例を挙げてみます。有名なコルナロ〔ロドヴィコ。一四六七―一五六六年、百歳まで生きたイタリアの食餌療法改良家〕の本[28]は誰しもご存知でしょう。この本で彼は、長命で幸福な――それにまた徳のある――生活の処方箋として、彼一流の小食法《ダイエト》を勧めています。これほどに多数読まれてきた本は稀であって、イギリスでは現在でもまだ毎年何千部と印刷されています。が、いかなる本でも、この大変に好意を以て迎えられた珍本ほどにも多くの禍いを引き起こし、かつまた多くの生命を縮めてきた本はほとんどない（当然な話ですが、聖書は別です）ことを、私は疑いません。その理由は、原因と結果とのかの混同にあるのです。お人善しのあのイタリア人は小食法《ダイエト》を自分の長命の原因と見たのでありますが、実際には新陳代謝の桁外れの緩慢さ、僅少な消費量が彼の長命の前提条件であったのであって、それが彼の小食法《ダイエト》の原因であったのです。小食するかそれとも大食するかということは、彼の思いの儘になることではありませんでした。彼の食生活の簡素さは「自由意志」ではなかったのです。彼がもっと大食をすれば、病気になったということです。それにしてもわれわれは鯉でない限り、普通に食べることは、いいことであるばかりでなく、必要なことでさえあるでしょう。神経の力を急速に磨滅させている現代の学者であれば、コルナロの食事の摂り方ではやがて倒れてしまうでしょう。「われは経験者を信ずるなり」Credo experto です。[29]——

二

すべての宗教と道徳の根柢にある最も一般的な方式は、次の通りです。「これこれのことを行いなさい。これこれのことは止めなさい。——そうすればあなたは幸福になれます！　もしもあなたがそうしない場合には……」というのであります。道徳や宗教はどれもみなこの手の定言命法《イムペラティーフ》です。——私はこれを理性の大原罪、永遠の不条理と名づけることにしております。私の口を通して言い直しますと、この手の命令法は正反対の内容に逆転してしまうでしょう。——「あらゆる価値の価値転換」と私が呼ぶ第一の例がこれです。すなわち、生まれつき出来の良い人間、「幸運な人間」は、ある種の行動をしないではいられないのであり、また別の種の行動は本能的にこれを避けるものなのであって、自分が生理学的に体現している秩序を、彼は人間や事物と自分との関係の中へ、自ずと持ち込んでいるものなのであります。定式化していえば、彼の徳は彼の幸運の結果である、ということになりましょう。……長寿に恵まれるとか、子孫繁栄に与るとかは、徳の報酬ではありません。徳はむしろ例の新陳代謝の緩慢化というようなことでさえあるのであって、それが結果的に長寿であるとか、子孫繁栄であるとかを、要するにコルナロ主義をもたらしてくれるわけなのです。――教会と道徳の物の言い方によりますと、「一種族や一民族は、悪徳や贅沢によって滅亡する」となりますが、私の修復を施した理性の言い方では、次の通りになります。一民族が滅亡し生理学的に頽廃すると、そこから結果的に発生するのが悪徳や贅沢（疲れ果てた人ならば誰でも身に覚えのある、次第に強い刺戟をますます頻繁に求めたくなる欲求）なのである、と。ここに若い男がいて、齢に似合しくなく蒼白くなり、元気がなくなってきたとします。彼の友人たちは、これこれの病気のせいだと言うでありましょう。私ならば次のように言います。この男が病気になったということ、つまり病気に抵抗しなかったということは、すでに貧弱になってしまった生の結果であり、遺伝的憔悴の結果なのである、と。また、新聞の読者はこの政党はかくかくしかじかの過失で滅びる、などと言いますが、私の一段と高い政治論は、かくかくしかじかの過失を犯すような政党はもうお仕舞いなのだ――そういう政党は本能の確かさをもう具えてはいないのだから、と言うでありましょう。いかなる意味でも過失はみな、本能の退化、意志の分散の結果にほかなりません。この言い方でもって悪いものとは何であるかがほぼ定義できるほどです。すべての良いものは本能なのです。――したがって、良いものとは軽やかで、必然的で、自由です。艱難辛苦するなどというのは、欠点がある証拠です。神[30]〔キリスト教の神ではない〕は類型として英雄と区別されています。（私の言葉でいえば、軽やかな足が神性の第一属性といえましょう。）

三

偽りの原因性の錯誤。――これまであらゆる時代において、原因というものは何であるか分っていると人は信じて参りました。けれどもわれわれはこの場合の分っているということ、もっと正確にいえば分っていると信じて来たということの、この分っている、信じている、を何処から取って来たのでしょうか。有名な「内的諸事実」〔以下で明らかなように、意志、意識、自我のこと〕の領域から取って来たのですが、この諸事実はこれまで何一つ事実として証明されたことはありません。われわれは自分自身の原因が意志の働きの中にあると信じてきましたので、少くとも原因性はその現場で取り押さえられるものと思っていました。同じようにある行為のすべての先行条件、つまりある行為の原因は、意識の中に求められるべきであり、探せば、――「動機」として意識の中に再発見されるものであることを疑いませんでした。実際そうでなければ、人は行為する自由もなく、行為に対して責任も負えないことになるであろうと考えられたのでした。最後に、思想もまた原因があって惹き起こされるということ、自我が思想を惹き起こす原因だということを、誰がこれまで争ったでしょう？……以上三つの、原因性が保証されるかに見えた「内的諸事実」のうち、最初の、最も説得力のある事実は、原因としての意志のそれであります。すなわち、意志によって原因性が所与として、経験として確立された後になって、原因としての意識（「精神」）という考え方が生まれ、さらにずっと遅れて原因としての自我（「主観」）という考え方が生まれたというにすぎなかったのです。……そうこう致しますうちに、われわれの自覚の持ち方が改善されて来ました。

今日ではもはやわれわれは以上述べたいっさいについて一語も信じておりません。「内的世界」などというものは、幻像と鬼火に充ちております。例えば意志がその一つです。意志はもはや何も動かすものではなくなり、したがって何ももはや説明するものではありません。——意志はただださまざまな事象に伴って現われるだけであって、なくたって構わないものなのです。いわゆる「動機」と称せられるもの、これまたもう一つ別の錯誤です。「動機」は意識の表面的現象にすぎず、ある行為の先行条件〔ここでは行為の原因の意〕を表すものであるよりはむしろ、それを蔽い隠してしまう行為の添え物に過ぎません。そして自我に至っては！　これは作り話に、フィクションに、言葉のお遊びになり果ててしまいました。いいかえれば、自我は考えること、感じること、意欲することをことごとく止めてしまったのです！……その結果はどうなったのでしょうか？　精神的原因が何一つ存在しないということになりました！　精神的原因の証しである経験と称せられるものがすべて悪魔の許に行ってしまったのです！　これが結果として起こったことです！　——かつてわれわれはかの「経験」とやらをさんざん濫用して、それに基いてわれわれは、世界を原因の世界、意志の世界、精神の世界として創り上げていました。最も古くまた最も久しい心理学が活動したのはここにおいてでした。この心理学がやったことといえば、ほかでもありません、あらゆる出来事がこの心理学からすれば一つの行為であり、あらゆる行為は一つの意志の結果であり、世界はさまざまな行為者から成る数多性 Vielheit だということになったのであります。いいかえれば、あらゆる出来事の下に一人の行為者（ある「主観」）が忍び込んだということです。人間は自らの三つの「内的諸事実」、彼が最も固く信じたもの、意志、精神、自我を、自分の中から投影したのです。——人間はまず存在という概念を自我という概念から取り出して、自分の姿に合わせて

「事物」を存在するものとして立てたのです。自分の姿に合わせてとは、原因としての自我という概念に合わせてということです。人間が後から事物の中に、あらかじめ彼がその中に入れ込んで置いたものしかつねに見出せなかったとしましても、何の不思議がありましょう？　——事物そのもの、言い直せば事物という概念は、原因としての自我への信仰を単に反射したものにすぎません。……そして、わが機械論者ならびに物理学者諸君よ、諸君の言う原子《アトム》にしてからがいまだにそうなのですよ。どれほど多くの錯誤、どれほど多くの初歩的心理学が、諸君のいわゆる原子《アトム》の中にいまなお残っていることでしょう！　——かの「物自体」、形而上学者たちの恐ろしき恥部 horrendum pudendum についてならば、まことに、言わずもがなのことであります！　原因としての精神、というあの錯誤が、実在と取り違えられてしまったのです！　そしてそれが実在の規準にされてしまった！　しかも神と呼ばれてしまった！　という次第であります。——

四㉛

想像的原因の錯誤。——夢の話から始めることにします。例えば遠いところに砲声が聞こえた結果として、何か特定の感覚が発生したとします。こういう感覚に何らかの原因が擦《なす》りつけられるのは、後になってからの話なのです。（夢見る人自身を主人公にした一寸した小説《ロマン》は往々にしてこのケースです。）砲声が聞こえなくなった間も、その特定の感覚だけはずっと一種の反響として続いています。この感覚は、原因を求める衝動によって前面に立ち現われることを許されるまで、いわば待機しているのです。

――そして時機が来れば、そのときには偶然としてではなく、「意味」として立ち現われるのであります。砲声は一種の因果的な仕方で立ち現われるため、時間は外見上、前後が逆転いたします。つまり時間的に後のもの、動機づけの方が、先に体験されます。この体験はしばしば稲妻のように疾過するこまかな事柄を伴ってなされ、その結果として砲声が起こる、という順序になります。……一体そのとき何が起こったといえるのでしょうか？　身心のある種の状態が産み出したさまざまな観念が、同状態の原因であるとして誤解されたのであります。事実、こういうことは、われわれは覚醒時にも、夢をみているときと同じようにやっているのです。われわれの大抵の一般感情――諸器官の作用および反作用におけるあらゆる種類の阻害、圧迫、緊張、爆発、並びにとくに交感神経の状態といったもの――は、われわれの原因を求める衝動を掻き立てます。いいかえれば、われわれはこれこれしかじかの心身の状態にあることの根拠を得ようと欲します。――悪い状態にあるとか、あるいは良い状態にあるとかの根拠を得ようと欲するのです。これこれしかじかの心身の状態にあるという事実をただ単に確かめるだけでは、われわれは決して満足しません。われわれはその事実に一種の動機づけを与えたときになってはじめて、この事実を承認するのであります。――いいかえれば、この事実を意識するのであります。――以上のような場合に知らず知らずに働き出す追憶というものは、同種類のかなり以前の諸状態やこれと絡み合っている因果的諸解釈を誘導するのであって――これら諸状態や諸解釈の原因をなすものを誘導するのではありません。勿論、さまざまな観念〔本節の中ほどの「身心のある種の状態が産み出したさまざまな観念」につながる〕、並びにそれに伴うさまざまな意識現象こそが原因であった、という信仰もまた、追憶を通じて一緒に浮き立たされて来ることは言うまでもありません。このようにして一定の原因解釈を常用する癖が生じて参ります。これがじつは原因の探究を阻み、不可能にさえしてしまうのです。

五

これに対する心理学的説明。——何かある未知のものの原因を何かある既知のものへ帰着させてしまうことは、気持をほっとさせ、安心させ、満足させ、おまけにそのうえある権力の感情を引き起こします。未知のものが現われると同時に、危険、不安、心配が生じますが——最初の本能は、この厄介な状態を取り除くことに向けられます。第一の原則、何でもいいからともかくある説明をすることは、何も説明しないよりはましである。未知のものが現われたときにはただ、圧迫して来るさまざまな観念を振り捨てようとすることだけが究極の問題なのですから、振り捨てる手段のことまでは、必ずしも厳密に考えるわけには参らぬでしょう。そこで、未知のものを既知のものとして説明するのに役立つ最初の観念が、人を大変に快い気持にするものなので、これが「真なりと看做されて」しまうのです。真理の基準としての快感（「効力」）による証明。——このようなわけで、原因を求める衝動は、恐怖感を前提とし、恐怖感によって引き起こされるのだといえます。「なぜ?」という問いは、原因それ自身の目的のために原因を割り出そうというのではなく、もし出来ることなら、むしろ、原因の一種——心を鎮静し、気持を解放し、安堵させてくれるような原因を割り出そうというのでありましょう。何かすでに既知のもの、経験済みのもの、記憶に記入済みのものが原因として設定されるということは、こうした欲求の第一の帰結です。新しいもの、未経験のもの、見知らぬものは、原因として閉め出されてしまいます。――それゆえ、原因として探し求められるのは、ある種の説明というだけではありません。選り抜きの、特に重宝がられた種類の説明であって、見知らぬもの、新しいもの、未経験のものの感情をきわめて迅速かつきわめて頻繁に排除してしまうといった種類の説明――最も習慣的な説明であります。――その結果は次の通りです。一種の原因設定がますます優位を占めるようになり、それが体系へと集中し、しまいには他を圧して君臨しつつ、つまり、他の原因や説明をあっさりと閉め出して、立ち現われるということになるでしょう。――銀行家はすぐさま「業務」のことを思い、キリスト者は「罪」のことを考え、少女は自分の恋に思いを馳せるという次第であります。

六

道徳と宗教の全領域はこの想像的原因の概念に属する。――一般的な不快感情の「説明」は、通例次のように行われています。一般的な不快感情は、われわれに敵意を向けている存在が原因で引き起こされるのだといいます(悪霊。最も有名な場合――ヒステリー女を魔女にしてしまう誤解)。一般的な不快感情は、正当とは認め難い行為が原因で引き起こされるのだともいいます(何かの生理的不快感の原因に、やれ「罪」であるとか「罪深さ」であるとかの感情が擦《なす》りつけられる場合が、これです。――自分に不満を抱く理由なんていつだって見つかりましょう)。一般的な不快感情は、罰としても引き起こされるといいます。つまり、われわれが為すべきではなかったような物事、われわれがそれであるべきではなかったような物事への償いとして引き起こされるというのです(厚かましい形式では、ショーペンハウアーによって、次のような一つの命題に一般化されています。この命題では道徳があるがままの正体として、生の毒殺者、誹謗者として立ち現われていますが、曰く、「大きな苦痛はどれもみな、肉体的な苦痛であろうと、精神的な苦痛であろうと、われわれがそういう目に会って当然である処のものを言い表わしている。なぜなら、大きな苦痛は、もしもわれわれがそういう目に会って当然なものでないなら、われわれの許に訪れることもあり得ないからである。」『意志と表象としての世界』Ⅱ、六六六ページ〔ページ指示はフラウエンシュテット版。引用は続篇第四六章に相当〕）。一般的な不快感は、無思慮で、悪い結末に終る諸行為の帰結としても引き起こされるといいます（――欲情、官能が、「原因」として、「罪責」として設定されます。生理的な緊急事態が他の緊急事態の助勢を得て「そういう目に会って当然なもの」として解釈されるのであります。――さて、一般的な快適感情の「説明」は、通例次のように行われています。一般的な快適感情は神への信頼によって引き起こされる、というのです。また一般的な快適感情は善行の意識によっても引き起こされる、といいます（いわゆる「何ら疚しさのない良心」、これはときとして順調な消化と見紛うほどによく似ている一つの生理的状態のこと）。一般的な快適感情は、さまざまな企てをしたときの首尾良い結着によって引き起こされる、ともいいます（――これは素朴な推論の誤りです。何かある企てが首尾良い結着を見ても、憂鬱病患者とか、あるいはパスカルのような人間には、まるっきり一般的な快適感情を引き起こさないからです）。一般的な快適感情は、信仰、愛、希望〔『コリント前書』一三の一三参照〕――キリスト教の諸徳によって引き起こされる、とも言われています。――以上のような、臆測から出たこれらの説明はいずれみな、じつは結果の諸状態を表わしているだけであり、快適な、もしくは不快な感情の誤てる方言へのいわば翻訳にほかなりません。言いかえれば、人が希望を抱く状態にあるのは、生理的根本感情が再び強く、かつ豊かになっているからにすぎませんし、人が神に信頼を寄せるのは、充実と強さの感情がその人に心の平安を与えているからにすぎないのです。――道徳とか宗教とかは、徹頭徹尾、錯誤の心理学のうちに属しています。一つ一つのどの場合をみても、原因と結果が取り違えられています。あるいは、真理が、真理と信じられたものの結果と取り違えられています。あるいは、意識のある状態が、意識のその状態の原因性と取り違えられているのです。

七

自由意志の錯誤。――われわれは今日では、「自由意志」という概念にもはや何らの同情も抱いておりません。その正体が分りすぎるほど分っているからです。――その正体というのは、この世にあり得る最も胡散臭い神学者流の手品であって、目的とする処は、人類を彼ら神学者の言う意味において「責任ある存在」にすること、つまり、彼ら神学者が人類を自分たちに依存的にすること、これであります。……さて、ここでは、人に責任を負わせるという行動のいっさいが持つ心理学を示しておきます。――責任云々が追及される場合にはどこでも、追及しているのは、罰しそして裁こうと欲する本能であることは、常のことであります。これこれしかじかの何らかの存在《ザイン》が意志に、意図に、責任の行為に還元されたときには、生成《ヴェルデン》からはその無垢が剝ぎ取られてしまったことになるでしょう。意志の説は、本質的には刑罰の目的、つまり罪ありと認めたいという目的のために創案されたものです。古い心理学全体の、意志心理学の前提は、その創始者、古い共同体の先頭に立つ僧侶たちが、刑罰を課す権利を自分たちのために創り出そうとしたこと——あるいは、そのために神に権利を与えようと欲したこと、この点にあります。……人間が「自由」である〔自分の行為に責任の持てる意志の自由を持つ存在である〕と考えられたのは、裁かれ、罰せられることが可能であるためですし、——責任を負う存在であることが可能であるためにほかなりません。したがってどんな行為も、意欲されて為されたものだと考えられ、またどんな行為の起源も、意識の中にあるものだと考えざるを得なかった所以です（——このことによって心理学的事柄における最も原則的な贋金づくりが、心理学の原理そのものにされてしまったのでした。……）。今日では、われわれは、逆の運動を始めております。われわれインモラリストは、一斉に、全力を挙げて、罪の概念と罰の概念をこの世界から再び取り除いて、そして心理学、歴史、自然、社会的制度ならびに社会的制裁処置を、罪や罰の概念から清めようと努めているのですが、われわれの目から見ますと、この点でわれわれに最もラディカルな敵対関係を示しているものとしては、神学者たちのそれに勝るものはありません。彼らは「道徳的世界秩序」の概念を以て、「罰」と「罪」によって、生成《ヴェルデン》の無垢を汚濁しつづけております。キリスト教は、絞首人の形而上学であります。……

八

われわれの教説で唯一独自であり得る点は何でしょうか。——人間はいかなる者からもその固有性を与えられないこと、神からも、社会からも、両親からも、祖先からも、自分自身からも与えられないこと、これであります（——ここで最後に拒否されるおよそばかげた観念は、カントが「叡智的自由」として説いた処のもの、ひょっとしてプラトンもすでに説いていた処のものです）。何びとといえども、自分がそもそも存在していることに対して、自分がこれこれの性状を具えていることに対して、自分がこういう境遇の下に、こういう環境の中にあることに対して、責任を負ってはいません。自分の存在の持つ宿命性は、過去に存在したし未来に存在するであろう一切のものの宿命性から、一つだけ切り離して取り出すということの出来ないものなのです。自分は何かある独自の意図の、ある意志の、ある目的の結果ではありません。自分を以て、「人間の理想」とか、「幸福の理想」とか、「道徳性の理想」とかに到達せんとする実験が行われるのではありません。――自分という存在を何かある目的の中へ転がし込むようにして入れようとするなどは、荒唐無稽です。「目的」という概念を創案したのは、われわれなのであって、そもそも現実《レアリテート》には目的が欠けているのです。……人は必然であり、一片の運命であり、全体に属し、全体の中にあるのです。――われわれの存在《ザイン》を裁き、測り、比較し、判決し得るようなものは何ひとつありません。なぜなら、それは全体を裁き、測り、比較し、判決することに等しいからです。……ところが、その全体の他には何もないのです！――何びとといえどももはや責任を負わされてはいないということ、存在《ザイン》の仕方を何かある第一原因 causa prima に還元することはあってはならないということ、世界は感覚中枢としても「精神」としても単一体ではないということ、これこそはじめて偉大な解放というべきものでありましょう。――これで以てはじめて生成《ヴェルデン》の無垢は回復されたのであります。……「神」という概念は、これまでのところ現存在に対する最大の異論でした。……われわれは神を否定します。神において責任をとることを否定します。これによってはじめてわれわれは世界を救済することになるのでありましょう。――

人類の「改良家」たち(32)

一

哲学者たる者は善悪の彼岸に身を置くべきであり——道徳的判断の幻想などは足下に見下してしまうべきである、こういう私の要求を、読者はご存知だろうと思います。この要求は私によってはじめて言葉にされた一つの洞察、すなわち道徳的事実などというものはどだい存在しない、という一つの洞察に端を発したものであります。道徳的判断は、実在でも何でもないいろいろな実在を信じている点で、宗教的判断と共通する面を持っています。道徳などというのはある種の現象の一つの解釈にすぎません。もっとはっきり言えば、一つの誤解にすぎないのです。道徳的判断というのは、宗教的判断と同じように、実在的なるものの概念さえ欠けている段階、言いかえますと、実在的なるものと空想的なるものとの区別さえまだ欠けている無知の段階に属しているのであって、したがってそういう段階における「真理」などは、われわれが今日、「空想」と呼んでいるものをもっぱら呼び表わしているにすぎません。その限りにおいて、道徳的判断は、決して言葉通りに受け取るべき筋合いのものではないのです。言葉通りに受け取るべき筋合いのものとしてみれば、道徳的判断は、つねに背理を含んでいるだけであります。ただし、記号学としてこれをみれば、今でもなお量り難い価値を有しています。つまり、道徳的判断は、十分に自分自身を「了解する」すべを心得ていなかった文化や深層心理のこのうえなく貴重な実在の姿を、少くとも了解の仕方を心得ている人のために、開いて見せてくれているものなのでありま す。道徳とは単なる記号の話法にすぎません。単なる症候学にすぎません。ということは、これを有効に活かすには、問題となっていることが何であるかを、あらかじめ知っておかなくてはならないということなのです。

二

最初の一例を、本当に取り敢えずということで挙げてみたいと思います。いつの世でも人は人間を「改良」しようと欲して来ました。これが何よりもまず道徳と呼ばれたものであります。しかし改良というこの同じ言葉の下に、じつに千差万別の傾向が潜んでおります。野獣的人間を飼い馴らすことも、人間の一定種属を懲罰で鍛え上げることも、「改良」と呼ばれて来ました。これら動物学的用語ではじめて言い表わされた諸事実があります。――と申し上げても勿論、典型的な「改良家」である僧侶がつゆ知らぬ諸事実、およそ知ろうともしない諸事実ではありますが。……ある動物を飼い馴らすことを以て動物の「改良」と名づけるのは、われわれの耳にはほとんど一個の冗談と聞こえます。動物園の中で何が行われているかを知っている人は、そんな処で野獣が「改良」されるものだろうかと疑っています。動物園の中の野獣は改良されるのではなく、力を弱められ、あまり有害でなくされるだけです。恐怖による抑鬱させる情念によって、苦痛によって、傷手によって、飢えによって、病弱な獣にされるだけであります。――飼い馴らされた人間の場合にしても事情は同様であります。飼い馴らされた人間を「改良した」などと称しているのは僧侶です。中世初期には、教会が事実上、何はさておき動物園でしたが、そのため、四方八方へ向けて「金髪の野獣」〔『道徳の系譜』第一論文一一節参照〕という最も美しい模範を摑まえるための狩猟を行いました。――例えば高貴なるゲルマン人を摑まえてきては「改良」したのです。けれどもこうして「改良された」、つまり修道院に誘いこまれたゲルマン人は、後の時代の人にどのような姿に見えたのでありましょう？　人間の戯画、出来損いと見えたのであります。いつしか人間は「罪人《つみびと》」となっていた、ということであります。人間は濫の中に身を潜めました。「罪人《つみびと》」という、ひとえにただおどろおどろしい概念と概念の間に閉じ籠められてしまったのです。……そこに彼は病いの身で、惨めに、われとわが身に悪意を抱きながら横わっていました。生命への刺戟をなすものには憎悪の念をたぎらせ、当時まだ強壮で幸福であったすべてのものには猜疑心を働かせつつ。要するに、彼は「キリスト教徒」となったのです。……生理学的に申し上げれば、野獣との戦いにおいては、病気にしてしまうことが、野獣を弱体化する唯一の手段たり得るのであります。そのことを心得ていたのは教会でした。いいかえれば、教会は人間を堕落させた、ということです。教会は人間を弱体化した、と言ってもよろしい。――ところが教会は、人間を「改良」したと言われることを要求しているのであります。……

三

いわゆる道徳のもう一つ別のケース、一定の人種と種族とを懲罰で鍛え上げるというケースを取り上げてみることにしましょう。これの最も雄大な実例を提供しているのは、『マヌ法典』[33]として宗教的に認可されているインドの道徳であります。ここで課題とされているのは、少くとも四つを下らない種族を一挙に鍛え上げることとです。僧侶族、戦士族、商農族、最後にスードラと呼ばれる召使い族の四つです。この道徳において、明らかにわれわれは、もはや野獣を飼い馴らす手合いの間にはおりません。懲罰によって人間を鍛え上げるというこの計画をほんの構想するというそれだけの目的のためにも、百倍も柔和で、道理を弁えた種類の人間が前提とされるからです。キリスト教の持つ病院と牢獄の空気の中から、ここの一段と健康な、高くて広い世界へ足を一歩踏み入れますと、ほっと安堵の念を覚えます。『マヌ法典』に比べると『新約聖書』は何と貧相なことでしょう。何と悪臭を放っていることでありましょう！――しかしながら、この組織もまた恐怖を喚起することを必要としました。――ただし今度の場合は野獣との戦いにおいてではなしに、野獣の正反対の概念、厳しい自己規律を持たない人間、ごたまぜの雑種人間、チャンダーラ〔インドの賤民、カスト外雑婚から生まれた非人。賤民中最も卑しまれた。明治以来「梅陀羅」の漢訳で知られる〕との戦いにおいて、恐怖を喚起することを必要としたのでした。そしてこの組織は、チャンダーラを危険のない存在に、弱い存在に仕立てるために、またしてもそれを病気にする以外の手を知らなかったのでした。――それは「多数」との戦いにほかなりませんでした。思うにインドの道徳の、この防衛的処置よりもわれわれの感情に逆らうものは、ひょっとして他にないのではないかとさえ思います。例えば第三条(34)（アヴァダナ・サストラのⅠ）の「不浄の野菜について」は、チャンダーラに許されている唯一の食糧は蒜《にんにく》と玉葱であるべきであるとの指示を与え、それと関連して、彼らに穀物や穀類の実をつける果物、ならびに水や火を与えることは聖典が禁じている処であると述べているのであります。この第三条は、彼らが必要とする水は河からも、泉からも、池からも汲まれることは許されず、ただ沼の入口や、獣の足跡で出来た穴から汲み取ることだけが差し支えないとされているのであります。同じように肌着を洗うことも、自分の身体を洗うことも彼らには禁じられています。というのは、彼らには、お情けから喉の渇きを醫すためだけに水の利用が許されているにすぎないからだというのです。最後に、召使族《スードラ》の女に対しては、チャンダーラの女の産褥に立ち合うことが禁じられていますし、また、同様に、チャンダーラの女に対しては、お互い同士で仲間の産褥に立ち合うことが禁じられているのであります。……このような衛生警察のとった成果は、次のような形態になって現われないはずがありませんでした。すなわち殺人的な疾病と忌わしい性病、これであります。その事態に対する措置として設けられているのがまたしても「小刀《メス》の掟」です。男の子には断根を、女の子には小陰唇の摘出を規定したものであります。――『マヌ法典』そのものが次のように語っています。「チャンダーラは姦通、近親相姦、犯罪から生じた結実にほかならぬ。(――これが、懲罰によって人間を鍛え上げるという概念の必然的帰結にほかならないのですが。)彼らは衣服としてはただ屍体から剝いだ襤褸だけを、食器としては毀れた甕を、飾りとしては古くなった鉄を、礼拝の相手としては悪霊だけを持つべきである。彼らは憩うことなく村から村をさまよわねばならぬ。左から右へ書くこと、書くために右手を用いることも彼らには禁じられている。右手を使い、左から右へ書くことは、徳ある人のためにのみ、種族に入っている人のためにのみ保留されているのである。[35]」――

四[36]

これらの指示規定は十分に教訓に富んだものだといえます。指示規定の中にわれわれがまったく純粋に、まったく根源的に所有しているものは、一つにはアーリアン的人間性にほかなりません。——「純粋な血」という概念が、害も危険もない概念とは正反対であることをわれわれは学び知ります。他方、このアーリアン的人間性に対する憎悪、チャンダーラの憎悪が、どの民族において永遠化されたか、どこで宗教となり、どこで守護神となっているかは歴然としています。……この見地からすれば、福音書は第一級の証拠文書であります。エノク書[37]はさらに一層そうでありましょう。——ユダヤの根から生じ、ユダヤの大地の産物としてのみ理解されるキリスト教が表わしているものは、懲罰をもって鍛え上げるすべての道徳、人種のための道徳、特権ある者のための道徳に対する反対運動であるということが出来るでしょう。——それは反アーリアン的宗教の最たるものであります。言い換えれば、キリスト教はいっさいのアーリアン的価値の価値転換です。チャンダーラ的諸価値の勝利です。貧しき者、賤しき者のために説かれた福音であります。いっさいの蹂躙された者、悲惨な者、出来損いの者、うまく行かなかった者の、「種族」に入っている人に対する一斉蜂起です。——不滅なるチャンダーラ的復讐欲が、愛の宗教となったのであります。……

五

懲罰で人間を鍛え上げる道徳と、飼い馴らしていく道徳とは、おのれを貫く手段においては、互いに完全に互角だと思います。つまり、われわれが最上の命題として立てることが許されていますのは、およそ道徳を作り成すには、道徳とは正反対へ向かう無制限の意志を具えていなければならぬ、ということにほかなりません。これこそ私が最も久しい間追究してきた大きな問題、不気味な問題であります。人類の「改良家」たちの心理学がそれです。一つの小さな、結局は慎しやかな事実、いわゆる「敬虔なる嘘」pia fraus〔オウィディウス『変形譚』九、七一一〕が、この問題に近づく最初の糸口を私に与えてくれました。「敬虔なる嘘」とは、人類を「改良」して来たあらゆる僧侶や哲学者たちの世襲財産なのです。ですからマヌも、プラトンも、孔子も、ユダヤ教やキリスト教の教師たちも、誰ひとりとして、彼らの嘘をつく権利をついぞ疑ったことがありませんでした。彼らはさまざまな、これとはまったく別の諸権利をも疑ったことはありません。……定式化して言い表わしますと、次のように申し上げても差し支えないのではないかと思います。これまで人類を道徳的にするためにそれに頼るべきとされたあらゆる手段は、根底から不道徳であったのだ、と。(38)——

ドイツ人に欠けているもの(39)

一

今日ドイツ人の間では、精神を持つだけでは十分とは申せません。精神をさらに自分のためにしっかり手にすること、敢て精神を選び取ることが必要なのであります。……

ひょっとすると私は、ドイツ人というものをよく識っている人間なのかもしれません。ひょっとすると私自身は、ドイツ人に向けて二、三の真実をぶちまけても差し支えない存在なのかもしれません。現代の新生ドイツ〔一八七〇年に統一された、ビスマルクの支配する第二帝国〕は父祖伝来に基く、また自己修練に基く、大幅な有能練達ぶりを示しておりますので、しばらくの間は、蓄積した力の宝庫を濫費していても一向に構わないのだとも申せましょう。が、新生ドイツと共に力を得るようになったのは、何らかの高い文化ではないのです。まして やデリケートな趣味でもないし、本能の高貴な「美しさ」でもありません。力を得たのはヨーロッパの他のどの国にも立ち勝る男性的な徳の数々であります。多量をなす意気軒昂ぶりと自尊の念、交際や相互義務の履行における大きな安定性、大変な勤勉精神、大層な耐久力——そして、血に承け嗣がれて来た自己抑制の精神。この自己抑制の精神に対してはこれ以上ブレーキを掛けつづけるよりも、新生ドイツにおいて拍車で刺戟する方がむしろ必要であるほどです。さらに付け加えて申し上げますと、は、人を卑屈にすることなしに、服従の精神が依然として守られているのであります。……そして何びとも己れの敵を侮りはしません。……

ドイツ人に対し片寄った評価を加えないことが私の願いであることは、ご存知の通りです。この点で私は自分を裏切りたくありません。――ですから、ドイツ人に向けて私の異論も申し立てておかねばならないと思っています。権力に至るには高い代価を支払わせられる、ということがございます。権力は人間を愚鈍にするからです。……ドイツ人――かつては思索家の民[40]と言われていたはずですが、今日でもなおドイツ人は物事を何か思索しているといえましょうか。――ドイツ人は今では精神に退屈しています。ドイツ人は今や精神に不信の念を抱いているのです。政治が、本当に精神的な物事に対するあらゆる真剣さを、嚥み込んでしまっているからです。――「ドイツ、すべてに冠たるドイツ」〔一八四一年H・ホフマン・フォン・ファラースレーベン作曲。旧ドイツ国歌〕、これこそがドイツ哲学の終末ではなかったかと私は危惧しております。……私は外国で「ドイツ人の哲学者はいますか？　ドイツ人の詩人はいますか？　ドイツ語の良い本はありますか？」と、質問されます。私は赤面するのですが、破れかぶれの場合でも私が自分の持味としているあの敢然たる態度をもって、こう答えることにしております。「いますとも、ビスマルクですよ！」――どんな本が今日読まれているのか、ほんの一寸でも私は打ち明ける気持になれましょうか。……何でもほどほどに中庸を保つというあのいまいましい本能[41]め！――

二

——ドイツ精神は何であることが可能であろうか、という点について、これまでに憂鬱な思いを抱かなかった人がいたでしょうか。しかしこの民族は、ほとんど一千年このかた、自ら望んで自分を愚鈍にして参りました。二つの大きなヨーロッパの麻酔剤、アルコールとキリスト教が、この国より以上に罪深く濫用された処は他にありません。最近ではこれに第三のものさえさらに附け加わりました。それ一つだけでも、細やかで大胆な精神の動きを亡ぼしてしまうことの出来るもの、すなわち音楽が附け加わったのです。すでに行き詰まってしまった、あるいは今なお行き詰まるように働きかけているわれわれのドイツ音楽が。——どれだけの不快な重さ、けだるさ、湿っぽさ、そして寝間着が、どれだけのビールが、ドイツの知性の中に宿っていることでありましょう！　精神的な目標にその存在を捧げている若い人たちが、精神性の第一の本能である精神の自己保存本能を自分の内に感じないで——ビールを飲むというようなことが、そもそもどうしてあり得ることなのでしょうか。……学識ある青年たちがアルコールに溺れるからといって、おそらくそれだけではまだ、彼らの学識に疑問符を付けることにはなりますまい。——精神がなくったって大学者たり得るのですから。——それはそうですが、それ以外の他のあらゆる観点からみて、アルコール惑溺主義は依然として一個の問題であることに変りはありません。——ビールが精神に惹き起こす穏かな退化現象、これにお目にかからない場所がどこかにあるでしょうか！　私はかつて、好評を博したといってもいいあるケースにおいてですが、このような退化現象を指摘したことがありました〔『反時代的考察』第一篇一八七三年〕。——われわれの第一流のドイツの自由精神、かの聡明なるダーフィト・シュトラウスが、ビヤホール福音並びに『新しい信仰』〔正しくは『古い信仰と新しい信仰』一八七一年刊〕(42)の著者に退化した現象のことであります。……シュトラウスが「やさしい褐色の女」に誓いの詩を書き、——死に至るまでの忠誠を捧げたのも、理由があってのことだったのです。……

三

——私はドイツ精神について論じ、それが粗笨《そほん》になって来ている、平板になって来ているということを申しました。が、こういう言い方だけで十分といえましょうか。——私を愕然とさせるのは、つきつめて行きますと、全然別種のことではないかと思います。すなわち精神的な事柄におけるドイツの真面目さ、ドイツの深さ、ドイツの情熱がますます下り坂になっているということなのです。パトスが変ってしまったのです。知性的な面だけが変ったのではありません。——私はときおりドイツの大学と接触を持ちますが、そこの学者たちの間には何という空気が支配していることでしょう！　何という荒んだ、何という満足し切って微温的になった精神性が支配していることでありましょう！　もしここで私に対する異論としてドイツ的学問を言い立てようという人がおりましたら、それは根の深い誤解であります。——おまけに、私の書いたものを一字も読んでいない証拠でもあります。私は十七年このかた、われわれの現今の学問の営みの、精神を空っぽにする影響を倦まずに暴き立てて参りました。諸学問の範囲が途徹もなく巨大化した結果、今日では個々の学者が苛酷な隷役を呪い負わされていますが、これこそが、ゆとりと豊かさと深さの素質を相当に具えた人々までが、もはや自分の身にふさわしい教育と教育者とを見つけられなくなっている一つの主な理由であります。われわれの文化が何にもまさって悩んでいることといえば、隅っこに立ちん坊しているだけの横柄人間〔無能なくせに権威ぶっている大学の学者〕であるとか、破片と化した人文精神であるとかが夥しい数をなすことであります。われわれの大学は不本意ながらではありますが、精神のこの種の本能萎縮の本来の温床となっています。そして全ヨーロッパにこのことはすでに知れ渡っています。――大きな政治のせいで、誰の目をもごまかせなくなっているのです。……ドイツはますますもってヨーロッパの平板国と看做されるに至っております[43]。――私が今でもなお探しているドイツ人といえば、この私が私流儀を押し通して厳粛な気分になることが可能であるような相手です。もしも私が共にいて快活な気分でいられるような相手でしたら、私はそういうドイツ人を、さらにどれだけ多く探していることでありましょう！　この点でもまた、偶像の黄昏です。ああ、この国において一人の隠棲者が休息をとると致しましても、休息がいかなる種類の厳粛さからとられるのかということを、今日、分っている人がおりましょうか！――快活さに至っては、われわれの国では、最も不可解千万なものとなり果てています。……

四

読者はざっと見積ってみて頂きたいと思います。ドイツ文化が下り坂にあることは明白であるだけでなく、それに対する十分な理由にもこと欠かないということをです。とどのつまり、誰でも、自分の所持している以上は支出できないものです。――これは個人にも当て嵌まるし、民族にも当て嵌まるでしょう。権力に、大きな政治に、経済に、世界交易、議会主義、軍事的利害などに自分の力を支出してしまうなら――つまり、この方面に向けてありったけの量の知性、真面目さ、意志、克己をくれてやるなら、他の方面には穴があいてしまいます。文化と国家とは――この点については自己欺瞞を犯さないでいただきたい――敵《かたき》同士です。「文化国家」などというのは一個の近代観念にすぎません。文化と国家との関係で、一方は他方を喰って生き、一方は他方の犠牲の上に繁栄するものです。文化上のあらゆる隆盛期は、政治上の没落期です。文化の意味において偉大であるものは、非政治的であり、反政治的でさえありました。……ゲーテの心はナポレオンという現象に出会って開いたのでしたが――その後の「自由戦争」に際しては閉じてしまいました。……ドイツが強国として登場するその同じ瞬間に、フランスは文化国家として、今までとは違った重要性をかち得ております。今日すでに精神の多くの新しい真剣さ、多くの新しい情熱は、パリへ移住してしまいました。例えば、ペシミズムの問題、ヴァーグナー問題、心理学と芸術家《アーチスト》に特有のほとんどあらゆる問題は、パリではドイツにおけるよりも比較にならぬほど繊細に、そして根本的に思索されています。――ドイツ人はこの種の真剣さに対しては無能ですらあります。――ヨーロッパ文化史上、「帝国」の登場が意味することは何を置いてもまず次の一事、すなわち重心の移動であります。すでにどこでも知れ渡ってしまった次のようなことがございます。主要問題に関しては――それは依然として文化なのですが――ドイツ人はもはや問題にならない、ということです。たった一人でもいいですからヨーロッパにとって物の数に入る精神を君たちは挙げることが出来ますか？　かつて君たちのヘーゲル、君たちのハインリヒ・ハイネ、君たちのショーペンハウアーが物の数に入ったように？　とお尋ねになる人さえいるでしょう。――もはやドイツの哲学者はたった一人もいないということについては、いくら驚いても際限《きり》がありません。――

五

ドイツの高等教育制度の全体に肝心かなめの一点が失われております。目的も、目的に対する手段も失われております。教育そのものが、教養そのものが目的であるということ――「帝国」は目的ではありません――教育ならびに教養というこの目的のために必要なのは教育者であって、中高等学校《ギムナジウム》の教官や大学の学者たちではないということ――この一点が忘れられてきました。……必要なのは自己教育を行ってきた教育者[44]であり、いついかなる瞬間にも証明を経ている、言葉と沈黙による証明を経ている、卓越した、高貴な精神であり、熟成して甘美さを添えてきた文化であって――中高等学校《ギムナジウム》や大学が今日青年たちに「高等の乳母」[45]として当てがっている学識ある野蛮人ではありません。教育の第一の先行条件である教育者が欠けているのです、例外者中の例外は別ですが。そこからドイツ文化の下り坂ということが起こって来ています。――今述べた例外者中の例外ともいえる最も稀有な人物の一人に、バーゼルのわが畏友ヤーコプ・ブルクハルト[46]がおります。バーゼル大学が人文精神において優位を占めていますのは、まっ先にこの人物のお蔭であります。――ドイツの「上級の諸学校」が事実上達成していることと申せば、できるだけ少い時間で、多数の青年たちを、国家への御奉公のために役立てようとする、つまり搾取しようとする野蛮な調教にほかなりません。「高等教育」と多数者――これは最初から矛盾いたしております。高等教育というものはいずれみな例外者のためにのみあるものです。つまり、こうした高い特典に権利を有するためには、人はあらかじめ特典を与えられていなければならないということです。あらゆる偉大な、美しい物事は、共有財産ではあり得ません。「美しきものは少数者のものなり」pulchrum est paucorum hominum〔paucorum 以下ホラチウス『諷刺詩』一、九、四四〕であります。――ドイツ文化の下り坂を引き起こしたものは何でありましょうか。「高等教育」がもはや特権ではなくなったこと、これであります。また、「高等教育」が「一般教育」の、すなわち共有になった「教養」の民主主義になったことが引き起こしたのではないでしょうか。……忘れてはならないのは、兵役上の特典が与えられているために、上級の諸学校への進学者数の増加、すなわちそれら諸学校の没落が形式的に強制される結果となっていることです。――現代のドイツではもはや何びとにも、自分の子弟に高貴な教育を授けてやる自由は与えられておりません。わがドイツの「上級の」諸学校は、教師といい、カリキュラムといい、教育目的といい、揃いも揃って曖昧このうえもない中庸平板さを目指して作られているのです。至る処に支配していますのは、上品さを失ったせかせかした忙しさで、青年が二十三歳にしてまだ「仕上って」いないといっては、つまりどんな職業に就くのかという「肝心な問い」にまだ答えるすべを知らないでいるといっては、何か手抜かりでもあったかのように扱われてしまうほどです。――はばかりながら申し上げますが、高級種の人間は、「職業」Beruf というものを好みません。その理由は、自分が「天職を負うている」berufen ことを知っているためにほかなりません。……高級種の人間は閑暇を持っています。自分のために時間を掛けます。「仕上った」人間になることなど思いもよりません。――三十歳くらいでは、高い文化の意味で申し上げるのですが、まだ初心者であり、子供です。――わがドイツの満員の中高等学校《ギムナジウム》、荷を背負いこみ過ぎて愚鈍になった中高等学校《ギムナジウム》の教師たちは、一個の醜聞《スキャンダル》にほかなりません。こういう状態を弁護するというようなこと、これは最近ハイデルベルク大学の教授たちがやったことですが、ひょっとするとそれには原因はあるのかもしれませんが——理由は存在しません。

六

私の流儀は肯定的であることであって、抗議であるとか、批判であるとかにはただ間接的に、不本意ながらに関わりを持つにすぎないのですが、このような私の流儀から逸れないためにも、私は世の人が教育者を必要とする理由ともいうべき三つの課題を、ここに直に提示しておくことにしましょう。人は見ることを学ばなくてはなりません。考えることを学ばなくてはなりません。話すことと書くこととを学ばなくてはなりません。以上三つの目標とする処は、高貴な文化であります。——見ることを学ぶとは——眼に落着きと忍耐との習慣を与え、事物の方から自分に歩み寄って来るように眼を習慣づけることです。判断を先へ延ばし、一つ一つの場合を、四方八方から取り巻いて眺め、包囲することを学ぶことであります。これが精神性に至る第一の予備訓練であると申せましょう。言いかえれば、何か刺戟があってもそれに直に反応しないで、自分を抑制し、閉鎖する本能をわが手に確保することにほかなりません。私が理解している限りでの見ることを学ぶというのは、非哲学的な言い方で強い意志と呼ばれている処のものに非常に近いのです。すなわち、見ることを学ぶということの本質的な点は、まさに「意欲」しないこと、決定を中止できるということにあると申せましょう。あらゆる非精神性、あらゆる卑俗性は、刺戟に抵抗する能力の無さに基いております。——人は反応せざるを得ないのです。どんな衝動にも従ってしまいます[47]。このように、せざるを得ないということが、多くの場合、すでに病弱、衰退なのであり、疲労困憊の徴候であると言ってよいでしょう。——非哲学的な粗雑さが「悪徳」の名で呼び表わしているほとんどすべての事柄は、このような、反応しないでいる能力が生理学的に欠けていることにすぎないのです。——見ることを学んだ場合の一つの応用といえば、学びつつある者として人が一般に緩慢になり、疑い深くなり、抵抗強くなっていることだと申せましょう。あらゆる種類の見慣れぬもの、新しいものが近寄ってくると、差し当り敵意を含んだ落着きをもってこれを迎えるでしょう。——それから手を引っ込めてしまうでしょう。これに反しあらゆる扉を開けっ放しにして置くこと、どんな小っぽけな事実の前でも恭々しく平伏すること、いつでも跳び込む用意をしていて、他人や他物の間へ割って入ったり、躍り込んで行ったりすること——これが要するに有名な近代的「客観性」ですが、下等な趣味であり、下品の最たるものだと言ってよろしいでしょう。

七

考えることを学ぶこと、わが国の学校では、これが何であるかがもう分らなくなっております。論理《ロジー》学《ク》は大学においてさえ、哲学の本職の学者の間ですら、理論《テオリー》としても、実践《プラクティーク》としても、手仕事としても、死滅し始めているのです。ドイツ語の本を読んでみてご覧なさい。考えるためには技術が、教授プランが、名人技への意志が必要なのですが、それらが必要であるということへのほんのかすかな記憶さ

え も、もう残っていません。考えることは一種の舞踏として、舞踏が修業した芸であろうとするのと同じように、年季を入れる必要があるのだということへのほんの僅かな思い出さえも、もう残っていません。……ドイツ人の間で、精神的方面での軽やかな足取り(48)が筋肉の隅々に濃らせるあの精妙な戦慄を、経験上、誰が今でもまだ知っているといえましょう！　精神的な身のこなしの武骨な野暮ったさ、物を摑むときの無器用な手――これがドイツ的ということであって、外国ではドイツ的本質一般と取り違えられているほどです。ドイツ人はニュアンスを感ずる指を持っていません。ドイツ人が彼らの哲学者たちを辛抱したというだけでも、わけてもかつて地上に存在した最も奇形な概念の不具者である大カントを辛抱したというそれだけでも、ドイツ的優雅さの何たるかについて、少からず教えてくれるものがありましょう。――すなわち、高貴な教育からは、あらゆる形式における舞踏を、足により、概念により、言葉により舞踏する能力を、除外することは出来ません。加えて、ペンにより舞踏する能力が必要であることも――書くことを学ばねばならぬとはこのことですが――、これは今さら申し上げるには及ばぬことではないでしょうか？　――が、この地点まで来ると、私という人間はドイツの読者にとっては完全に謎となってしまうことでしょう……

ある反時代的人間の逍遥[49]

一[50]

私にとっての我慢ならぬ人々。――セネカ、徳の闘牛士。――ルソー、「不浄な恥部における」impuris naturalibus 自然への復帰。――シラー、ゼッキンゲンの道徳ラッパ手〔ドイツの国民的愛誦書であるヨーゼフ・ヴィクトール・フォン・シェッフェルのロマン的長篇叙事詩『ゼッキンゲンのラッパ手』一八五四にかけている〕。――ダンテ、墓穴の中で詩を作るハイエナ。――カント、叡智的性格[51]としてのcant（偽善）。――ヴィクトル・ユーゴー、無意味の大海原のほとりに立つ大燈台。――リスト、達者さの学校、ただし御婦人向きの。――ジョルジュ・サンド、「乳の張った豊満[52]」lactea ubertas〔直訳すれば乳の豊かさ、沢山の乳〕、ドイツ語で言えば「美しいスタイル」の乳牛。――ミシュレー、上衣を脱ぎ棄てる感激。……カーライル、取りやめた昼食会としてのペシミズム。――ジョン・スチュアート・ミル、人を侮辱しているような明晰さ。――ゴンクール兄弟、ホメロス[53]と格闘する二人のアイアス〔トロヤ戦争におけるギリシア軍の英雄〕。オッフェンバッハの音楽。――ゾラ、「悪臭を発する喜び。」――

二[54]

ルナン。――神学、あるいは「原罪」による理性の腐敗（キリスト教）。その証拠がルナンであります。この男は比較的一般的な種類の然《ヤー》りや否《ナイン》を言ってのけるや否や、几帳面すぎるほどに決まりきって的外れなことをしでかします。例えば、彼は科学《シアンス》と高貴《ノブレス》さとを一つに結びつけたがっているのですが、しかし科学が民主主義に属していることは明々白々でありましょうに。彼は少からぬ野心をもって精神の貴族主義(55)を示したがっているのですが、しかし同時に、その反対の教えである「心貧しき者の福音」évangile des humbles の前に跪づく始末です。しかも、跪づくだけにとどまりません。……もしもある人〔一般的に言っているが、ここではルナンのこと〕の臓腑が依然としてキリスト教徒、カトリック信者、僧侶でさえあるのだとしたなら、そういう人のあらゆる自由精神ぶった態度や、近代性や、嘲笑癖や、アリスイ鳥〔キツツキ科の鳥で首を曲げる習性がある〕風の融通のきくしなやかさなどが、いったい何の役に立つでありましょう！　ルナンの持つ発明の才は、ジェスイトや懺悔聴問僧とまったく同じように、誘惑するという点にあります。ルナンの精神性には図々しい生ぐさ坊主のにやにや笑いが欠けていません。——僧侶というものは皆そうなのですが、ルナンは愛を示すときにはじめて危険な存在になります。命がけで礼拝するという点にかけて、何びとといえどもこの男に匹敵できる人はおりますまい。……ルナンのこの精神、精気を抜き取り弱らせる精神は、哀れな、病んだ、意志の力の衰えたフランスにとっては命取りとなり兼ねません。——

三(56)

サント＝ブーヴ。——男らしい処が少しもない人です。あらゆる男性的精神に対するけちな憤懣を胸に抱えている人です。細かくて、知りたがり屋で、退屈もしており、たえず聴き耳を立ててうろつき回っている人。女性的復讐心と女性的肉感性とを兼ね具えている、根が女性的な人物。心理学者としては誹謗の天才といえます。そのための手段たるや無尽蔵です。賞め言葉に毒を混じえる術を、彼ほど上手に心得ている人はおりますまい。本能の奥底において一般民衆的であって、ルソーの復讐感情《ルサンチマン》と血縁関係にあります。したがって、彼はロマン派だということにもなるわけですが。——それというのも、あらゆるロマン主義の下では、復讐をめざすルソー的本能が喉を鳴らし牙を剝いているからです。革命的人物、といってもよいのですが、恐怖のためにどうにかそれがまだ抑制されています。彼は強さを具えたいっさいのもの（世論、アカデミー、宮廷、ポール・ロワイヤル[57]さえも）の前では自由を失っております。人間でも事物でもすべての偉大なもの、己れを信ずるすべてのものに対し腹を立てています。それでも偉大なものをまだ威力として感じとれる程度には詩人であり、半女性なのですが、たえず踏みつけられていると感じているため、あの有名な蛆《うじ》虫と同じようにたえず身を捩じ曲げています[58]。批評家としては基準、拠りどころ、バックボーンがなく、いろいろな物事に対してコスモポリタン的自由思想家《リベルタン》めいた口吻を洩らしながら、そのじつ自由思想《リベルティナージュ》を告白するだけの勇気さえありません。歴史家としては哲学がなく、哲学的眼光の威力がないのです。——だからあらゆる主要問題に関して裁定を下すという課題をいやがり、「客観性」という仮面を被りたがります。ただ彼の態度は、使い古されたデリケートな趣味が最高の法廷であるような物事に対しては、他の場合と違ってきます。そこでは彼は本当に自分に対する勇気、自分に向けられた喜びを知っています。——そこでは彼は巨匠でさえあります。——幾つかの側面ではボードレール[59]の一先駆形式といってよいでしょう。——

四

『キリストに倣いて』〔ドイツの神秘家トマス・ア・ケンピス（一三八〇—一四七一）の主著と伝えられる、修道院的敬虔の横溢した四巻の述作で、各国語に訳され広く読まれた〕は、私が一種の生理的抵抗なしには手に取れない本の一つであります。永遠に女性的なものの香気を発散させている本ですが、これに堪えるためにはすでにフランス人か――ヴァグネリアンでなくてはならないでしょう。……この聖者はパリのご婦人がたまでが好奇心を抱くような、一種独特な愛の説き方を持っております。――私に次のような話を聞かせた人がいます。例の最も怜悧なジェスイトであるオーギュスト・コントは、科学という回り道を辿って自分の同胞であるフランス人をローマへ連れて行こうとした人ですが、この書物を読んで霊感を受けたのだそうです。あり得る話だと私は思います。「心情の宗教」……

五 [60]

ジョージ・エリオット――彼ら〔イギリス人のこと〕はキリスト教の神を免れていますが、それだけに、一層キリスト教の道徳にしがみつかざるを得ないと今や思い込んでおります。これがイギリス流の首尾一貫性なのであります。われわれはだからといって、ジョージ・エリオット風の道徳少女を咎め立てしようとは思いません。イギリスでは、神学からほんの少し解放されるその度毎に、鬼面人を驚かす遣り方で、自ら道徳の狂信家《ファナティカー》となって、自らの名誉をあらためて回復して見せなければならないのです。それがこの国で人の支払う罰金なのであります。――われわれのような別人種にとっては、事情は異ります。われわれの場合には、キリスト教の信仰を放棄すれば、それと一緒にキリスト教の道徳への権利をも足下に脱ぎ棄ててしまうことになるでしょう。キリスト教の道徳は自明のものでは絶対にありません。この点を、イギリス人の平べったい頭が何と言おうと、繰り返し明るみに出さねばなりますまい。キリスト教は一つの体系なのです。綜合的に考え出された、全体的な物の見方なのです。この中から神に対する信仰という一つの主要概念を叩き出してしまえば、それによって同時に、全体をも叩き壊してしまうことになるでしょう。そうなると必然的なものは何ひとつもはや指の間には残りますまい。キリスト教の前提は、人間にとって何が善であり何が悪であるかは人間には分らない、人間には分り得ないものなのだ、ということであります。いいかえれば、それが分るのは神だけで、人間はそういう神を信じるのであります。キリスト教の道徳は一種の命令です。それの根源は超越的ということです。キリスト教の道徳はあらゆる批判の彼方にあります、批判に対するあらゆる権利の彼方にあります。神が真理である場合だけ、キリスト教の道徳もまた真理であるというのです。――それは神に対する信仰と共に立ち、共に倒れる。――もしも、実際にイギリス人が、自分たちは何が善であり何が悪であるかを自分たちの内部を基準に「直覚的に」知っていると思い込み、したがって、もはやキリスト教を道徳の保証としては必要としないと考えるとしたら、そのこと自体がじつはキリスト教的価値判断の支配の帰結にすぎないのであり、その支配の強さと深さの一表現にすぎないのであります。かくて結果的に、イギリス的道徳の起源は忘れられてしまって、イギリス的道徳の存立の権利がじつは大変な制約を受けているということも、もはや感取されなくなってしまうでしょう。イギリス人にとって道徳はいまだに問題たり得ていないのです。

六[61]

ジョルジュ・サンド——私は『一旅行者の手紙』〔一八三六年刊〕の最初の方を読んでみました。ルソーに由来するすべてのものがそうでありますように、これもまた贋もので、拵えもので、駄ぼらで、誇張されております。私はこのような目も文《あや》な絨緞文体には我慢できません。賤民のくせに大人風《たいじん》の感じを見せようという野心も同様に我慢なりません。一番いけないのは、言うまでもなく、男性っぽさを装い、不良少年の風を玩ぶ女の媚態《コケトリー》であります。——そういう面を持ちながら、この何ともたまらない女流芸術家は、どんなにか冷ややかな人間であったに違いありません！　彼女は時計のように自分の発条《ぜんまい》を捲いて——そして書いたのでした。[62]……ユーゴーのように、バルザックのように冷ややかに、いったん詩作しだすとそうなるすべてのロマン主義者のように冷ややかに！　その際彼女はどんなにいい気になって寝そべっていたか分りません。この物を書く牝牛〔本章（一）の「乳牛」及び lactea ubertas の注参照〕は、師ルソーと同様に、どこか悪い意味のドイツ風を帯びていて、いずれにせよフランス趣味が衰退してはじめて可能になったのです！——ところがルナンは彼女を尊敬している始末です。[63]

七[64]

心理学者のための道徳――行商的心理学〔行商はフランス語colportageで、巷から巷を売り歩くさもしさからの比喩か〕は止めますように！　観察するために観察するなどということは絶対にしてはなりません！　そんなことをすると物の見方を誤り、藪《やぶ》睨《にら》みになり、なにか無理を伴った誇張したものが出来あがります。体験しようと思って体験する――そういうことがどだいうまく行くわけがありません。体験をしているときには自分の方へ眼を向けてはいけないのです。誰の眼でもそんなことをすれば「悪い眼付き」になるでしょう。生来の心理学者は、見るために見るというようなことを本能的に警戒します。生来の画家にも同じことが当て嵌まります。生来の画家は「自然に即して」[65]制作することなど決して致しません。――彼が「事例」、「自然」、「体験事」を篩《ふる》い分けて表現することを任せているのは、自分の本能、自分の暗室camera obscuraに対してなのです。……生来の心理学者、画家の意識にまっ先にのぼるのは一般的なこと、結論、結果であります。個別の事例から独断的に抽象していくというあのような作業は彼の知る処ではありません。――そこで、いまかりに別の行き方をしてみたら、どういうことになるでしょうか。例えば、パリの小説家の流儀で、大なり小なり行商的心理学をやってみたらどういうことに？　この遣り方はいわば現実を待ち伏せすることです。毎晩一握りの珍品を持ち帰って来るというのがこの遣り方です。……ですが、そこから一体何が出て来るか、よく御覧頂きたいものです。――出て来るのは、山のような汚点《しみ》の塊り、せいぜいで寄木細工《モザイク》、いずれにせよ何か寄せ集めの、騒然とした、色彩もけばけばしい代物《しろもの》にほかなりません。この点で最悪の水準に達しているのはゴンクール兄弟です。彼らが文章を三つ書いて組み合わせると、必ず人の眼を、心理学者の眼を、端的に痛めつけずにはおきません。――芸術的に評価すれば、自然はモデルにはなり得ないものです。自然というものは誇張し、捩じ曲げ、間隙を残したままにしています。自然は偶然です。「自然に即して」制作するのは、私には芳しくないしるしのように思われます。それは屈従、衰弱、宿命論のしるしであることを示しています。――小っぽけな諸事実《プチ・フエ》の前にあんな風に這いつくばってしまうのは、およそ全的な芸術家にふさわしいこととは言えないでしょう。何が存在しているかを見るのは――全的な芸術家とは別種の精神の持主、反芸術家的な、事実的な精神の持主がやることにほかなりません。全的な芸術家の場合には、自分はそも誰であるかを弁えておかなくてはならないのです。……

八[66]

芸術家の心理学のために。――およそ世に芸術が存在するためには、また何らかの美的な行為と観照が成り立つためには、一つの生理学的予備条件がどうしてもなくてはなりません。すなわち陶酔がこれです。陶酔が全体の機械の激し易さを、まず先に高めておくということが必要であります。それより以前には芸術は成り立ちません。あらゆる種類の陶酔が、よしんばどんなに種々雑多な条件を背負っていても、激し易さを予め高めるというこの力を具えています。とりわけ性的興奮による陶酔という、この最も古くて根源的な陶酔形式がそうです。同様に、あらゆる大きな欲望やあらゆる強烈な情念に伴って立ち現われるところの陶酔。祭典、競技、勇敢さ、勝利、あらゆる極端な運動のもつ陶酔。残酷の陶酔。破壊における陶酔。ある種の気象学的影響の下における陶酔、例えば春の陶酔。あるいは麻酔剤の影響の下における陶酔。最後に意志の陶酔、鬱積し張り満ちている意志の陶酔。――陶酔における本質的な点は、力の昂揚と充実の感情にあるといえましょう。この力の昂揚感、充実感から発して、人は事物に何ものかを分け与えるのであり、われわれから奪い取るように事物に強制するのであり、事物に暴力を加えるのであります。――このような過程が理想化と呼ばれていることにほかなりません。われわれはここで一つの偏見から脱け出すことにしましょう。理想化とは一般に信じられていますように、些細なもの、副次的なものを取り去ったり、除き去ったりすることにあるのではありません。主要特徴を猛烈に駆り出して強調することがむしろこの点で決定的なのであって、そのために他の特徴は姿を消してしまうことになるのであります。

九

こうした状態にあるとき人がありとあらゆるものを豊かにするのは、己れ自身の充実からにほかなりません。見るもの、欲するもの、すべてが満々と脹らんで、犇《ひしめ》き合い、強烈に、力の籠ったものに見えて参ります。このような状態にある人間は、事物を変貌させ、ついには事物が彼自身の威力を反映し、――彼自身の完璧性の反射像になる処まで持って行くのです。事物が完璧性へ向かってこのように変貌せざるを得ないということ――これこそが芸術にほかなりません。自分でない処のすべてのものさえもが、彼には、自分でないにも拘わらず、自分に対する快感となるのであります。芸術の中で人間が味わうものは完璧性としての自分なのです。――これとは正反対の状態、本能の特殊な反芸術家的状態を想定しておくことも許されることではありましょう。――つまり、すべての事物を貧弱にし、稀薄にし、消耗性疾患にしてしまうような一種の存在をです。事実、この手の反芸術家、この手の生命の空腹者をたくさん抱えているのが歴史というものでしょう。この手の人々は否でも応でも事物を掠奪し、食い尽くし、一層瘦せこけたものにしてしまわずにはおかない連中です。例えば純粋なキリスト教徒がこれに当ります。一例を挙げればパスカルの場合。およそキリスト教徒であって、同時に芸術家でもあるような人間は、ついぞ現われません。……私にラファエロとか、十九世紀の誰か同種療法《ホメオパシー》的〔その病気をかえって惹き起こす薬品を微量与えて治療する方法で、ここでは「微量の」意味に比重がかかり、「ちょっぴりキリスト教的である人間」の意であろう〕なキリスト教徒を引き合いに出して、異論を唱えるような子供っぽいことは、どうかしないで頂きたい。ラファエロは然《ヤー》りを言い、然りを実行した人間であります。したがって、ラファエロはキリスト教徒ではありません。……

一〇[67]

私が美学に導入したアポロン的とディオニュソス的という対立概念は、両者ともに陶酔の二つの種類であると解された場合には、何を意味するでしょうか？　――アポロン的陶酔は何よりもまず眼を興奮状態に置くのであって、その結果、眼が幻視《ヴィジオーン》の力を持つことになるのであります。画家、彫刻家、叙事詩人は特に秀れた幻視家《ヴィジオネーア》たちであります。これに反しディオニュソス的状態においては、情緒系統の全体が興奮状態に置かれ、高揚させられます。その結果、情緒系統はその持てる表現手段のすべてを一度に発動して、描出、模写、変形、変貌の力、あらゆる種類の物真似術や演技力を同時に駆り出して強調するということになるのであります。本質的な点はやはり、形態変化《メタモルフォーゼ》が容易に行われること、反応しないですますわけには行かないような能力にあります（――これはどんな合図にも応じてどんな役割にでも直ちに入って行けるある種のヒステリー患者の場合に似ております）。ディオニュソス的人間には、何かの暗示を受けてそれを分らない儘《まま》にして置くということが出来ません。彼は情緒の一つのしるしも看逃しません。最高度の伝達術を持っていると同様に、彼は最高度の理解し察知する本能を具えております。彼はどんな皮膚の中へも、どんな情緒の中へでも入り込んで行きます。――彼は休みなく変貌しつづける人間です。――われわれの今日解するような音楽も、同じように、さまざまな情緒の全体的興奮と爆発放散なのでありますが、それはしかしながら、情緒の与えるこれよりもはるかに豊穣な一つの表現世界の残り物、いいかえればディオニュソス的俳優術の単なる残滓《レジドウウム》にすぎないのであります。特殊芸術としての音楽を可能にして行くためには、幾つかの感覚、わけても筋肉感覚が静止させられて来ました。（少くとも相対的にいえば、です。ある程度はやはりあらゆる律動《リズム》がわれわれの筋肉に語り掛けて来るものなのですから。）その結果、人間はもはや自分が感じたことのすべてを直ちに身体で模倣したり、表現したりしなくなりました。ですけれども、これこそが本来のディオニュソス的な正常状態なのであり、いずれにしても根源的状態なのであります。音楽とは、この根源的状態の明細な記述をゆっくりと達成したもののことで、その際血縁関係の最も近い能力は犠牲にされます。

一一

俳優、物真似師、舞踏家、音楽家、抒情詩人は、その本能においては根本的に血縁関係にあり、本来一つのものなのですが、だんだんに専門分化され、互いに別れ別れになって――ついには相矛盾し合うまでにすらなったのであります。なかでも抒情詩人は音楽家と最も長期にわたって一つに結び合っていました。俳優は舞踏家と。――建築家はディオニュソス的状態をもアポロン的状態をも、どちらをも表現いたしません。建築家にあって芸術にまで達しようと迫るものは、大いなる意志の行動、山をも動かす意志、大いなる意志の陶酔といってよいでしょう。最も権勢ある人間がいつも建築家たちにインスピレーションを与えて来ました。建築家はつねに権力の暗示の下にありました。建造物において彼が目に見える姿で表わそうとしているのは、誇りであり、重力に対する勝利であり、権力への意志であります。建築術とはさまざまな形体で表現される一種の権力の雄弁なのであって、あるときは説得調で、媚びをさえ示しますが、またあるときは単に命令調であるにすぎません。権力と安定性の最高の感情が表現されるのは、大いなる様式を具えているものにおいてです。もはやいかなる証明をも必要としない権力、人に気に入られることなどを軽蔑して退ける権力、問われても簡単には答を与えようとしない権力、自分の身辺に居合わせる人間を一人も感じていない権力、己れに対し異議申し立て者がいることを意識しないで生きている権力、己れ自身に安らい、宿命的であり、掟の中の掟でもある処の権力。かかるものが己れについて語るとき、大いなる様式として語るのであります。――

一二(68)

私はトーマス・カーライルの伝記を読みました。著者の思惑どおりには書かれていない茶番の本、胃弱状態をしきりに英雄的・道徳的に解釈している本をです。――カーライル、強い言葉と身振りの男、是非なき仕儀から発した雄弁家、強い信仰への欲求と、そして同時にそれを持つだけの力がないという無力感とに絶え間なく刺戟されている男（――この点において彼は典型的なロマン主義者です！）。そもそも強い信仰への欲求があるからといって、強い信仰の証明にはなりますまい。むしろその反対です。強い信仰が現にあるならば、懐疑という美しい贅沢を自分に許したって一向構わないわけでしょう。懐疑に堪えるだけに十分に安全で、確固としていて、絆《きずな》も強いからです。カーライルは強い信仰を持つ人々に対する尊敬心の最強調音《フォルティシモ》と、余り愚直でない人々に向けた悲憤慷慨とによって、自分の中の何かを麻痺させている人間です。彼は騒々しさを必要としているのです。自己に対する絶えざる熱情的な不誠実――これがカーライルの固有性《プロプリウム》であります。これあるおかげで彼は面白い人物たり得ているのですし、またいつまでも面白い人物でありつづけるでしょう。――言うまでもありませんが、イギリスでは彼はほかならぬ誠実な人だというその理由で敬服されている始末です。……さて、これこそイギリス的と申せましょう。イギリス人が完全な偽善《キャント》の国民であることを考えに入れれば、当然でさえあり、単に合点が行くといった程度にはとどまりません。結局のところカーライルは、無神論者ではないという点に自分の名誉を求めているイギリス流の無神論者なのです。

一三[68]

エマソン。――カーライルよりもはるかに啓蒙されていて、放浪的で、複雑で、老獪で、とりわけ幸福な男。……本能的に神々の佳肴《かこう》 Ambrosia〔ギリシア神話で、不死になると言われた神々の食べ物〕だけしか糧とせず、不消化物は事物の中に置きざりにしておく、といったその手の男。カーライルに比べれば、趣味のいい男。――カーライルは彼を大変に好んでいましたが、それにも拘わらず、こんな風に彼を評していました、「エマソンは私たちに十分に歯ごたえのあるものを与えてはくれないのだ」と。この言はいかにもその通りかもしれませんが、エマソンの不利になる言葉ではありません。――エマソンはあらゆる生真面目さの出鼻をくじく、あの善良で、才気煥発な快活さを具えていました。自分がすでにどれだけ年をとっているか、これからまだどれだけ若くいられるかを、彼は少しも知りません。――ローペ・デ・ヴェーガ〔一五六二―一六三五、スペインの詩人・劇作家・小説家〕の一語をもってすれば、彼は自分についてこうも言い得たかもしれません、「私は私自身に従います」yo me sucedo a mi mismo と。彼の精神は満ち足りていて、いつだって感謝しさえする理由を見出します。そしてときには彼は、まるで良いことでもしたかのように tamquam re bene gesta、いそいそと恋の逢い引きから戻って来た正直者の快活な超越ぶりに軽く触れるのです。この正直者は感謝の意をこめて言ったものです。「たとえ力量は及ばずとも、快楽は讃えるべきものなり[69]」Ut desint vires, tamen est laudanda voluptas と。――

一四

反ダーウィン。――有名な「生存闘争」ということは、証明されているというよりは、今の処はむしろ主張されているのだと私には思われます。「生存闘争」は起こるには起こりましょうが、例外としてであります。生の総体的光景は、窮乏状態や飢餓状態なのではなく、むしろ豊富さ、溢れるばかりの過剰、不条理な浪費でさえあります。――「闘争」も起こりはしましょうが、それは権力のための闘争です。……マルサスと自然とを混同してはなりません。しかも、かりに「生存闘争」が起こり得るとしても――事実、起こっていますが――それは残念ながら、ダーウィン学派が望んでいるのとは正反対の結果に終っています。あるいは、ダーウィン学派ともろともに世人が望んでも差し支えないと考えているのとは正反対の結果に。すなわち、「生存闘争」は強者、特権者、幸福な例外者には不利になる、という結果に終っているのであります。種族の増大発展は、完全無欠な形で行われるものではありません。弱者が再三にわたって強者を支配いたします。――それは弱者が多数者であり、弱者の方がより怜悧であるためでもあります。……ダーウィンという人は精神を忘れてしまったようです（――これこそイギリス的です！）。弱者の方がいっそう多く精神を具えています。……精神を手に入れるためには、精神を必要としなくてはならないわけでありましょう。――精神をもはや必要としなくなった途端、精神は失われてしまいます。ところで、強さを有する者は、精神なんか払い退《の》けてしまうでしょう。（――「失せるに任せよ！」が、今日ドイツでの世人の考え方です。――「帝国はなお我にあればなり」〔ルター作の有名な讃美歌の結びに、「神の国はなお我にあればなり」とあるのを洒落た〕であります……）。ここで言う精神という言葉ですが、すでにお分りの通り、私はこれを用心深さ、忍耐、狡智、偽装、大きな自制心、そして擬態《ミミクリイ》〔動物学の用語で、擬装して環境に適合する能力、保身術〕であるものののすべての意味に解しています。（この最後の擬態《ミミクリイ》にいわゆる徳の大部分が属しております。）

一五[70]

心理家の決疑論。——こちらのこの人は人間通でいらっしゃいます。一体何のために人間を研究なさっているのでしょうか？　小っぽけな利益を引っ攫《さら》おうとなさっていらっしゃる、あるいは大きな利益も。——なかなかの策士なのです。……ところで、あちらのあの方も人間通でいらっしゃいます。あの方は自分の私腹をそれで肥やそうなんて気はまるっきりない、と皆さんは仰っていますね。あの方は偉い「無私の人」だ、と。どうかもっと鋭く見つめてみて下さい！　ひょっとするとあの方のほうがずっと性の悪い利益をさえ欲しがっているのかもしれませんよ。つまり、他の人々より自分を優越していると感じ、他の人々を見下してもよいと思い、もはや他の人々と取り違えられることはないという、そういう利益を。あの手の「無私の人」というのは、一個の人間侮蔑者なのであります。それに対し前者の人は、見た眼にはどうでありましょうとも、まだしも人間的な種族といえるでしょう。彼は少くとも他と同等の地位にわが身を置き、仲間入りしているのですから。

一六

ドイツ人の心理的な面での礼節は、幾多の実例からみて疑わしい状態にあると私には思われますが、その一覧表を麗々しく持ち出すことは、私の慎しみが許しません。ですが、私のこの命題を論証するための切っ掛けは、一つのケースを挙げるだけで十分とも申せましょう。すなわち、カントならびに私が「裏口の哲学」と呼ぶ処の彼の哲学をドイツ人が掴み損ったことを、私は彼らに対し遺恨に思っているのであります。——これは知的誠実の典型ではありませんでした。——もう一つ、私が耳にするのを好まないことは、とかくの風評のある「と《ウント》」の使い方です。ドイツ人は「ゲーテとシラー」とよく言います。——どうかすると「シラーとゲーテ」とさえ言い兼ねないように私には思えます。……ドイツではまだこのシラーという人物を知らないのでしょうか？——もっと始末に悪い「と《ウント》」もあります。私は自分のこの耳で、勿論大学教授の間でだけ話されたことですが、「ショーペンハウアーとハルトマン[71]」というのを聞いたことさえあるのですよ。……

一七

最も精神的な人々は、彼らが最も勇気ある人々であることを前提としての話ですが、はるかに類を絶した痛ましい悲劇をも体験するものです。それでも、彼らが生を尊敬するのは、生が彼らに最大の敵対力を差し向けて来るからにほかなりません。

一八

「知的良心」のために。——今日最も珍しいものといえば、本物の偽善ではないかと私には思われます。現代文化のやわな空気は、偽善という植物の生育のためにならないのではないか、という私の疑念は大きいのです。偽善は強い信念の時代のものです。強い信念の時代には、止むなく別の信念を装わなくてはならないような羽目に陥ったときでさえ、自分の所持していた信念を手放したりはしません。現代ではやすやすと信念を手放してしまいます。あるいは、もっと普通に見られることですが、さらに二番目の信念を自分の身に当てがったり致します。——どちらの場合にも、正直な人であることに変りはないというのです。疑いもなく今日では、以前に比べてずっと沢山な数々の信念が可能になっています。可能になっているということは、言いかえれば許されている、ということであり、とりも直さず無害だということにほかなりません。ここから自分自身に対する寛容というものが生まれて参ります。——自分自身に対する寛容は幾多の信念を許してしまいます。幾多の信念の方は互いに仲良く手を取り合って暮らすということになりましょう。——今日どの世間もそうでありましょうが、信念同士は互いに累を及ぼさないように用心し合っています。今日では何をもって他人から累を及ぼされることになるのでしょうか？　自分が筋を通すというときにそうなります。直線的に進むときにそうなります。五義的〔fünfdeutig は zweideutig「二義的・曖昧な」を誇張している〕より以上に曖昧でなくなったときにそうなります。自分が純粋であるときにそうなります。私は大いに憂慮しているのですが、近代人がただもうあまりに億劫であるため悪徳を犯さないでいる結果、ありていに言って死滅してしまうような悪徳が幾つかあるのではないかと思います。強い意志によって惹き起こされるあらゆる悪——ひょっとすると意志の強さを伴わない悪など存在しないのかもしれませんが——は、現代の生ぬるい空気の中では、退化して美徳となってしまうでしょう。……私が知り合いになった偽善家で、偽善を模倣したという人も若干いました。今日ではほとんど十人に一人がそうなのですが、彼らは俳優だったのです。

一九

美と醜。――われわれの美の感情より以上に、制約を受けているもの、限定づけられているものは他にないでしょう。もしも人間の人間に寄せる快感から美の感情を切り離して考察しようと思う人がいたとしたら、そういう人はたちまち足下の根拠と地盤を失ってしまうでしょう。「美それ自体」というようなものは一つの言葉にすぎません。概念ですらありません。美において人間が完全さの尺度として据えているのは、自分であります。特別の場合には、人間は美において自分を崇拝します。そういう風にでもする以外に、およそ一つの種属が自分に対してだけ肯定《ヤー》を表明することは出来ないのでしょう。美のような高尚繊細な事柄においても、種属の最も下の本能、自己保存と自己拡張の本能がやはり光熱を放っているのです。人間は世界それ自体が美を一杯に積み込んでいると思い込んでおります。――そして自分が美の原因であることは忘れてしまっています。が、世界に美を贈ったのは人間だけでした、ああ！　ただしきわめて人間的な・余りに人間的な美を。……とどのつまり、人間は自分の姿を事物の中に映し出しているのであって、その自分の姿を自分に向かって投げ返してくれるいっさいを美と看做しているのであります。つまり、「美しい」という判断は人間という種属の虚栄にほかなりません。……いいかえれば、まさしく人間が世界を美しいと思うことで果して世界が本当に美しくなっているのであろうか、という疑念を、当然ほんの一寸した猜疑心が懐疑家の耳に囁くことがあってもよいわけでありましょう。人間が世界を人間化したということです。それだけの話です。けれども、ほかならぬ人間が美のモデルを提供しているということを、何ひとつとして、全然何ひとつとして、われわれに保証してくれるものはありません。もっと高級な趣味鑑定者の眼にかかると、人間はどんな風に映るものなのか、誰が知りましょう。ひょっとしたら大胆不敵にでしょうか？ ひょっとしたら明朗快活にでしょうか？ ひょっとしたら少しばかり任意気儘にでしょうか？ ……「おお、神々しいディオニュソスよ。なぜあなたは私の耳を引張るのですか？」と、アリアドネはかつてあの有名なナクソスでの対話[72]の一つで、彼女の哲学的愛人に尋ねました。「私はお前の耳に一種のユーモアを覚えるのだよ、アリアドネ。どうしてお前の耳はもっと長くないのかね。」

二〇

何ひとつとして美しいものはない。人間だけが美しい。この素朴さにすべての美学が基礎づけられています。この素朴さが美学の第一の真理であります。そこですぐさまわれわれは美学の第二の真理を追加するとしましょう。すなわち、退化して行く人間より外に醜いものは何もない、と。——以上によって美学的判断の国は国境を画したことになるでしょう。——生理学的に検討し直しますと、醜いものはすべて人間を弱め、濁らせるのです。醜いものは人間に衰亡、危険、無力を想い起こさせます。事実、人間はそのとき〔醜いものに触れたとき〕力を喪失します。醜いものの効果は動力計で測ることも可能だということにもなりましょう。およそ人間ががっくり気力を失わされる場面では、何か「醜いもの」の接近が嗅ぎつけられます。人間の権力感情、権力への意志、勇気、誇り——こういったものは醜いものの出現とともに倒れ、美しいものの出現とともに興るのであります。……いずれの場合にも、われわれは何らかのけりをつけるわけです。それを行うための前提は恐しいくらいにふんだんに本能の中に蓄積されております。醜いものは退化変質の一つの合図であり、一つの徴候であると解されます。ほんのかすかにでも退化変質を想い起こさせるものがあれば、それはわれわれの内部に「醜い」という判断を喚びさましましょう。消耗、重苦しさ、老齢、疲労のあらゆるしるし、痙攣とか麻痺といったあらゆる種類の不自由、とりわけ解体や腐敗の匂、色、形、それがたとい象徴という姿に薄められる限り薄められた形態をとったにせよ、——これらはことごとく同一の反応、「醜い」という価値判断を喚起します。そのとき飛び出してくる感情は一種の憎しみであります。そのとき人間はいったい誰を憎むのでしょうか。疑いもなく言えるのですが、人間という典型の衰亡を憎むのであります。最も深い種属本能から発して憎むのであります。この憎しみには、戦慄、用心、深さ、遠望〔原語はFernblick, 将来への展望、見通しの意〕が宿っています。——それはこの世に存在する最も深い憎しみです。この憎しみがあればこそ、芸術は深いのだと言ってよいでしょう。……

二二

ショーペンハウアー。——問題視され得る最後のドイツ人ショーペンハウアー（ゲーテのように、ヘーゲルのように、ハインリヒ・ハイネのように、一つのヨーロッパ的事件であって、単に地方的、「国民的」事件にはとどまらない人物）は、心理学者にとっても第一級の事例であります。と申し上げるわけは、彼は総体として生の価値をニヒリスティックに切り下げるために、その正反対の法廷手続き、「生きんとする意志」の大いなる自己肯定、さまざまな生の溢れんばかりに豊穣な諸形式を論拠として持ち出すという、意地悪くも天才的な試みであるからです〔生を否定するショーペンハウアーの哲学の実際の叙述に、なまなましい生肯定の感情が息吹く矛盾を指すものと思われる〕。ショーペンハウアーは順を追って、芸術、英雄主義、天才、美、大いなる共感共苦、認識、真理への意志、悲劇を、「意志」の「否定」の、というよりは「意志」を否定したいという欲求の随伴現象として解釈して来ました。――これはキリスト教を除けば、歴史上でみられる最も大きな心理学的贋金づくりであります。いっそう詳しくみれば、ショーペンハウアーはこの点においてキリスト教的解釈の相続人にすぎないことになります。ただ、違う処といえば、彼はキリスト教から拒否されたもの、人類の偉大な文化的諸事実〔いろいろな例が考えられるが、ショーペンハウアーがキリスト教的に解釈し直して是認したインドの聖者の道、仏教やヒンドゥー教の救いのあり方等〕をさえも、さらにキリスト教的な意味で、言いかえればニヒリスティックな意味で是認することを心得ていた、ということだけであります。（――すなわち「救済」への道として、「救済」の先行形式として、「救済」を求める欲求の刺戟剤として。……）

二二

私は一つの個別のケースを取り上げてみます。ショーペンハウアーは憂鬱を孕んだ熱っぽさで美について語っています。――つまるところこれは何故なのでしょうか。ショーペンハウアーは美を、そこからさらに先へ行き着ける一つの橋、もっと先へ行き着きたいという渇望を感じる橋〔『意志と表象としての世界』で芸術は道徳、宗教より下位に位置づけられ、美による救いは一時的で、それに満たされない者が、さらに宗教による救いに向かうとされる〕と見立てているからにほかなりません。……美は彼にとっては「意志」からのほんの束の間の救済であって――そこからさらに人を誘って永遠の救済〔宗教による救済のこと〕へと向かわせるのが美だというのです。……とりわけ彼が美を讃えているのは、性欲という「意志の中心点」からの救済者としてです。――ショーペンハウアーは美において生殖衝動は否定されるのだと見ております。……何という奇妙きてれつな聖者でありましょう！　誰かが貴方に抗議していますよ。どうやらそれは自然ではないのかと危ぶまれます。自然における音、色、香り、リズミカルな運動の中に、そもそも何のために美が存在しているのでしょうか。何によって美は外へ駆り出されているのでしょうか。――幸いなことに一人の哲学者もまたショーペンハウアーに抗議しております。ほかでもありません、かの神のごとき人プラトン（――ショーペンハウアー自身がそう名づけているのですが）の権威は、もう一つ別の命題を支持しております。すなわち、すべての美は生殖を刺戟している、――これこそが最も官能的なものから最も精神的なものに至るまでの、美の効果の固有性である〔プラトン『饗宴』二〇六b―d〕、と。……

二三

プラトンはさらに言を進めます。ギリシア人でなくては持てないような、「キリスト教徒」などではとうてい持てないようなある種の無邪気さをもって、彼は次のように語っています。アテナイにあれほどに美しい少年たちがいなければ、プラトン哲学などまったく成り立たないであろう。美しい少年たちを眺めることがあってはじめて、哲学者の魂はエロス的酩酊に陥し入れられたのであり、あらゆる崇高なものの精液《ザーメン》をかくも美しい地上界へ降り落してしまうまで、哲学者の魂は落着きを得られなかったのである〔プラトン『パイドロス』二四九c―二五六e〕、と。これまた何と奇妙きてれつな聖者でありましょう！——誰にしてもこれでは、プラトンをよしんば信用しても、わが耳を信用する気にはなれますまい。少くとも、アテナイではわれわれとは相当に違った風に、それもとりわけ公然と哲学されていたのだということだけは、察しがつきます。およそ何がギリシア的でないかといって、一人の隠棲者の概念的蜘蛛の網張り、すなわちスピノザ流の「神への知的愛」amor intellectualis dei ほどに、ギリシア的でないものはまたとないでしょう。プラトン流の哲学は、どちらかといえば一種の性愛《エロス》の競り合い、古代の競技式体育《アゴーン》 die agonale Gymnastik〔競争精神Agonについては「ソクラテスの問題」の注参照〕並びにその諸前提を継続的に教育し、内面化したものと定義されるべきでありましょう。……プラトンのこの哲学的な性愛《エロス》の術から、結局何が生長したでしょうか。ギリシア的競り合い《アゴーン》の一つの新しい芸術形式である弁証法が生長したのでした。——私はさらに、ショーペンハウアーに異を唱え、プラトンの名誉を守るために、古典フランスの高級な文化と文学全体もやはり性的関心の地盤の上に生い育ったということに、読者の注意を喚起しておきたいと思います。古典フランスの高級な文化と文学にあっては、至る処で、粋ごとを、性的競り合いを、「女」を探し求めることが許されています。——探し求めても決して無駄にはなりますまい。……

二四(73)

芸術のための芸術。――芸術における目的ということに対する戦いは、つねに、芸術における道徳化の傾向に対する、芸術の道徳への従属に対する戦いであると申せましょう。芸術のための芸術 l'art pour l'art[74] の謂う心は、「道徳なぞくたばってしまえ!」です。――でも、こんな敵意でさえもまだ、偏見の圧倒的優位を表わしています。たとえ芸術から道徳的説教や人間改良といった目的を閉め出したとしても、まだまだそれだけでは、芸術がおよそ無目的、無目標、無意味、つまり「芸術のための芸術」であるという結論は、そこからすぐには出て来ないでしょう。「芸術のための芸術」――この、自分の尻尾に嚙みつく一匹の蛆虫。「道徳的目的を持つくらいなら、まるっきり目的なんか持たない方がましだ!」――このように語るのは単なる情熱にすぎません。これに反し心理学者は次のように問いかけるでしょう。すべての芸術は何をしているのか? すべての芸術は賞讃しているではないか? 讃美しているではないか? 選抜しているではないか? 引き立てているではないか? こうして芸術がしているすべてのことによって、芸術はある種の価値評価を強めたり、弱めたりしています。……これはただ序《つい》でのことにすぎないのでしょうか。偶然にすぎないのでしょうか。芸術家の本能がまったく与《あずか》り知らぬとでもいった事柄なのでしょうか。それともまた、それは芸術家が何事かをなし得るための前提なのではないでしょうか。……芸術家の持つ最も低い処にある本能は、芸術を目指しているのでしょうか。それともむしろ、芸術の意味を、生を、生のある願わしさを目指しているのではないでしょうか。――芸術は生に対する大きな興奮剤です。どうしてそれを無目的、無目標、「芸術のための芸術」だなどと解することが出来ましょうか。――この先にもう一つの疑問が残っております。芸術は生の多くの醜悪な面、苛酷な面、いかがわしい面をも表に持ち出しますが――それによって芸術は人々を生の苦悩から離脱させているように見えないでしょうか。――事実、芸術にこのような意義を賦与した哲学者がおりました。すなわちショーペンハウアーは芸術の総体的な意図として「意志からの離脱」を説いています。彼が悲劇の大きな効用として尊重しているのは、「人に諦めの気持を起こさせること」だというのです。――とはいえこれは――私がすでに暗示したことですが――厭世主義者《ペシミスト》の見方であって、「悪い目付き」だと言ってもよいでしょう。――われわれは芸術家自身に直かに訴えなくてはなりません。悲劇的芸術家は自分について何を伝達するのだろうか、と。それはほかでもなく、彼が見せてくれる恐るべきものやいかがわしいものを前にしての恐怖を知らぬ状態ではないでしょうか。――このような状態自身が一つの高次の願わしきことであるといえましょう。この状態を知る者は、これを尊重するのに最高の敬意をもっていたします。彼はこの状態を伝達します。もし彼が芸術家なら、伝達の天才なら、これを伝達せずにはいられないでありましょう。一人の威力ある敵、一個の崇高なる怪物、戦慄を喚ぶ一つの問題に直面して立つ感情の勇敢さ、並びに自由――この勝利感に溢れる状態こそは悲劇的芸術家が選びとり、賞め讃えるものにほかなりません。悲劇を前にしてわれわれの魂の中にある戦士的なものはそのサートゥルヌス祭〔古代ローマの農耕神の祭り〕を祝います。苦悩に慣れた者、苦悩を探し求める者、すなわち英雄的人間は、悲劇をもって自らの存在を賞讃します。――ひとりこの英雄的人間にのみ、悲劇詩人はあの芳醇美味なる残酷の酒を献ずるでありましょう。――

二五 (75)

人間を相手にしてじっと辛抱すること、自分の心に戸閉まりをしないで控え目にしておくこと、これは度量が広いということかもしれませんが、ただ度量が広いというだけの話です。高貴な客を懇《ねんごろ》に迎えることのできる心は、カーテンの掛かった窓や閉め切った鎧戸が沢山あることによって、それと知られるものなのです。こういう心は、一番上等の部屋を空部屋のままにしておくからです。なぜそんなことをするのでしょう?――「じっと辛抱する」だけではない客人を待ち受けているからです。……

二六

われわれが自分を伝達するとき、われわれはもはや十分に自分を評価していません。われわれの本来の体験は、徹頭徹尾、饒舌ではないのです。それはいくら望んでも、自分自身を伝達することは出来ないでしょう。というのも、われわれの本来の体験は言葉を欠いているからです。われわれがそれに対していちいちの言葉を持っているような事柄を、われわれはすでに超え出てしまっています。すべて語ることのうちには、一粒の軽蔑があります。思うに言葉は平均的なもの、中庸のもの、お饒り好きのもののために考案されたもののようです。言葉を用いるとき、早くも語り手は自分を平俗化しているのです。――聾唖の人々、その他の哲学者たちのためのモラルから。

二七[76]

「この肖像画はうっとりするほど美しい！」〔モーツァルト『魔笛』の中のタミーノの言葉〕……文学女性というものは欲求不満で、興奮がちで、心と内臓は荒涼としていて、「子供をとるのか、本をとるのか」aut liberi aut libri と、その生体組織の奥底から囁き掛けてくる命令の声に、いつも痛ましいばかりの好奇心で耳を傾けているものです。すなわち、文学女性は自然がラテン語で語るときでさえ、自然の声を理解するほどの教養を具えているのですが、それでいて、一方では心中秘かに次のようにフランス語で独り言を言うほどに見栄坊の鵞鳥〔愚かな女、の意味〕なのです。「私は自分を眺め、自分を読み、自分にうっとりとして、そして言うでしょう。私にこんなに才気があるなんて、あり得ることかしら？　と。」je me verrai, je me lirai, je m'extasierai et je dirai: Possible, que j'aie eu tant d'esprit? 〔イタリアの外交官ガリアーニとフランスの貴婦人で作家デピネ夫人との往復書簡集の一七六九・九・十八付参照〕

……

二八[77]

「無私の者たち」が語りだします。——「私どもにとってこのうえなくた易いのは、賢明にして忍耐強く、かつ超然としていることでありましょう。私どもは思い遣りと共感の油に滴るほどに濡れております。私どもは不条理なまでに公正であり、何事をも赦してしまいます。まさにこのゆえに、私どもは身を持すること少しばかり厳格でなければなりますまい。まさにこのゆえに、私どもはささやかな欲情を、欲情によるささやかな背徳を、たまにはおのが身のために養っておかなくてはなりますまい。私どもはそのために辛い目に会うかもしれません。背徳のために私どもがどんな恰好をするかを見るにつけ、ひょっとして私どもは内心で吹き出してしまうかもしれません。ですが、それが何だというのでしょう！　こうする以外に、私どもにはもはや自己克服の別の仕方は残っていないのです。これこそが私どもの禁欲です。私どもの贖罪です。」……私的になること――これこそが「無私の者たち」の美徳です。……

二九

ある学位取得試験から。――「すべての高等教育制度の持つ使命は何だと思いますか？」――人間を機械にすることだと思います。――「そのための手段は何ですか？」――退屈の学習を必修とすることです。――「それはどんな風にして達成するのですか？」――義務の概念によってです。――「誰がそれの模範であるといえますか？」――文献学者《フィロローグ》が模範です。ガリ勉することを教えてくれますから。――「誰が完全な人間であるといえますか？」――国家官僚です。――「国家官僚に対してはどんな哲学が最高の方式を与えてくれますか？」――カント哲学です。何しろ物自体としての国家官僚は、現象としての国家官僚の審判者とされているのですから。――

三〇

愚鈍への権利。――疲れきってゆっくり息をしている労働者、人の好い目付きをして、物事を成り行き任せにしている労働者、今や労働（並びに「帝国」！――）のこの時代に、われわれが社会のあらゆる階級の中で出会うこの典型的な人物までが、自分に当然のものとして要求しているのは、ほかでもありません、芸術なのです。またそれには書物、とりわけ新聞雑誌が含まれています。――さらに美しい自然、イタリアが含まれているのは尚更のことです。……『ファウスト』が語っている「粗暴な欲望は寝入った」〔ゲーテ『ファウスト』第一部一一七九―一一八五。鷗外訳〕夕暮れの人間までが、避暑地を、海水浴を、氷河を、バイロイトを必要としている有様です。……こういう時代には、芸術は純粋なる愚〔『パルジファル』の主人公パルジファルをヴァーグナーはアラビア語で純粋な愚か者の意に解釈し、キリスト教的理想の権化とした〕に徹する権利を持っているといえましょう。――精神、機智、情操に対する一種の休暇として。これを理解していたのはヴァーグナーでした。純粋なる愚は再建の力を与えてくれます。

三一(78)

もう一つの養生の問題。――ジュリアス・シーザーが虚弱体質と頭痛持ちから身を衛った手段は、大行軍、きわめて簡素な生活の仕方、不断の戸外生活、絶え間ない艱難辛苦でありますが――大まかに言って、これが天才と呼ばれるあの精妙に出来ていて、最高の圧力を受けながら働いている機械の極度の傷つき易さに対する、保全と保護の処置一般であります。

三二[79]

インモラリストは語る。——人間が何かを願望する存在である限り、もはや人間以上に、哲学者の趣味に逆うものはないでしょう。……哲学者が人間の行動している姿だけを眺めるならば、つまりこの最も勇敢にして智略に長けた、最も我慢強い動物が、迷宮的窮地をさ迷い歩く姿を眺めさえすれば、人間は哲学者の眼にとっていかに讃歎に値するものと見えることでしょう！　そのとき人間は哲学者に慰めと勇気を与えてくれる存在でありましょう。……けれども何かを願望する人間、「願わしい」人間を——総じて人間のあらゆる願わしきこと、あらゆる理想を、哲学者は軽蔑しております。もしもある一哲学者がニヒリストたり得るとすれば、それは彼が人間のあらゆる理想の背後に無を見出すがゆえに、そうなるのでありましょう。ないしは、無すらもいまだに見出せなくて、——ただ取るに足らぬもの、ばかげたもの、病めるもの、卑怯なもの、疲れたもの、自分の生の飲みほした盃のあらゆる種類の残り滓《かす》だけを見出すがゆえに、そうなるのでありましょう。……人間は現実在《レアリテート》としてはあれほどに尊敬に値するものであるのに、その人間が、何かを願望する存在である限り、何らの尊敬にも値しないというのはどういうわけなのでしょうか。現実在《レアリテート》としてあれほどに有能堅実であることの償いをしなければならないからなのでしょうか。人間は行動の最中《さなか》では頭脳と意志とを緊張させますが、空想的なものや荒唐無稽なものの中で手足をのんびり伸ばすことによって、人間は自分の行動、ないしはあらゆる行動における頭脳と意志のこの緊張の埋め合わせをしなければならないのでしょうか。——人間の抱いて来たさまざまな願望の歴史は、これまで人間の恥部 partie honteuse であったといえましょう。願望の歴史をあまりに永く読み耽けることのないよう、用心しなくてはなりません。人間の正しさを認めてくれるものは、人間の現実在《レアリテート》にほかなりません。——現実在《レアリテート》が人間の正しさを永遠に認めることになるでしょう。誰か一人の単に願望され、夢想され、嘘で固められ、捏造された人間と比べてみるなら、現実の人間は、どれほど多くの価値を具えているといえるでしょう？　誰か一人の理想的人間と比べてみるなら？　……そしてひとえに理想的人間のみが、哲学者の趣味に逆うものなのであります。

三三

エゴイズムの自然的価値。——我欲の持つ価値というものは、我欲を抱く者が生理学的に身に具えている価値に見合った価値であります。つまり我欲は非常に価値多い場合もあり得ますし、逆に無価値で唾棄すべきものである場合もあり得るということです。個人はそれぞれ生の上昇線を表わしているか、それとも下降線を表わしているかを基準にして吟味されることがあって然るべきでしょう。この点が決定されれば、各個人の我欲の価値がいかなるものであるかの規範《カノン》もまた、自ずと与えられるのでありましょう。もしも個人が生の上昇線を表わしているのだとすれば、事実その価値は並々ならぬものとなります。——そしてこの個人とともに一歩先へ進める総体的生のために、個人の最善の環境条件を維持し作り出すための配慮は、極端なものであってもいっこう構いません。個人、「個体」といっても、民衆や哲学者が従来理解していたようなそれは、じつは一つの迷妄であります。つまり個人とは、それ単独では何ものでもありません。原子《アトム》でもなければ、「鎖の一環」でもなく、以前のものの単なる相続人でもありません。——個人とは、彼にまで至る人間の一連続線の全体そのものなのであります。……もしも個人の表わしているものが下降的展開、衰退、慢性的退化、病疾であるとすれば、（——病気というものは大まかに言えば、衰退に伴って起こって来る現象なのであって、衰退の原因をなすものではありません。）当然ながらその個人にはほとんど価値が与えられません。そのような個人が出来の良い人間たちからできるだけ奪取することのないように求めることこそが、第一に至当なことであると申せましょう。そのような個人はいまだに出来の良い人たちの単なる寄生虫にすぎないのですから……

三四

キリスト教徒とアナーキスト。——アナーキストが衰退する社会階層を代弁する口となり、美しい憤怒の情をもって、「権利」「公正」「平等」を要求しているとき、彼はそのことによって、一体自分が何故悩んでいるのか——自分は何が欠乏しているのか、生が欠乏しているのではないのか、等をまるで理解することの出来ない無智蒙昧の圧力下に置かれているにすぎません。……アナーキストの内部には原因を求める衝動が強力に働いております。つまり自分の置かれた状態が悪いのは、誰かのせいに違いないというわけです。……この「美しい憤怒」そのものだけでも、すでに彼には心地良いのであり、悪言罵倒を言えることは、哀れな小悪魔どもにとっては愉しみなのです。——そこには一寸した権力の陶酔感さえあります。不平、苦情を言うだけでも、生には刺戟になり得ます。その刺戟で何とか生を持ちこたえられるという人もおりましょう。すなわちあらゆる不平、苦情のうちにはほんの微量ながら復讐心が盛られています。人は自分の置かれた状態の悪さを、ときには自分の性根の劣悪さをさえも、そうでない人たちのせいにして、さも不当なことのように、さも許されない特権であるかのように非難するのであります。「俺が下層民だというのなら、お前だって当然そうでなくてはなるまい。」このような論理に基いて行われるのが革命であります。――苦情を述べ立ててみたところで、決して何の役にも立たないでしょう。苦情は弱さに由来するものだからです。よしんば自分の状態の悪さを他人のせいにしようとも、自分自身のせいにしようとも――前者は社会主義者のやることであり、後者は例えばキリスト教徒のやることですが――そこには本来的な区別はなにもありません。どちらにも共通する点、品のない点といってもよいのですが、それは自分が苦しんでいるのを誰かのせいにしてしまおうという魂胆であり――要するに、苦しんでいる者が自分の苦しみを晴らすために復讐の蜜を処方しているという一点であります。一種の快感の欲求としてのこの復讐の欲求の対象は、機会原因であります。すなわち、苦しんでいる者は自分の小っぽけな復讐心を癒す原因を至る処に見つけることが出来ます。――もし苦しんでいる者がキリスト教徒だとしたら、もう一度言いますが、彼はその原因を自分自身の中に見つけ出すでしょう。……キリスト教徒とアナーキスト――両者はともにデカダンの徒です。――しかしながら、たとえキリスト教徒が「この世界」を断罪し、誹謗し、穢《けが》わしいもののように言うにしても、彼はそれを、社会主義の労働者が「この社会」を断罪し、誹謗し、穢わしいもののように言うのと同じ本能から発して行っているのです。つまり、「最後の審判」そのものがやはり復讐の甘美なる慰めだと言ってよいでしょう。――「最後の審判」とは、社会主義の労働者が期待するような革命を、ただ少しばかり遠方に考えたものにすぎません。……「彼岸」ということ自体がそうなのです。――もしそれが此岸を穢わしいもののように言うための手段でないとしたら、彼岸は何のためにあるといえましょう？……

三五

デカダンス道徳の批判。――「愛他主義的」道徳、つまり我欲が萎縮してしまう道徳は、――どんな事情があっても良からぬ徴候であることには変りありません。このことは個々人にも当て嵌まりますが、ことに民族に当て嵌まります。我欲が欠け始めて来ると、最良のものも欠けて参ります。本能的に自分に有害なものを選んでしまうということ、つまり「無私無欲な」動機に誘われるということになりますが、これはほとんどデカダンスの方式を示しています。「自分の利益を求めない」――という言葉は、これとはまったく別の、いいかえれば生理学的な次の事実性、「私は私の利益をどうやって見つけ出したらよいのかもはや分らない」に対する、しょせん道徳的な無花実の葉っぱにすぎますまい。……これは本能の分散です！――人間は愛他的になれば、もうおしまいです。――「私はもはや何らの価値もない」とナイーヴに言う代りに、道徳の虚言は、デカダンの徒の口を借りて、「価値のあるものは一つもない。――生は何らの価値もない」と言うのであります。……このような判断は、結局は一つの大きな危険のままでありつづけ、伝染的な作用をすることでしょう。――社会の病弱な地盤全体の上に、この判断は、あるときは宗教として（キリスト教）、またあるときは哲学として（ショーペンハウアー崇拝）生い繁り、やがて概念の熱帯植物にまで生長するでしょう。腐敗から繁茂したこのような有毒植物は、場合によっては、その臭気でもって、遠く何千年先までも生を毒しつづけることになるでしょう。……

三六

医師たちのための道徳。――病人は社会の寄生虫です。ある状態に置かれた場合には、生き永らえることが無作法です。生きる意味、生きる権利が失われてしまった後で、医師や病院の処置に女々しく頼って植物人間として生きつづけるのは、社会の側において深い軽蔑を招くことになりかねません。他方、医師たちにしても、この軽蔑感情の患者への媒介者たるべきでありましょう。――処方箋を示すのではなく、毎日、自分の患者に対する新しい嘔吐の一服を盛るべきでありましょう。……次のあらゆる場合に対する新しい責任、医師の責任を創り出すことが大切なのです。すなわち生の、上昇する生の最高の利害が、退化する生を最も仮借なく圧迫除去することを求めている場合に対する――例えば、生殖の権利、生まれる権利、生きる権利に対する、医師の責任を創り出すことが大切なのです。……誇りある仕方で生きることがもはや可能でないときには、誇りある仕方で死ぬことが大切です。……自発的に選ばれた死。明るく悦ばしい心をもって、子供たちや立会人の唯中で実行される、頃合いを誤たない死。このような死にあっては、別れを告げる当人がまだ現にそこに居合わす本当の別離がなお可能なのであり、同じように、自分が達成したことや意欲したことの本当の評価、生涯の総決算も、やはり可能になるのであります。――これらすべては、キリスト教が臨終の刻《とき》に行ってきた憐むべき戦慄的な喜劇とは対蹠的です。キリスト教に対して決して忘れてはならない点は、キリスト教は死に行く者の弱さを悪用して良心を凌辱して来たこと、死というもののあり方そのものを悪用して人間と過去に関する価値判断を下して来たことです！――このような局面において、肝要なことは、偏見の持つあらゆる臆病さに抗して、いわゆる自然死の正しい評価、つまり自然死の生理学的な評価を回復することでありましょう。つまり、自然死とは究極的にはやはり「不自然」死、一種の自殺にほかなりません。人は己れ自身による以外に、他の誰かによって滅びることは決してありません。ただし、最も軽蔑すべき条件下での死、つまり不自由な死、頃合いを誤った死、臆病者の死というものはあります。人は生きんとする愛からこそ、死をこれとは別様に、自由なものに、意識的なものに、偶然でもなければ、不意打ちでもないもののように欲すべきでありましょう。……最後に、ペシミスト諸氏、並びにその他のデカダンの諸氏に一言ご忠告申し上げたい。われわれは生み落されることを自ら阻止することはできません。だが、われわれはこの過失――なぜなら生まれることはときには過失であるからです――を後からもう一度償うことは出来るのです。もし人が自分で自分を除去するなら、この世に存在する限りの最も尊敬に値することをなし遂げたことになるでしょう。ほとんどこれによって、生きている値打ちが出て来るといえるほどです。……社会は、否！　生そのものは、人が自分で自分を除去するということから、諦めや萎黄病〔植物の黄白化、褪緑、もしくは発育期の少女の一種の貧血症〕やその他の徳に包まれて何ほどか「生きること」によって得られる利益よりも、はるかに多くの利益を受けるでしょう。――他の連中にその何ほどかの「生」を見せないで済みますし、生を異議申し立てに晒さないで済むからです。……生一本な、蒼っぽいペシミズムは、ペシミスト諸氏の自己否認によってはじめておのれを証明することになるでしょう。いいかえれば、人はここから己れの論理をさらに一歩進め、ショーペンハウアーがしたように「意志と表象」によって生を否定するだけではなしに——ショーペンハウアーをまず否定しておかねばなりません。……序でに言いますと、ペシミズムというものはいたって伝染し易いものではありますが、それでも一時代の、一種族の病的状態を全体として増大させるものではないのです。ペシミズムとはこの病的状態の表現であるからです。人はコレラに罹るようにしてペシミズムに陥るのです。すでに素質的にそうなるだけに十分に病弱であったために違いありません。ペシミズムそのものはたった一人のデカダンの徒をも殖やしません。コレラが猖獗《しょうけつ》をきわめた年でも、死亡者総数では他の年次と区別がなかったという統計の結果に、ご注目頂きたいと私は思います。

三七

われわれは昔より道徳的になったのだろうか。——「善悪の彼岸」という私の概念に対して、予期されたことではありましたが、ドイツでは周知の通り道徳そのものと看做されている道徳的愚昧化の獰猛な性質が、全精力を挙げて対抗して参りました〔『善悪の彼岸』の出版された一八八六年九月から翌年にかけ十本の書評が寄せられ、前作『ツァラトゥストラ』までの無反響と対照的だったが、大半は批判的否定的論評だった〕。私の方でこれについて語れば、慇懃なお話を二、三しておかなければなりますまい。なかでも彼らが私にとくと考えるようにと申し出て来たのは、倫理的判断におけるわれわれの時代の「異論の余地なき優越」であり、この点で本当に達成されたわれわれの進歩だというのであります。彼らによりますと、チェーザレ・ボルジアのような人物をわれわれ現代人とひき比べて、私がしていますように「高席な人間」として、一種の超人として定位するなどということは断じてなさるべきではない、というのです。……『同盟《ブント》』の編集者である一スイス人は、そうした大胆なことを敢て言う私の勇気には敬意を表さないわけでもなく、私があの著作〔『善悪の彼岸』のこと〕であらゆるお上品振った感情の一掃を唱え出したのだという処まで、著作の意味を「理解」して下さったのであります。[80] まことにもって有難《フェアブンデン》う存じます！〔雑誌名Bundとの同根語verbundenを用いて洒落ている〕私としてはご返事として、われわれ現代人は本当に道徳的になったのだろうか、という問いを敢て掲げさせて貰いたいと思います。世間がこぞってこんな風に信じているということが、とりも直さずこれに対立する反証であると申せましょう。……われわれ近代的人間はいたって華奢で傷つき易く、何百という思い遣りを掛けてやったり掛けて貰ったりしている処から、このわれわれの示す優柔な人間性、労《いた》わりとか扶け合いの心とか相互信頼とかで達成された一致こそが、一つの積極的進歩であり、これを以てわれわれはルネサンス期の人間を遥かに超え出ているのだ、と実際に自惚れている始末であります。しかしながら、どんな時代もこんな風に考えましたし、また考えざるを得ないものなのです。われわれがルネサンスの時代状況へと自分の身を置き入れるわけには参りませんし、あの時代の人間になって自分を考えてみることすら出来ないのは、まず間違いありません。かりにそうしてみても、われわれの神経はあの時代の現実に耐えきれないでしょう。いわんやわれわれの筋肉においておやです。このような無能無力をもって立証されていますことは、しかし決して進歩ではなく、単にある別種の、末期に生まれた者に特有の性質、一段と繊弱な、一段と優柔な、一段と傷つき易い性質にすぎないのであって、ここから必然的に思い遣りに富んだ道徳が産み出されて来るというわけであります。われわれがもしもわれわれのこの華奢振りと末期性とを、つまりわれわれの生理学的老化を、考慮から外してしまえば、いわゆる「人間化」というわれわれの道徳もただちにその価値を失ってしまうでしょう。——どだい道徳などというものはそれ自体に何の価値もありません。——道徳それ自体がかりにあっても、われわれに軽蔑の念さえ引き起こし兼ねないものでありましょう。他面、石ひとつにさえ当りたくないというぶくぶく着脹《ぶく》れしたわれわれの人道主義を以てしては、チェーザレ・ボルジアの同時代人を前にしたら、腹を抱えて大笑いされるていの喜劇を提供するのが落ちであることもまた、疑うわけには参りますまい。事実、われわれは近代的な「徳」を具えているお蔭で、心ならずも桁外れに滑稽な存在であります。……敵意を孕み不信感を掻き立てる諸本能の減退といったことが——これこそわれわれ現代人の「進歩」と言いたいわけでしょうが——私に言わせれば、生命力の一般的減退における結果の一つを表わすにすぎません。つまり、これほどの制約を受け、これほどの末期に生まれた一生存を持ちこたえて行くには、百倍もの労苦、百倍もの用心深さ〔ルネサンス期に比べて百倍も、の意〕が要るということを意味しています。ここでは人は互いに助け合います。ここでは誰もがある程度までは病人であり、誰もが看護人であります。さてこれが「徳」と呼ばれるものにほかなりません。——生をこれとはもっと違った形で知っていた人々、生をもっと豊満に、もっと浪費的に、もっと満ち溢れんばかりの形で知っていた人々の間でなら、それは別の名で呼ばれていたことでしょう。おそらくは「臆病」であるとか、「惨めったらしさ」であるとか、「お婆さん道徳」であるとかの名で。……道義の柔弱化は衰亡の一結果にほかならぬ。——これこそが私の命題であります。お望みなら、私の革新であります。逆に、道義の苛酷さと凄絶さとは生の過剰の一結果でありましょう。すなわち、生が過剰であるときには、多大のことが敢行され、多大のことが挑戦され、多大のことが蕩尽されることもまた許されているのであります。かつての時代に生の薬味であったものは、今のわれわれにとってならば毒となるでありましょう。……無関心であること——これもまた強さの一形式なのですが——、われわれはこれに対しても同様に余りに老齢となり、余りに末期的すぎるといえます。われわれの同情道徳、私はこれに対する最初の警告者でしたが、道徳的印象主義 l'impressionisme morale とでも名づけたらよいようなこの道徳は、すべてデカダンなるものに固有の、生理学的神経過敏のむしろ一表現でありましょう。ショーペンハウアーの同情道徳を以て学問的な体裁を整えようとしたあの運動——大失敗に終った試み！——は、道徳における本当のデカダンスの運動であって、そういうものとしてキリスト教的道徳と深い血縁関係にあるといえます。強い諸時代、高貴なる諸文化は、同情の中に、「隣人愛」の中に、自己ならびに自己感情の欠如の中に、何か軽蔑すべきものを見てとっております。——時代時代はそれらの持つ積極的な力に応じて測定されるべきでありましょう。——となると、あれほど浪費的で、あれほど禍多いルネッサンスの一時代は、最後の偉大な時代であるということが明らかになって来るでしょうし、加えてわれわれ、びくびくした自己配慮と隣人愛を持ち、勤労、寡欲、廉直、科学性といった諸徳を具えている——蒐集的で、経済的で、機械的でもある——われわれ近代的人間は、脆弱な時代でもあるということが明らかになって来るでありましょう。……われわれのこれら諸徳は、われわれの脆弱さが原因で生じたものですし、われわれの脆弱さに誘い出されたものであります。……「平等」ということ、「同権」の理論に表現されているにすぎないようなある事実上の類似同化ということは、本質的にいって衰退の一部をなしております。人間と人間、身分と身分との間の裂け目、類型の多様性、自己であろうとする、かつ自己を際《きわ》立たせようとする意志――要するに私が距離のパトスと呼ぶ処のものは、すべての強い時代に特有のものであります。今日ではこれら両極端の間の引張り合う力、引張り合う距離は、ますます小さくなって行くばかりです。――そしてついに、両極端そのものが不明確にぼやけてきて、似たり寄ったりのものになり果ててしまっています。……あらゆる現代の政治理論、並びに憲法は、もとより「ドイツ帝国」も含めての話ですが、衰退のもたらした帰結でありますし、その必然的結果にほかなりません。デカダンスの無意識の影響が、個別科学の理想の中にまで這入り込んでのさばりかえっているわけです。私がイギリスとフランスの社会科学《ソチオロギー》の全体に異議を唱えたいのは、あくまでも次の点です。社会科学が経験的に知っているのは、しょせん社会の衰退形態にすぎませんのに、まったく無邪気に、自分自身のこれら衰退した本能をもって、社会学的価値判断の規範としている点であります。衰退して行く生、あらゆる組織化して行く力の減退、つまり区分けをはっきりさせ、裂け目の口を開けさせ、上と下の間を秩序づけて行く力の減退が、今日の社会科学では定式化されて理想となっている始末であります。……現代の社会主義者はデカダンの徒ですが、しかし、ハーバート・スペンサー氏もまた一個のデカダンの徒であります。――彼は愛他主義の勝利を何か願わしいことだと思っている人なのですから！……

三八

私の自由の概念。――ある事柄の価値は、往々にして、その事柄で達成されるもののうちにあるのではなくて、そのために支払われるもののうちに――つまり、われわれにとってその代価はどれくらいであるかということのうちにあるのであります。一例を挙げてみます。自由主義的制度は、それが達成されてしまいますと、ただちに自由主義的でなくなります。後になってみますと、およそ自由主義的制度ほどに、あくどく、かつしたたかな自由の加害者はないということが分ります。自由主義的制度が何をしでかすかということは、誰もが知っています。すなわち、自由主義的制度は権力への意志を内部から徐々に弱らせ、山と谷を均《な》らす水平化を道徳にまで祭り上げ、かつ人間を卑小、怯懦、享楽型にします。――この制度によって凱歌をあげるのは、いつでも群棲動物〔Herdentier この語は必ずしもニーチェ用語ではなく、通例は動物学の用語で、比喩として、大衆に順応する衆愚の意に用いられる〕です。自由主義《リベラリズム》、これはずばっと言えば、群棲動物化ということにほかなりません。……ただしこの同じ自由主義的制度も、それが闘い取られている最中には、まったく違った作用を惹き起こします。そのときには実際、強力に自由を促進するのです。仔細に見ますと、そのときの作用を惹き起こすのは闘いなのですが、どういう闘いかといえば、自由主義的制度を得んがための闘いであって、しかも闘いであるからには、これは非自由主義的諸本能を長持ちさせます。そしてこのような闘いが人を自由へと教育するのです。と申しますのは、いったい自由とは何か？　が問題だからです。自由とは自己責任への意志を持つことであります。われわれを区分けする距離というものをしっかり保っておくことでもあります。辛苦、苛酷、窮乏に対してもっと無関心になること、生に対してさえもっと無関心になることもその一つです。自分の事情のために、自分自身をも含めて人間を犠牲にする用意のあることでもあります。自由とはまた、男性的本能、戦いと勝利に欣然たる本能が、他の本能、例えば「幸福」の本能を圧倒してしまうということをも意味しましょう。自由になった人間は、自由になった精神はなおさらのことですが、小商人、キリスト教徒、牝牛、婦女子、イギリス人、及びその他の民主主義者が夢みているような軽蔑すべき安逸を躁《ふ》み躍《にじ》るのであります。自由な人間とは戦士のことです。——個人にあっても、民族にあっても、自由は何を基準にして測られるのでしょうか？　克服して行かなくてはならない抵抗を基準にしてです。上位を保つために費やされる労苦を基準にしてです。自由なる人間の最高典型を探したいと思うなら、最高の抵抗が絶え間なく克服されている、その場所で探されなければなりません。その場所とは暴虐《テユラナイ》から隔《へだ》たること五歩、そしてまた隷属の危険の閾ぎわにもきわどく接する地点であります。ここで「暴君《テユラン》」という語を、自分に対し最大限の権威と紀律を要求している、仮借ない恐るべき諸本能のことだと理解するなら、以上述べたことは心理学的に真実であるといえましょう、——その最も美しい典型は、ジュリアス・シーザーであります。また、以上述べたことが政治的にも真実でありますのは、誰でも自分で歴史を辿って見さえすれば分るのです。いくらかでも価値のあった民族、価値を持つに至った民族は、自由主義的制度の下でそうなったのでは決してありません。それらの民族を畏敬に値する何ものかにしたのは、大いなる危険でありました。われわれの方策を、われわれの徳を、われわれの防禦と武器を、われわれの精神をはじめてわれわれに知らしめた処の——強くなることをわれわれに強いた処の危険でありました。……第一の原則、人は強くなる必要に迫られねばなりません。さもなければ、人は決して強くはなりません。——強い人間のための、これまであり得たうちの最も強い種類の人間のための大温室、ローマやヴェネチア流儀の貴族主義的な共同社会は、私が自由という言葉を理解するのとぴったり同じ意味において自由を理解していました。すなわち自由を、所有していると同時に所有していない何ものかとして、所有したいと意欲し、かつ勝ち取る何ものかとして……

三九

近代性の批判。――われわれの制度はもはや何の役にも立ちません。この点については一般に意見が一致しております。けれども、それは制度のせいではなくて、われわれのせいなのです。制度を産み出して来たあらゆる本能がわれわれの許から失われてしまった以上は、制度一般もまたわれわれから失われているわけですが、それもわれわれが制度にもはや適合していないからです。民主主義はいつの時代にも組織化する力の衰亡の形式でした。これについては『人間的な、あまりに人間的な』第一部三一八〔白水社版全集では(上)四七二番に相当〕で、すでに私が近代民主主義を、「ドイツ帝国」のような中途半端なものと一緒にして、国家の衰退形式として特徴づけておいた通りです。そもそも制度が成り立つためには、悪意にまで達しかねない一種の反自由主義的な意志、本能、命令が存在していなくてはなりません。ということは、伝統への、権威への、向こう数世紀先の責任への意志、未来にも過去にも無限につながる世紀の鎖の連帯責任への意志が存在していなくてはならない、ということでもあります。このような意志が存する処にして、ローマ帝国のような何かが、あるいはロシアのような何かが、打ち建てられるのであります。ロシアは今日、その体内に持久力を抱えている唯一の強国、待つことができる、すなわち何ものかを今なお約束することができる唯一の強国です。――ロシアこそ、ドイツ帝国の建設とともに危機状態に立ち至ったヨーロッパの憐れむべき小国分立と神経衰弱の反対概念にほかなりません。……全西欧は、制度を産み出し未来を産み出す先述の本能を、もはや持ち合わせてはおりません。つまり、ひょっとするとこの本能ほどに、西欧のいわゆる「近代的精神」の性に合わないものはないのかもしれません。西欧では人は今日のために生きています。きわめて迅速に生きています。——きわめて無責任に生きている、と言ってもいい。そしてほかならぬこのことを人は「自由」と名づけているのであります。制度をして制度たらしめる処のものは蔑《さげす》まれ、憎まれ、かつ退けられてしまいます。ですから、「権威」という言葉がほんの少しばかり大きく耳に響くだけで、人びとは自分が新しい隷属状態下の危険に身を置いているのではないかと思いつめてしまうのです。それほどまでに、われわれの政治家の、われわれの政党の価値本能におけるデカダンスは進んでいます。彼らが好んで本能的に選び取るのは、解体させるもの、終末を速めるものです。……その証拠は近代的結婚。近代的結婚のうちからは、明白にあらゆる理性が失われてしまったと言ってよいでしょう。ただしこれは、結婚に対する異論ではなく、近代性に対する異論です。結婚の理性——それは男性だけが法律的な単独責任を背負っているという点にありました。このおかげで結婚にはどっしりした重さがあったのですが、今日では結婚は両脚で〔男女の共同責任で〕跛《びっこ》を引いて歩いています。結婚の理性——それは原則として離婚できないという点にありました。このおかげで結婚は、偶発的な感情や激情や刹那に直面したときに、自分の言いたいことを相手に聴いてもらうことを心得た一つのアクセントを具えていました。同様に結婚の理性は、配偶者の選択に対して家族が責任を負うという点にありました。誰でも相手として許してしまう気風が恋愛結婚にお誂え向きに募って来るにつれて、ほかならぬ結婚の基礎が、結婚をはじめて一つの制度たらしめている所以のものが、取り除かれてしまいました。およそ制度などというものは、好きとか嫌いとかの個人的性癖〔原語は Idiosynkrasie で、病的好悪、嫌忌の強い特異体質〕の上に築かれるものでは決してありません。すでに言ったように、結婚は「恋愛」の上に築かれるものではありません。——結婚は性欲の上に、所有欲の上に（妻や子は所有財産です）、支配欲の上に築かれるものであります。この支配欲は家族という最小の支配形態をたえず組織化して、子孫と後継者とを必要としますが、それは権力、影響力、富の達成された量を生理学的にも守りつづけ、長期にわたる課題を、幾世紀かに及ぶ本能の連帯責任を、準備するためにほかなりません。制度としての結婚は、最大の、最も永続的な組織形態の肯定を、すでに自分のうちに包含しております。もしも社会自体が最も遠い世代に至るまでに全体として自らを保証することが出来ないとしたら、そもそも結婚には何の意味もないことになりましょう。——近代的結婚はその意味を失いました。——したがって、それは撤廃されます。——

四〇[81]

労働問題。——労働問題が世に存在するというそのことに、愚劣さが、つまり今日のあらゆる愚劣さの原因をなす本能の退化があるのです。ある種の事柄を問題にしないということが、本能の第一命令でありましょう。——まず労働者を問題にしてしまったからには、さてヨーロッパの労働者をどうしようというのか、私にはまるっきり見当がつきません。ヨーロッパの労働者は余りに結構な身分にあるので、歩一歩問題を多くし、ますます思い上った問題を提出しないわけにはいかなくなっています。そしてついに彼らは多数者を身方につけました。慎しみ深く自ら足るを知るタイプの人間、支那人型の人間が、ここで身分として育成されるという希望は、完全に消え去りました。もしもこういう身分が育成されていたら、それは理に叶《かな》ったことでしたでしょうし、まさしく、一個の必要事であったでありましょう。ところで、人は何をやったでしょうか。――その前提をさえ萌芽のうちに摘み取ってしまうための一切のことをやってのけたのです。――労働者が身分として可能になり、自分自身が可能になる所以の諸本能を、無責任きわまる無思想性によって、根こそぎ破壊してしまったのでした。労働者を兵役適格者と定め、彼に団結権と参政権を与えたのです。労働者が今日では自分の生活をすでに非常事態（道徳的にいえば不正――）として感じているとしても、何ら不思議はないでしょう。だが、もう一度訊ねますが、人はどうしようというのでしょうか。なにかある目的を欲する以上は、手段もまた欲しなくてはなりますまい。奴隷が欲しいのなら、それを主人に教育するのは、愚の骨頂です。――

四一

「私の意にそわない自由……」〔マックス・フォン・シェンケンドルフ（一七八三―一八一七）の歌「自由」の冒頭の「私の意にそうている自由」をもじったもの〕――今日のような時代に自分の諸本能に身を委ね切ってしまうことは、もう一つ非運を付け加えているようなものです。諸本能は互いに矛盾し合い、妨害し合い、破壊し合っております。近代的な物事を私はすでに生理学的な自家撞着と定義しました。教育に理性があるなら、その理性はこれらの本能系統の少くとも一方を鉄のような圧力で麻痺させてしまい、もう一方の系統が力を得て、強くなり、支配的になれるようにと求めるでしょう。今日では人は個人を切り整える〔beschneiden 紙の端を切りそろえる、木を刈り込む、等に用いる語〕ことによってはじめて個人を可能ならしめなければならないのです。可能ならしめる、とはすなわち、全的ならしめるという意味です。……ところが逆のことが起こっております。つまり、たとえその人に対し手綱をどんなに強く引き緊めてみても引き緊め過ぎることはない、という人々がいるものですが、ほかならぬそういう人々が、独立への、自由な発展への、放任への要求をこのうえなく激しく掲げているということです。――このことは政治に当て嵌まります。芸術にも当て嵌まります。が、これはデカダンスの一つの兆しにほかなりません。いいかえれば、「自由」というわれわれの近代的概念は、本能が退化したことのもう一つの証拠なのです。――

四二

信仰が必要である場合。――道徳家や聖者たちの間で滅多にみられない最大なものといえば、正直さであります。おそらく彼らはこれと反対なことを口にし、自分でもこれと反対なことを信じているでしょう。すなわち信じることの方が、意識して信じた振りを装うことよりも、実益をもたらし、社会効果も大きく、他人に対し説得的であるとしたら、信心振りを装うことが、本能的に、たちまちにして無邪気へと姿を変えることでしょう。これは大聖者たちを理解するための第一の公理であります。聖者の別の一種ともいうべき哲学者にあっても、その生業《なりわい》の上からして、どうしても彼らがただある種の諸真理だけを許容する、すなわち彼らの生業が公けの認可を得るためのよすがとなるような諸真理だけを許容する、という事態にならざるを得ないでしょう。――カント用語を用いれば、これこそまさに実践理性の諸真理であります。哲学者たちは自分たちが何を証明しなければならないかを弁えています。この点で彼らは実践的なのです。――彼らがお互いの間で仲間の見分けがつくのは、「諸真理」について意見の一致を見ている点です。――「汝嘘をつくこと勿《なか》れ」とは――分り易くいえば、わが哲学者先生よ、真理を口にしないようお気を付け下さい、ということでありましょう。……

四三

保守主義者たちのお耳に一言。――昔は分っていなかったことで、今日では分っているし、分っているであろう、ということがあります。――何らかの意味や程度における元の状態の復原、あと戻りということは、まったくあり得ないということです。少くともわれわれ生理学者はそのことを知っています。しかし、僧侶や道徳家たちは皆、そういうことがあり得るのだと信じて来ました。――彼らは人類をはるか昔の徳の尺度へと引き戻し、捻じり戻そうと望んで来たのです。道徳とはつねにプロクルステスの寝台〔ギリシア神話中の盗賊で、旅人を寝台にねかせ、体が寝台より短ければ引伸ばし、長ければ切り落して殺した〕でした。政治家でさえこの点では徳の説教者の真似をして来ました。いいかえれば、今日でもなお、あらゆる物事の蟹のような後じさりの歩みを目標として夢みている政党があります。しかし蟹になれる自由なんて誰にもありません。前へ進まざるを得ないのです。ほかにどうにも仕方がありません。こう言ってよければ、歩一歩デカダンスに深入りして行かざるを得ないのです。(――これが近代的「進歩」というものに対する私の定義です。……)人はこの展開を阻むことはできます。阻むことによって退化そのものを堰き止めることも出来ます。水量を貯えて、退化そのものを一層激烈に、一層突発的にすることも出来るでしょう。それ以上のことは出来ません。

四四

私の天才の概念。――偉大な人物は偉大な時代と同様に、途方もなく大きな力を内部に蓄積している爆発物です。その前提は、歴史的にも生理学的にも、つねに、長い間それを目当てに蒐集がなされ、蓄積され、節約が行われ、保存されて来たということ――かつ長期にわたって爆発が起こらなかったということであります(82)。団塊の中の緊張が余りに大きくなりますと、ほんの偶然な刺戟を加えただけで、「天才」を、「行為」を、大いなる運命を、世の中に呼び出すのに十分となるでしょう。そうなったら、環境も、時代も、「時代精神」も、「世論」も何の関係もありません！――ナポレオンの場合を取り上げてみて頂きたい。革命期のフランスであったら、それにもまして革命前のフランスであったら、自らの内部からナポレオンとは反対の典型を産み出したかもしれません。というより、実際に産み出して来たのでした。ところが、ナポレオンは別様な存在であって、フランスにおいて雲散霧消した文明よりも一段と強い、長い、古い文明の継承者であったがゆえに、彼はここで支配者となったのであり、彼のみがここで支配者であったのであります。偉大な人間というのは必然的です。彼らが出現した時代は偶然的です。偉大な人間がほとんどいつも自分の出現した時代の支配者となるのは、ひとえにただ、時代よりも彼らの方が強く、古く、そして彼らを目当てに長期にわたって蒐集がなされて来たという点にあります。天才とその時代との間には、強と弱、あるいは老と若のような関係が成り立っています。時代の方が相対的にいつも天才よりはずっと若く、稀薄で、未成熟で、不安定で、子供っぽいといえるでしょう。――この点についてフランスでは今日大変に違った考え方がなされており（ドイツでもそうなのですが、これは問題になりません）、真の神経病患者的理論ともいうべき環境《ミチユー》決定説〔フランスが主導した自然主義理論のこと〕が神聖犯すべからざる考えとなり、ほとんど科学的とさえ看做され、生理学者の間にまで信ぜられているのですが、これはどうも「よくない匂いがする」のであって、人に悲しい思いを与えます。――イギリスの理解の仕方もフランスと似たりよったりですが、しかし、誰もこの点で悲しい思いにはならないでしょう。イギリス人には、天才や「偉大な人物」に折り合うもっぱら二つの道が開かれています。バックル〔ヘンリー・トーマス・バックル（一八二一―六二）は気候、土地、食物等の自然条件を文化発達の要因として重視した文明史家として知られる〕流に民主主義的にやるか、カーライル流に宗教的にやるかのいずれかの道です。ところで、偉大な人間や時代の中に宿っている危険は桁外れだといってよいでしょう。ありとあらゆる種類の消耗、不毛が、彼らの踵に接してついて回ります。偉大な人間は一つの終点なのです。偉大な時代、例えばルネッサンスは一つの終点でした。天才というものは――作品における天才も、行為における天才も――必然的に浪費家です。自分を出し尽くすということが彼の偉大さにほかなりません。……自己保存の本能がいわば取り外されているのだといってよいでしょう。内部から湧き出る諸力の、有無を言わせぬ圧力が、自分に対するそのような庇《かば》い立てや用心深さを彼に禁じてしまうのです。他人はそれを「犠牲的行為」と呼ぶでしょう。他人はこの点での彼の「英雄主義」を褒め讃えるでしょう。自分一身の安寧に対する彼の無関心、一つの理念、一つの大事、一つの祖国に対する彼の献身ぶりをも褒め讃えるでしょう。が、すべては誤解であります。……彼はただ内部から湧き出ているだけです。溢れ出ているだけです。わが身を濫費しているだけです。自分を労《いた》わることを知らないだけです。――宿命的にそうならざるを得ないのであって、取り返しのつかぬ禍いを背負い込んでいるのかもしれないのに、自分の思う通りにならないだけです。丁度、河川が岸辺を越えて氾濫するのが人間の思う通りにならないのと同様に。しかし、多くの事柄がこのような爆発型の人間たちのお蔭を蒙っておりますだけに、返礼として彼らにまた多くのものが贈られて参りました。例えば、一種の高次の道徳などが。……これこそがまことに人間的な感謝の捧げ方と申せましょう。すなわち、その捧げ方とは、その恩人を誤解することにほかなりません。――

四五(83)

犯罪者ならびにその血縁であるもの。――犯罪者の典型と申しますと、これは強い人間が不利な条件下に置かれた場合の典型、つまり病気にされてしまった強い人間のことであるといえましょう。彼に欠けているのは野性なのです。野性とはある種のいっそう自由で、いっそう危険な本性や存在形式のことです。この本性や存在形式においては、強い人間の本能の中で剣とも楯ともなる一切のものがその力を有効に発揮できます。そういう本性や存在形式が欠けているのですから、強い人間のさまざまな徳は、社会の中から追い払われてしまいますし、彼が身に付けてきた生気発剌たる諸衝動は、猜疑とか恐怖とか恥辱とかいった抑圧的な諸情念といずれ合い重って一つになってしまいます。が、これはほとんど生理学的な退化変質を促す処方だといってよいでしょう。自分が一番うまく出来ることやしたくてたまらないことを、こっそりしなければならない人間、つまり自分がすぐにもしたいことを長時間にわたる緊張、用心深さ、狡猾さを以てしなければならない人間は、貧血症になってしまうでしょう。そして彼が自分の本能の方面から収穫するものといえば、いつでもきまって危険、迫害、災厄ばかりであるため、彼の気持もまたつい本能に背を向けてしまうことになり——本能を致命的と感じるに至ってしまうでしょう。山の中から、あるいは海の冒険からやって来た自然児が必然的に犯罪者へと退化変質してしまう場所は、まさにこの社会、この飼い馴らされた、中庸のとれた、去勢されたわれわれの社会なのです。必然的に、と今申し上げたが、これは、ほとんど必然的に、と言い直した方がよいかもしれません。なぜなら、自然児の方が社会よりも強力であると証明されるような場合もなかにはあるからです。コルシカ人ナポレオンはその最も有名な場合です。ここで提出されているような問題には、ドストエフスキーの証言が重要です。序でに申し添えて置きますが、ドストエフスキーは私が学ぶ処のあった唯一の心理学者で、私の生涯の最も素晴しい幸運の一つに属します。スタンダールの発見にさえ勝る幸運の一つでした[84]。この深い人間、彼は皮相浅薄なドイツ人を軽蔑する権利を十倍も持っている男ですが、長い間共に暮したシベリアの徒刑囚たち、社会への退路をもはや絶たれた重罪人たちばかりに対し、自分が予め予期していたのとはまるきり異る受け止め方をしたのでした。——つまり、一般にロシアの大地に生い育つ最も良質の、最も堅く、最も価値高い木材から彫り刻まれたもののような受け止め方をほぼしたのでした。犯罪者の場合を一般化して考えてみましょう。すなわち何かの理由で公けの承認が得られず、世間から有用有益の人士と思われていないことを自ら知っている人々——自分が同じ人間と見られていないで、村八分にされた、賤しい穢《けが》らわしい存在と見られているというあのチャンダーラ的感情を考えてみることにしましょう。この手の人々は、思想にも行動にもみな地下的なものの色彩を帯びています。彼らにおいては、あらゆる物事が、日の当る場所で安らかに生活している人々におけるよりも、蒼白になって参ります。しかし、私たちが今日顕彰しているようなほぼ大半の生活形式、例えば科学者、芸術家、天才、自由精神、俳優、実業家、大発見家は、かつて一度は半ば墓場めいたこの空気の下で暮したことがあるのです。……僧侶が最上位の典型と目されていた時代はずっと、あらゆる種類の価値のある人間は価値を奪われていたからです。……私は約束しますが――いつか僧侶が最低位の人間と目されるであろう時代・僧侶がわれわれのチャンダーラ、最も嘘つきで最も下種《げす》な種類の人間と目されるであろう時代がやって来ます。……私が注意を向けているのは、かつて地上を、少くともヨーロッパを治めた中で最も穏やかな仕来りの支配の下に今はあるのですが、そういう今の時代でもまだ依然として疎外され、長く、あまりに長く下積みにされるようなこと、すべての異常で不透明な存在形式は、いかに人をあの典型――犯罪者によって完成される――に近づけるかという点です。あらゆる精神の革新者は、一時期、チャンダーラの土気色の宿命的な烙印を額につけているものです。彼らが世間からそう受け取られるからではありません。昔から伝承し世間の尊敬を受けているすべてのものから自分を隔てている恐しい溝を、彼ら自身が感じているからにほかなりません。ほとんどあらゆる天才が自分の発展の一つとして、「カティリーナ的存在」〔カティリーナはローマ共和政末期の野心的陰謀家で、大統領職を目ざし、社会の不満分子を狩り集めて反乱を企てたが、キケロに弾劾され、抑止された〕を知っています。すでに存在し、もはや生成しないいっさいのものに対する憎悪と復讐と反逆の感情を知っています。……カティリーナ――あらゆる皇帝《カエサル》の先行形式。――

四六

ここは展望が自由に利く〔『ファウスト』第二部一一九八九行。鷗外訳〕。――哲学者が沈黙するのは、魂の気高さのせいであるかもしれません。哲学者が矛盾するのは、愛のせいであるかもしれません。認識者の礼節の中には、嘘をつく礼節というのもあり得るのです。「自分の感じる不安懊悩をべらべら述べ立ててしまうのは、偉大な心には似つかわしくないことだ」il est indigne des grands coeurs de répandre le trouble. qu'ils ressentent と言った人がおりますが、洗練された言葉だと言えないわけではありません。ただし、付け加えて言っておかなければならないのは、似つかわしくないことをするのを怯《ひる》まないのもまた、同様に魂の偉大さであり得るということです。愛を知る女は自分の名誉を犠牲にします。「愛を知る」認識者はおそらく己れの人間性を犠牲にするでありましょう。愛を知った神はユダヤ人となりました。……

四七

美は偶然ではない。——ある人種やある家族の持つ美しさ、すべての挙動物腰にみられる彼らの典雅さや品の良さも、修得して身についたものなのです。美しさは天才と同様に、幾世代もの蓄積された修得の最終成果です。良い趣味のためには大きな犠牲が払われて来たに相違なく、そのためには多くのことが実行され、また多くのことが中止されたに違いありません。——フランスの十七世紀はこの両面において讃嘆に値します。——同世紀には社交、土地、衣裳、性の満足のために一つの選択の原理が働いていたに相違なく、利益、習慣、意見、怠け心よりも、美が優先されていたに相違ありません。最高指針は、自分自身に対しても「身なりをだらしなくして」いてはいけないということです。——良い物事というのは法外に経費のかかるものです。そしていつもそれを所持している人間は、それを修得しようと努力した人間とは別人だという法則が成り立ちます。すべて良いものというのは遺産として受け継いだものなのです。受け継いだものでないようなものは、不完全であり、序の口であります。……アテナイではキケロの時代に、キケロはこの点で驚きを表明しているのですが、男性や青年が美しさにかけて女性を格段に凌いでいたのでした。ですが、そこでは幾世紀来、男性は美に仕えるためにどれほどの労苦辛酸をわが身に求めて来たでありましょう！　――私の言いたいのは、この点にかけて方法論を間違えてはいけないということです。つまり、感情や思想の単なる厳しい躾は役に立ちません。（――この点にドイツの教養の大きな誤解があります。ドイツの教養はまるっきりの幻覚です。）人は真先に身体（しんたい）を説得しなければならないのです。立派な選り抜きの挙動物腰を厳しく堅持すること、「身なりをだらしなく」しない人々とだけ共に暮すという義務、これだけで、立派な選り抜きの人間となるには完全に十分でありましょう。こうやって二世代、三世代たてば、早くもいっさいが内面化されてしまいます。民族と人類の運命に関して決定的であるのは、修養訓練を的確な場所で始めることです。「魂」から始めるのではありません（「魂」から始めたのは僧侶や半僧侶のどうにも取り返しのつかない迷信でした）。的確な場所とは身体《しんたい》です。挙動物腰、食物の正しい取り方、生理学です。残余のことはそこから自ずと生じて来るでしょう。……ギリシア人はだからこそ歴史上第一の文化的事件でありつづけているのです。――必要なことが何であるかを、ギリシア人は知っていましたし、実行しました。身《しん》体《たい》を軽蔑したキリスト教は、これまでのところ人類の最大の不幸であったといえましょう。――

四八[85]

私の言う意味における進歩。——私もまた「自然への復帰」について語っていますが、しかし、じつを言うとそれは復帰ではなくて、上昇登攀なのです。——高い、自由な、恐怖をさえたたえている自然と自然性へ向かっての、大いなる使命と戯れているし戯れることが許されているような自然と自然性へ向かっての、上昇登攀なのです。……これを比喩で申し上げれば、ナポレオンは私が理解しているような意味における「自然への復帰」の一つでした(例えば、策略において in regus tacticis、それどころか、軍人も知っての通り戦略において)。——これに対してルソーという人——この人はいったい何処へ復帰しようとしたのでしょうか? ルソー、この最初の近代人、理想家と賤民とを一身に兼ね具えた男。自分自身の見てくれを守る必要上道徳的な「威厳」を必要とした男。抑えようもない虚栄と手のつけようもない自己軽蔑とに病んでいる男。近代の閾ぎわに寝っ転がっているこの奇形児までもが「自然への復帰」を求めていたのです。——もう一度伺いますが、いったい何処へルソーは復帰しようとしていたのでしょうか? ——さらに、革命という点にかけても私はルソーを憎んでおります。革命とは理想家と賤民とを一身に兼ね具えていたというこの二重性の世界史的表現にほかならないからです。革命が演ぜられた際の血腥い茶番、その「背徳性」は私にはどうでもよいのであって、私が憎むのは革命の持つルソー的道徳性にほかなりません。——ルソー的道徳性が今も相変らず影響を及ぼしつづけていて、あらゆる平板凡庸の徒を口説き寄せている、革命の数々の所謂「真理」を、私は憎んでいるのであります。平等の教え！……だがこれ以上に有害な毒はどこにもありますまい。なぜなら平等とは正義の終焉でありながら、正義そのものについて説いたかのような顔をしているからです。……「等しきものには等しきものを、等しからざるものには等しからざるものを」――これこそが真実の正義の言であるべきでありましょう。そして、そこから帰結するのは、「等しからざるものを決して等しきものにする勿れ」であります。――平等の教えをめぐって、あれほどに身の毛もよだつ血腥い経緯があった〔フランス革命のこと〕ということは、この特別の「近代理念」に一種の栄光や炎の輝きを与えたのではありますが、その結果、革命は演劇として最も高貴な精神さえをも誘惑して来たのです。だからといってこのことは、結局、革命により以上の敬意を払うべき理由にはなりません。――革命をそれが受け取られねばならぬ通りに受け取った人、すなわち嘔吐をもって受け取った人は、たった一人しか見当りません。――それはゲーテです。……

四九[86]

ゲーテ――は、ドイツの事件ではなくて、ヨーロッパの事件です。ゲーテは自然への復帰によって、すなわちルネッサンスの自然性へ向かっての上昇登攀によって十八世紀を超克しようとした一つの壮大な試みであり、十八世紀の側からしかけられた一種の自己超克です。――彼は十八世紀の最も強烈な本能の数々を内に蔵していました。すなわち多感性、自然に対する偶像的崇拝、反歴史的なもの、理想主義的なもの、非現実的で革命的なもの（――革命的なものとは非現実的なものの一形式にすぎません）。彼は歴史、自然科学、古代を、同様にスピノザを援用しました。とりわけ実践的活動をも援用しました。彼は完璧に閉ざされた地平線によって自分を取り囲んだのです。彼は生から遊離せず、生のうちへと身を置き入れました。彼は弱気になって怯んだことはなく、できるだけ多くのものを引き受け、担い、自分の中へ取り入れました。彼が欲したもの、それは総体性であったのです。彼は理性、感性、感情、意志がばらばらにならぬように戦いました（――これらをばらばらにするのは、ゲーテの対蹠者カントによって、こけ威しの煩瑣学風《スコラ》で説かれた処であります）。ゲーテは己れを全体性へと鍛え上げて、己れを創造したのでした。……彼は非現実的《ウンレアール》な志向を持つ一時代の唯中にあって、確信をもった一現実家《レアリスト》でした。彼はこの点で自分と血縁であったすべてのものに対して、然り《ヤー》を言ったのです。――ナポレオンと呼ばれたあの「最も現実的なもの」ens realissimum より以上に大きな体験は、彼にはなかったと言ってよいでしょう。ゲーテが構想したのは、強靱な、高い教養を備えた、あらゆる身体《しんたい》的なことにかけて手際が良く、自分自身を制御できる、そして自分自身に対して畏敬を覚える一人の人間でした。自然性の全範囲と豊かさを自らに恵むことを敢てなし得る人間、このような自由を敢てするに足るだけの強靱さを具えた人間でした。弱さからではなく、強さから出た寛容の人間でした。強さからと言ったわけは、平均的な天性なら破滅の原因となり兼ねないような物事をも、なお自分の利益のために使用するすべを心得ている人間だからです。それはたとえ背徳といわれようと美徳といわれようと、弱さということを除くほかは、もはや何一つ禁じられたものが彼には存在しないような人間であります。……このようにして自由になった精神は、喜びに溢れ信頼し切った宿命論を抱いて、万有の唯中に立ちつくします。排斥さるべきはただ個々のものだけであって、全体としては一切が救済され、肯定されているのだという信仰の唯中に立ちつくします。——彼はもはや否定しません。……しかし、こういう信仰はありとあらゆる信仰の中で最高のものです。私はこれをディオニュソスと命名しました。——

五〇[86]

こうも言えるかもしれません。ゲーテが個人として努力して得た一切を、十九世紀という時代も同様に努力して得ているのだ、と。例えば理解や是認における宇宙的規模の普遍性、人間がいかなるものをも自分の方に近寄らせること、思い切った現実主義《レアリスムス》、あらゆる事実的なものに対する畏敬の念。ところが、十九世紀の得た総体的結果は、一人のゲーテにさえ及びませんでした。それは一つの混沌《カオス》であり、虚無主義的な歎息であり、出口も入口も分らぬ呆然自失であり、退行して十八世紀に手を伸ばすように実際に人を休みなく駆り立てている疲労の本能でしかなかったのですが、（——それらの例を挙げますと、感情のロマン主義として、利他主義や超感傷性として、趣味におけるフェミニズムとして、政治における社会主義として現われています）一体どうしてこういうことになったのでしょうか？　十九世紀は、とりわけその末期においては、単に度を強めた、粗野にされた十八世紀、すなわちデカダンスの世紀にすぎないのではないでしょうか。となりますとゲーテは、単にドイツにとってだけではなしに、全ヨーロッパにとっても、所詮は一個の偶発事件、一つの美しき無駄であったということになりますまいか。——もっとも、なんらかの公共的利益というみじめったらしい視角から眺めますと、偉大な人間を誤解することになります。偉大な人間からは何の利益をも引き出し得ないということ、このこと自体がおそらく偉大さに属することなのであります。……

五一

ゲーテは私が畏敬の念を抱いている最後のドイツ人です。彼は私が感じている三つの物事を感じていたかもしれません。――「十字架」のことでも私たちは互いに了解がついています。[87]……私はよく尋ねられたものです。貴方は一体なぜドイツ語でお書きになるのですか。祖国以上に貴方が拙い読み方をされている処は他に何処にもないでしょうに、と。ですが、今日読まれることを私がほんの少しでも望んでいるかどうか、これは結局誰にもお分りにならないことではないですか。――時がその歯を試しても歯の立たないような物事を創造すること、形からみても実体からみてもささやかな永遠不滅のために努力すること――私はこれ以下のことを自分に要求するほどにへりくだったことは、いまだかつて一度もありませんでした。私がドイツ人の間で最初の者として巨匠の域に達した箴言、格言は、「永遠」の形式です。私の野心は、他の誰もが一冊の書物で言うこと――他の誰もが一冊の書物でも言わないことを、十の文章で言うことであります。……

私は人類に、人類が所有している最も深い書物、私の『ツァラトゥストラ』を贈りました。私は近いうちに人類に、最も独立不羈なる書物を贈ることになるでしょう。――

私が古人に負うているもの（88）

一

最後に、かねてから私が近づく路を探していて、一つの新しい通路をおそらく私が発見したと思われるあの世界――古代の世界について、一言申し述べたいと思います。私の趣味は、何でも赦してしまう趣味のどうやら正反対であるらしく、古代の世界ということでも、一切合財ひっくるめてこれを肯定してしまうというわけには参りません。肯定するということは、総じて私の趣味の好まぬところでして、それくらいならむしろ否定した方がまだましだし、私の趣味の一番好むところは、何も言わないことに尽きるのであります。……以上のことはどの文化に対してもすべて当て嵌まりますし、書物に対しても当て嵌まります。――土地や風景についても当て嵌まるといってよいでしょう。で、結局のところ、私の生涯において勘定のうちに入って来るのは、きわめて少数の古代の書物ということになります。そのうちには最も有名な書物は含まれていません。文体に対する私の感覚、文体としての箴言詩《エピグラム》に対する私の感覚は、サルスティウス〔前八六―前三四頃のローマの歴史家、政治家。『歴史』『カティリナ戦記』『ユグルタ戦記』を遺した。叙述は簡潔、古雅、よく事相の核心を衝く〕と接触した際に、ほとんど瞬時にして目覚めたのでした。私の尊敬する恩師コルセン先生〔プフォルタ高等学校のニーチェの担任で、ラテン語学者でもあった〕が、最もラテン語の出来の悪かった生徒に最高点を与えなければならなかったときの先生の驚きを、私は今もって忘れてはおりません。――私という人間は一挙に出来上ったのでした。簡潔にして厳密、できるかぎり多量の実質を根柢に具えていて、「美しい言葉」に、さらにまた「美しい感情」にも冷ややかな悪意を持っていること――私が自分の本質を察知するのはこの点においてでした。ローマ的文体に対する、文体における「青銅よりも永続するもの」aere perennius〔ホラチウス『カルミナ』三、三〇、一〕に対する、きわめて真剣な野心が、私において、私の『ツァラトゥストラ』の中にまで、再認されるでありましょう。――ホラチウスに最初に触れたときにも、私はやはりそんな風でした。今日まで私は、ホラチウスの頌歌が私にはじめから与えていたような芸術的恍惚の境地を、他のいかなる詩人においても味わったことがありません。ある種の国語の場合には、ホラチウスの頌歌のうちに達成されているほどのことは、望むことすらかないますまい。言葉のこれほどのモザイク。そこでは一つ一つの言葉が響きとして、場所として、概念として、右にも左にも、全体の上にも、その力を奔らせております。記号の範囲や数があれほどまでに最小限で、しかもそれによって狙いとされる記号のエネルギーがこれほどまでに最大限であるということ――そうしたいっさいがローマ的であります。私の言うことを信じて頂けるなら、抜群に高貴であるといえましょう。ホラチウス以外の詩文芸《ポエジー》は、比べれば、余りに通俗的なものになっております。――単なる感情のお饒りになっております。

二

ギリシア人のお蔭で私が、右の場合に似た強い印象を受けたということは全然ありません。そして率直に打ち明けて申し上げれば、ギリシア人はわれわれからみて、ローマ人が意味するようなものではあり得ないのです。ギリシア人から何かを学ぶということはありません。――ギリシア人のあり方は余りに馴染みのないものであり、また余りに流動的でもありますので、われわれに対し命令的に、「古典的に」、作用するということがないのです。かつてギリシア人に即して書くことを学んだという人が誰かいたでしょうか。かつてローマ人を抜きにしてギリシア人から書くことを学んだという人がいたでしょうか。……プラトンなどを持ち出してどうか私に異を唱えないで頂きたい！　プラトンに関していえば、私は徹底した懐疑家なのであって、学者仲間で慣習的な芸術家プラトンを讃美する声に唱和することは、私には終始できませんでした。この点にかけては、私は最終的に、古代人自身の間の最も洗練された趣味判定者を味方につけております。私の見るところでは、プラトンは文体のあらゆる形式をごちゃ混ぜにした人で、このことで彼は文体上の最初のデカダンの徒であります。つまり、プラトンは「メニッポス式皮肉漫筆[89]」satura Menippea を発明したキニク学派とどこか類似の後めたさを心に抱えているのであります。プラトンの対話篇という、この恐るべく独りよがりの、子供らしい弁証法が魅力的な作用を及ぼすことが起こり得るからには、人は秀れたフランス人の著述――例えばフォントネルの――を一度として読んだことがないからに相違ありません。プラトンは退屈です。――プラトンに寄せる私の不信の念はとことん深いのです。すなわち、プラトンはギリシア人のあらゆる根本的本能からひどく逸脱し、非常に道徳化され、著しくキリスト教を先取りする存在となっています――プラトンはすでに「善」という概念を最高概念としています――ので、私はプラトンという現象全体については、何か他の言葉を使うくらいならむしろ「高等ぺてん」という手厳しい言葉、ないしはもっと聞こえが良い言葉にして欲しいというなら、理想主義《イデアリスムス》〔観念論と訳されることもある〕という言葉を使いたいと思っています。このアテナイ人がエジプト人の許で（――ないしはエジプトのユダヤ人の許で？　……）修業したことは、だいぶ高価についたのだといってよいでしょう〔プラトンがエジプトに渡ったという伝説は、ディオゲネス・ラエルティオス『哲学者列伝』その他にみえる〕キリスト教という大きな宿業においては、プラトンは「理想」と名づけられたあの曖昧性と魅惑なのであって、曖昧かつ魅惑的であったがゆえに、古代の高貴な天性の持主たちが自分自身を誤解し、「十字架」に通じる橋を渡ることが可能になったのであります。……その揚句、「教会」という概念の中には、また教会の構造、組織、実践の中には、今なおどれほど多くのプラトンが入っていることでありましょう！　――あらゆるプラトン主義からの私の休養、私の偏愛、私の治療は、いつもきまってツキュディデスでした。ツキュディデスと、それからおそらくはマキァヴェリの原理が私自身に一番親縁性があるのは、彼らはなにひとつ自分を誤魔化すということをせず、現実の中に理性を見ようとしている――理性を「理性」の中にではなく、いわんや「道徳」の中などではなおさらなく――その無制約的な意志によってであります。……「古典的教養をつんだ」青年が中高等学校《ギムナジウム》仕込みの調教訓練の報いとして生活の中へ持ち込む、例のギリシア人を理想に祭り上げる美化潤色の憐れむべききれいごとを、最も根本的に治療してくれるのはツキュディデスです。彼を読むには一行一行を裏返しにして、彼の言葉と同じくらいに、彼の底意をしかと読み取らなければなりません。彼ほど底意に富む思想家は少いからです。彼において、ソフィスト文化、言うならばリアリスト文化が、その完成された表現に達しています。これは丁度折柄、四方八方で突発的に始まったソクラテス学派の道徳と理想のぺてんの唯中における貴重な運動でした。ギリシア哲学はギリシア的本能のデカダンスであります。ツキュディデスは、もっと古い時代のギリシア人の本能の中に宿っていたあの強靱で、厳正で、そして酷薄な事実性の大集成、最後の啓示にほかなりません。現実に対する勇気が、結局、ツキュディデスとプラトンのような天性を分つのです。プラトンは現実に対する臆病者です。——だから彼は理想へと逃げ込むのです。ツキュディデスは自分をしっかりと制御しています。だから彼は事物をもしっかりと制御できるのです。……

三

ギリシア人の中に「美しい魂」や「黄金の節度」やその他の数々の完璧さを嗅ぎつけること、例えば彼らにおける偉大さの中の静けさ、理想的な志操、気高い単純さ〔ヴィンケルマンの有名なギリシア観を表す標語「気高い単純さと静かな偉大さ」を暗示〕を讃嘆したりすること——このようなまさに「気高い単純さ」に、すなわち結局は「ドイツ的愚昧さ」niaiserie allemande に、私がうまく陥らないで済んだのは、私が自分の中に抱え持っていた心理学者のおかげでした。私はギリシア人のこのうえなく強烈な本能、権力への意志を見て取っていました。ギリシア人がこうした衝動の制御し難い力に震え戦くさまを私は見ておりました。——私はギリシア人のあらゆる制度が、自分たちが内部に抱えている爆発物に対して互いに安全に身を護ろうとする防衛処置から生まれ育ったものであることを見て取っていました。そうなると内部に抱えている途轍もなく大きな緊張は、恐るべき、そしてまた仮借することなき敵意となって、外部へ向けて放散、爆発いたします。都市国家同士が互いに血で血を洗う争いをしたのは、個々の市民たちがそれぞれ自分自身に対して安息平静を見出すためだったのです。人は強者であることが必要でした。危険は身近にありました。——至る処で危険が待ち伏せしていたのです。素晴しくしなやかなギリシア人のあの身体の力、ギリシア人に特有のあありませんでした。それは結果としてはじめて出て来たものであって、一つの必要であったのであって、一つの「天性」であったのではありません。また祭典や芸事によって彼らがしようとしていたことは、自分たちを上位にあると感じ、かつまた上位にあることを顕示することにほかなりませんでした。それは自分自身を讃美し、事情いかんでは自分に対し恐怖を抱かせる手段なのでした。……ギリシア人をドイツ流にギリシアの哲学者たちによって判定し、例えばヘラス的とは究極的に何であるかを解明するのにソクラテス諸学派の俗物振りを利用したりするとは、一体何ごとでありましょう！　ソクラテス諸学派の哲学者とは、じつはギリシア精神のデカダンの徒輩なのであって、古い高貴な趣味に対する反対運動なのです。（――何に対する反対かといえば、競争《アゴーン》の本能に対する、都市国家《ポリス》に対する、種族の価値に対する、素姓由来の権威に対する反対です。）ソクラテス的諸徳がたしかに説教されはしましたが、その理由はソクラテス的諸徳がすでにギリシア人に失われていたからにほかなりません。ギリシア人は過敏で、臆病で、移り気で、揃いも揃って喜劇役者でしたから、道徳を説教してもらうにふさわしい若干の理由などありすぎるくらいありました。彼らが道徳を説教してもらって何かの役に立ったというわけではありません。ですが、大袈裟な言葉や身振りというのは、デカダンの徒輩にはじつにお似合いなのです。……

四

もっと古い時代の、まだ豊かで、そして漲り溢れんばかりでさえあったギリシア的本能を理解するために、ディオニュソスという名を帯びたあの不思議な現象を真剣に考えたのは、私を以て嚆矢といたします。ディオニュソスという現象は力の過剰からのみ説明できるでしょう。現存の最も深いギリシア文化の精通者、バーゼルのヤーコプ・ブルクハルトのようにギリシア人を追究する者は、私のこの一事によって相当のことがなされたのだと、直ちに悟りました。ブルクハルトは彼の著書『ギリシア人の文化』の中に、ディオニュソスという現象に関する特別の一章を挿入したほどでした(90)。ブルクハルトとは逆の場合をお知りになりたいなら、ドイツの文献学者がディオニュソス的なものに近づく際の、ほとんど人を笑わせんばかりの本能の貧困振りをご覧になるのがよろしいでしょう。ことにあの有名なローベック〔クリスチアン・アウグスト。一七八一―一八六〇 ギリシアの宗教と言語の精緻な文法研究が名高い〕です。この男は本に挟まれて乾からびてしまった紙食い虫のような、尊敬にも値する自信をもって、ディオニュソスという神秘的状態の世界に匍い込んで行ったのでしたが、むかつくくらい軽佻浮薄、かつ幼稚愚劣であることをもって学問的であると自ら思い込んでしまった男であります。――ローベックがありったけの博識を振り廻して人に分らせようとしたことというのは、そもそもこんな珍無類の現象にはいっさいなんの意味もないのだ、ということでした。例えば、葡萄酒は快楽をそそるものだ、とか、人間は場合によっては果実を食らっても生きていけるのだ、とか、草木は春に花咲いて秋に凋《しぼ》むものだ、とか、まあそういったまんざら無価値でもない若干のことが、狂躁乱舞酒神祭《オルギア》の参加者に、司祭たちによって実際に伝えられたのであろう、というようなことでした。古代世界をまったく文字通り覆いつくしていた狂躁乱舞酒神祭《オルギア》に由来する儀式、象徴、神話のあのいかにも異様なおびただしさに関連して言うのですが、ローベックはすかさずこの機をも摑んで、一段と気の利いた処を見せてくれるのであります。彼は『アグラオファムス』〔ローベックの神話学に関する主著で、一八二九年刊〕第一巻六七二ページにおいて、次のように言っています。「ギリシア人は他に何もすることがないときには、笑ったり、跳ねたり、暴れ廻ったりしたものである。あるいは、人間とはときにそういう気になるものだから、坐りこんで、泣いたり、歎いたりもしたのである。やがて後日別の人種がやって来て、こういう人目に立つ立居振舞に対して、何らかの理由を探し出した。こうして、右の習慣を説明するために、無数の祭祀伝説や神話が成立したのだった。他方、祭りの日に一たび起った以上は抑えようのないばか巫山戯めいた行動全般も、必然的に祭典の一部を形づくっていたのだと信じられるようになり、また、礼拝祭式の不可欠の一部として確定されたのであった。」――これは軽蔑すべきお饒りであります。ローベックのごときは一瞬たりとも真面目に相手にはされますまい。ところで、これとはまったく別様に私たちの心が動かされる場合があります。すなわち、ヴィンケルマンやゲーテが拵え上げた「ギリシア的」という概念をわれわれが検討してみて、この概念がディオニュソス的芸術の母胎である例の要素――狂躁乱舞酒神祭《オルギア》とどうにも折り合わないことを発見した場合であります。事実、ディオニュソス的芸術の母胎であったような何かその種のものを、ゲーテがギリシア人の魂の可能性から原則的に閉め出してしまったことを、私は疑っておりません。したがってゲーテはギリシア人を理解していなかったのです。なぜなら、ディオニュソス的な密儀秘祭においてはじめて、ディオニュソス的状態の心理学においてはじめて、ギリシア的本能の根本事実が――すなわち「生きんとする意志」が、本心を吐露しているからです。ギリシア人はこれらの密儀秘祭によって何を自分に保証したのでしょうか？　永遠なる生、生の永劫回帰をです。過去において約束され、浄《きよ》められた未来をです。死と転変を乗り超えて生へと向かって行く勝ち誇れる肯定をです。生殖による、性の秘儀による総体的な生命の継続としての真の生をです。それゆえギリシア人にとって、性の象徴は畏怖すべき象徴それ自体というべきものであり、古代的敬虔性の全体の中における本来の奥儀ともいうべきものでした。生殖、受胎、誕生の営みにおけるあらゆる一つ一つの事柄が、最も高い、そして最もおごそかな感情を喚起しました。秘儀の教えのうちでは、苦痛は神聖なものと宣告されたのであります。「産婦の陣痛」は苦痛一般を神聖化します。――いっさいの生成と生長、未来を保証するいっさいのものが、苦痛を呼び起こす原因です。創造の快感が成り立つためには、いいかえれば生きんとする意志が永遠に自分自身を肯定するためには、「産婦の苦患」もまた永遠に存在せねばなりません。……以上すべてのことの意味を言い表わしているのは、ディオニュソスという言葉です。私はこのギリシア的象徴法、ディオニュソス祭の象徴法より以上に高度の象徴法を他に知りません。この中には生の最も深い本能、生の未来に対する、生の永遠性に対する最も深い本能が、宗教的に感受されます。――生への道そのものが、すなわち生殖が、神聖なる道として感受されます。……キリスト教がはじめて、生に対抗する内攻的復讐感情《ルサンチマン》を根柢に抱えて、性に関わることをなにか不潔なものにしてしまったのでした。キリスト教はわれわれの生の発端に、われわれの生の前提に、汚物を投げつけたのです。……

五

張り溢れんばかりの生と力の感情としての狂躁乱舞酒神祭《オルギア》の内部では、苦痛でさえもがなお刺戟剤として作用するのですが、この狂躁乱舞酒神祭《オルギア》の心理学こそが私に、悲劇的感情という概念を開く鍵を与えてくれたのです。悲劇的感情はアリストテレスからも、とりわけまた現代の厭世主義者《ペシミスト》からも、誤解されて来ました。悲劇は、ショーペンハウアーが言う意味でのギリシア人の厭世主義《ペシミズム》を示す何ものかを証明するものではさらさらなく、むしろ厭世主義《ペシミズム》の決定的な拒否や反対法廷と看做されなければなりません。生の最も異様にして、かつまた最も仮借ない諸問題の中にあってさえも生に然り《ヤー》と言うこと、すなわち、自らの無尽蔵に欣喜しながら、自らの最高の典型を犠牲として捧げることをも辞さない、生きんとする意志——私がディオニュソス的と名づけたのはまさにこのことでした。また悲劇的詩人の心理学に至る橋であると察知したのも、まさにこのことでした。恐怖や同情から逃れるためではなく、また、恐怖や同情の烈しい発散によって危険な情念から浄化されるというのでもなく——アリストテレスはそう解釈していました——、恐怖や同情を超越して、生成の永遠の快楽そのものになりきるため、という目的あってのことであります。——ここでいう永遠の快楽とは、破壊の快楽をも内に含んでおります。……という次第で、私はかつて私がそこから出発した個所に再び接触することになるでありましょう。——すなわち『悲劇の誕生』は私の最初の、あらゆる価値の価値転換であったのです。こうして私は、私の意欲、私の能力の生まれ育った土地に再び身を置くことになるでしょう。——哲学者ディオニュソスの最後の弟子である私[91]——永劫回帰の教師である私は……

鉄槌《ハンマー》は語る

ツァラトゥストラかく語りき。三、九〇㉒

「なぜそんなに硬いのですか！」――と、あるとき木炭がダイヤモンドに語り掛けた。「いったい僕たちは近親じゃないのでしょうか。」

なぜそんなに柔いのか。おお、私の兄弟たちよ。そう私は君たちに尋ねよう。いったい君たちは――私の兄弟ではないのか。

なぜそんなに柔いのか。なぜそんなに回避的で、譲歩的なのか。君たちの心の中には、なぜそんなに多くの取り消しと自制とがあるのか。君たちの眼差しの中には、なぜそんなに僅かしか運命がないのか。

君たちが運命であること、仮借なきものであることを欲しないなら、どうして君たちは私と共にいつの日か――勝利を得ることが出来るであろう。

そしてもしも君たちの硬さが稲妻を放ち、つん裂き、ずたずたに断ち切ることを欲しないなら、どうして君たちは私と共にいつの日か――創造を果すことが出来るであろう。

創造者というものはすなわち硬いのだ。だから君たちの手形を、幾千年の未来の上に、まるで蠟の上に印するようにしかと印することが、君たちにとって至福であると思うようにならなければいけない。

――幾千年の未来の意志の上に、さながら青銅の上に書くようにしかと書きつけることが、君たちにとって至福であると思うようにならなければいけない。――青銅に書きつけるよりも硬く、そしてまた青銅よりも気高く。まったく硬いものだけが、最も高貴なものなのである。

おお、私の兄弟たちよ。この新しい石板を私は君たちの頭上に掲げよう。「もっと硬くなるように！」――――――(『ツァラトゥストラ』第三部「古い石板と新しい石板」二九)

アンチクリスト

キリスト教呪詛（遺された著作より）

Der Antichrist.
Fluch aus das Christenthum.

序言(1)

この本は、ごく少数者むきの書物である。ひょっとするとこの少数者のうち、唯の一人さえ、まだ生まれていないかもしれない。多分この人たちは私のツァラトゥストラを理解してくれる読者だろう。今日すでに世に迎えられ始めている著作家と、私自身とを混同することがどうして私に出来よう。――明後日こそが私の時代である。死後に生まれるという人も若干はいるのだ。

私が理解される条件、しかも必然性をもって理解されるという条件――それを私は詳しすぎるほどよく知っている。読者は、精神的な事柄に対し酷薄なまでに誠実でなければならないのだ、私の真面目さ、私の情熱を受け止めるためだけにも。山頂で生きる修練――政治や民族的利己心という哀れな当世風のお饒舌《しゃべ》りを足もとに見くだす修練が必要である。諸君は、無関心になり切ってしまわなければならない。真理は役に立つものかどうか、真理は自分には災いになるのではないか、そんな疑問を抱いてはならない。……今日誰一人あつかう勇気のない問題を愛好する剛《つよ》さ、禁じられたものへの気力、はじめから行きつく先は迷路《ラビリンス》と分っている運命(2)。七つの孤独からなるある経験。新しい音楽が分る新しい耳。はるか遠方を見通す新しい眼。これまで沈黙しつづけていた諸真理に立ち向かう一つの新しい良心。そして大規模な節約への意志、自分の力、自分の感激を抑えておこうとする意志……自己に対する畏敬、自己への愛、自己に対する絶対の自由……

以上でよろしい！　こうした人たちだけが私の読者、私にふさわしい読者、私に予定された読者である。あとの人たちに何の関わりがあろう。——残っているのは、たかだか人類にすぎない。——諸君は、人類を超えてしまわなければならないのだ、力によって、魂の高さによって、——侮辱によって……

フリードリヒ・ニーチェ

③

互いに顔を見つめあおう。われわれは極北の民《ヒユペルボレオス》〔ギリシア語で、「北風の彼方」に住む者の意〕である——どんなに世間離れの暮しをしているか、自分でよく弁《わきま》えている。「陸路によるも海路によるも、汝は、極北の民への道を見出さざらん」—〔ピンダロス『ピュティア』十、二九—三〇〕、こう歌ったピンダロスは、すでにわれわれのことを知っていたのだ。北の彼方に、氷の、死の彼方に——われわれの生命、われわれの幸福がある……われわれは幸福を発見した、行くべき道を知っている、幾千年まよいつづけた迷路の出口を見つけ出した。ほかに誰か出口を見つけたものがいただろうか。例えば近代人が？——「私は出口も入口も分らない。進退きわまって途方に暮れるばかりだ」、近代人はそう溜息をつく。……われわれはこの近代性という病気にかかっていた。——腐った平和に、怯懦な妥協に、近代的な然りと否との美徳めかした不潔さ全体によって、われわれは煩っていたのだ。なにもかも「理解」するゆえになにもかも「許容」する、この寛容、この広さは、われわれにとっては熱風《シロッコ》〔アフリカから地中海に吹く風〕だ。かずかずの近代的な美徳とその他の南風のもとに生きるくらいなら、むしろ氷の中に生きよう！……われわれは勇敢さに欠けていたわけではない。自分をも、他人をも、ともに労《いたわ》ったりはしなかった。ところが、この勇敢さをどこへ向けたらよいかということが、なかなか分らなかったのだ。われわれは不機嫌になった。宿命論者だと呼ばれた。われわれの宿命——それは力が充ち溢れ、張りつめ、鬱積した状態をいう。われわれは稲妻と行為とに激しく憧れた。弱虫たちの幸福から、「諦念」からは、最も遠い処にいたのだ。嵐が、……われわれの大気の中にあった。われわれという自然は、暗く翳って来た。——行くべき道がなかったからである。われわれの幸福の方式――一つの然り、一つの否、一つの直線、一つの目標[4]……

二[5]

善とは何か？　――権力〔政治的支配欲のみを表す通俗の「権力」とは異り、ニーチェに特有の形而上的概念で、「力」と訳してもよいが、自然的物理的力とも異るので、敢て「権力」に統一する〕の感情を、権力への意志を、人間のうちにある権力そのものを高めるいっさいのもの。

悪とは何か？　――弱さに由来するいっさいのもの。

幸福とは何か？　――権力がしだいに大きくなる感情――抵抗を克服してゆく感情。

満足ではなくて、より多くの力。総じて平和ではなくて、戦争。徳ではなくて、有能（ルネッサンス式の徳 virtù〔イタリア語で、卓越した男性的な美点〕、道徳《モラル》のくさみのない徳）。

弱者と出来損いは亡びるべし、――これはわれわれの人間愛の第一命題。彼らの滅亡に手を貸すことは、さらにわれわれの義務である。

およそ悪徳よりも有害なものは何か？　――すべての出来損い的人間と弱者に対する同情的行為――キリスト教……

三[5][6]

私がここで提出する問題は、生物の発展系列の中で人類の次にこれに代って現われるべきものはいかなるものか、というようなことではない（——人類は最終である——）。問題は、価値のより高い者、より生きるに値するもの、未来をより確保する者として、いかなるタイプの人間を育成すべきか、意欲すべきか、ということである。

この種の価値のより高いタイプの人間は、従来もかなりしばしば出現していたと考えられる。が、それは僥倖として、例外として現われたのであって、決して意欲されたものとしてではなかった。それどころか、このような型の人間は、人びとからまさしく一番恐れられて来た人間である。それは今日まで、ほとんど恐怖そのものであった。——そして人びとは、この恐怖感から、正反対のタイプの人間を意欲し、育成し、達成した。——すなわち、家畜、群畜、病める動物である人間を——キリスト教徒を……

四⑥

人類は、今日信じられているような仕方で、より善きもの、より強きもの、より高きものへと発展しているとはいえない。「進歩」とは単に一つの近代的観念、すなわち誤った観念にすぎないのである。現代ヨーロッパ人はルネッサンス期のヨーロッパ人と比べはるかに価値が低い。発展しつづけるということが向上・上昇・強化であるとは、必ずしも断言できない。

人間の向上発展の成功例は、個別的にはこれまでもたえず、地上のきわめてさまざまな地点でさまざまな文化の内部から現われているが、それは近代的な進歩の観念とは違った意味においてである。それは、より高いタイプの人間が――全人類と比較して一種の超人のようなものが、実際に現われ出る場合である。天与の幸運とでもいうべきこのような偉大な成功例は、これまでもしばしばあり得たし、おそらくこれからもつねに起こりうることだろう。単に個人ではなく、世代、種族、民族の全体でさえもが、事情いかんによってはそのような紛れ当りを見せるかもしれない。

五[7]

キリスト教を美しく飾り立ててはならない。キリスト教はこのより高いタイプの人間に決戦を挑んで来た。こめタイプの根本をなす本能をしらみつぶしに追放して来た。キリスト教は、この本能を蒸溜して、そこから悪や悪人という概念を引き出した。――こうして、強い人間は、典型的に排斥されるべきもの、「極悪人」となったのである。キリスト教はすべての弱者、賤者、出来損いの味方に組し、強い生命が持っている自己保存本能に抗議することを己れの理想として来たのであった。精神性の最上の諸価値は罪深いものであり、人を惑わすものであり、誘惑であると感じるように説き聴かせることによって、キリスト教は、最強度の精神力に恵まれた人びとの理性をも破壊してしまった。最も痛ましい実例――パスカルの腐敗。パスカルは自分の理性が腐敗したのは原罪によるものと信じていたが、じつは単に、彼のキリスト教によって理性の腐敗を招いたにすぎないのに！――

六

私が眼の前に見ているものは、一つの痛ましい芝居、身の毛もよだつような芝居だ。私は、人間の腐敗を蔽い隠す垂れ幕を引き開けたのである。腐敗という言葉は、私がこれを口にする以上、人間に対する道徳的告発を内容とするものではない。少くともそういう疑いだけは、無用である。この言葉は――もう一度強調しておきたい――道徳の臭みなしで言っている言葉だ。しかも、こう言う以上、それは通り一遍の程度ではない。私は、世人がこれまで夢中になって「徳」とか「神性」とかを意識的に追いかけていたまさしくその地点において、腐敗を最も強く感じているほどなのである。すでにお分りの方もあると思うが、腐敗という語を、私はデカダンスの意味に解している。今日人類の最上の願い事が盛り込まれている価値は、いずれを問わずみなデカダンスの価値だということ、これが私の主張である。

動物なり種族なり個体なりが本能を失い、自らに不利なものを選んだり、自らに不利なものをかえって好んだりする場合に、私は腐敗していると呼ぶ。「高尚な感情」とか「人類の理想」とかいうものの歴史――そういう歴史についても物語る必要はあるかもしれないが――これは畢竟、なぜ人間がこれほどまでに腐敗してしまったかという、ほとんどその説明であるとさえいえるだろう。私には、生命そのものは、成長のための、持続のための、力の堆積のための、権力のための本能だと思われる。権力への意志が欠けている処に、衰退が存在する。人類が最上と目している諸価値にはいずれみなこの意志が欠けていること、衰退の価値、ニヒリズムの価値が、最も神聖な名前のもとに横行していること、私が言いたいことはこのことである。

七[8]

キリスト教は同情の宗教と呼ばれる。——同情とは、生命感情のエネルギーを高めるような強壮剤的激情とは正反対をなすものであり、人の心を抑圧するように作用するものである。同情すれば、誰しも力を失う。苦悩すること Leiden そのことだけですでに生命から力が失われるものだが、同情 Mitleiden〔共に苦悩すること〕がこれに加われば、力の喪失はいっそう増し、幾倍かにもなるであろう。同情によって、苦悩そのものが伝染性を帯びる。同情のために、生命と生命エネルギーが全的に失われてしまうという場合もことによるとあり得ることかもしれない。これは、原因をなす苦悩の量とはばからしいほど釣合わない損害であって、例えば、ナザレ人の死の場合〔イエス一人の十字架上の死によって人類全体の生が損傷を受けた、というほどの意味〕。以上が第一の観点である。しかし、さらに重要な観点がもう一つある。同情というものはとかく種々の反作用を惹き起こすものだが、反作用の価値という観点からこれを見れば、同情というものの生を危くする性格は歴然とするだろう。同情はごく大まかに言って発展の法則を、つまり淘汰の法則を妨げる。同情は没落しかかっているものを保存する。生の廃嫡者、生の犯罪人のために防戦する。同情はありとあらゆる種類の出来損い的人間を生の中に引き留め、そうした人間を夥しく地上に溢れさすことによって、生そのものに陰惨でいかがわしい表情を与える。人びとは、こうした同情を敢えて徳と呼んで来たのだ（——あらゆる高貴なモラルにおいて同情は弱さと看做されているのに——）。人びとはさらに一歩進んだ、同情を徳そのものであるとし、すべての徳の土台にして根源であるとした。——言うまでもなく、こういうことは、ニヒリズム的であった哲学、生の否定を表看板に掲げた哲学の見地からのみ言えることにすぎない。この点はわれわれがつねに注目していなければならない処だろう。ショーペンハウアーの言っていることはこの点で筋が通っていた。すなわち、生は同情によって否定され、否定にいっそうふさわしいものにされるからである。――同情とは、ニヒリズムの実践である。再度言っておくが、この抑圧的伝染病的本能は、生命の保存、生命の価値向上を目指すあの諸本能を妨げるものである。同情の本能は、みじめさの倍加者として、そして同時に、みじめな人間の保存者として、デカダンス促進のための主要道具である。――同情は虚無に向かうことを人に勧める！　……が、それを「虚無」とは言わない。代りに「彼岸」という、または「神」という、または「真の生活」という、あるいは涅槃とか、救済とか、浄福とかいう……。これらは、宗教的道徳的な異常体質の領域から出ている無邪気なレトリックにすぎないが、ここで崇高な言葉のマントを纏っているのはいかなる傾向であるかを了解したなら、たちどころに、無邪気どころの話ではなくなってしまうだろう。すなわち、それは生に敵意をもった傾向なのだ。ショーペンハウアーは生に敵対的であった。だからこそ、彼には、同情が徳となったのだ。……アリストテレスは、周知のように、同情を目して病的で危険な状態であるとし、ときおり下剤をかけて始末したほうがよいだろうと言っている〔『詩学』一四四九b〕。彼は悲劇を下剤と解したのである。[9] ショーペンハウアーの場合に見られる（そして残念ながら聖ペテルブルグからパリに及ぶ、トルストイからヴァーグナーに至る現代の文学的芸術的デカダンス全部にも見られる）ああした病的で危険な同情の鬱積に、それが一思いに吹き飛ぶように、一撃くれてやるような、そうした手段を、われわれは実際、生の本能から探し出さなければなるまい。……不健康な近代性の唯中にあって、キリスト教的同情にまさる不健康なものは何ひとつない。ここで医者であること、ここで仮借なくやること、ここでメスを揮うこと――これこそがわれわれの仕事であり、われわれの流儀の人間愛である。これによってこそ、われわれは哲学者となるのだ、われわれ極北の民《ヒユペルボレオス》は！――――

八⑩

われわれは誰を敵手と感じているか、これは言っておく必要があることだ。――神学者、ならびに神学者の血が体内にあるもの――われわれの哲学全体。……こうしたものの宿命的災厄を身近に見ていたが、さらには身をもって体験し、そのためにわが身がほとんど破滅しかかったという人なら、私がいま言ったことを、もはや冗談ごとに解したりはしないであろう。（わが自然科学者、生理学者諸君の自由精神ぶりこそ、私の眼から見れば、一つの冗談にすぎない。――自然科学者・生理学者諸君には、こうした事柄に注ぐ情熱が、こうしたことで悩む苦悩が、欠けている。）神学者の害毒は、世間で想像する以上に広く及んでいるのである。私は至る処に、高慢という神学者本能を見出した。今日、自らを「理想主義者《イデアリスト》」だと思っている人びと、発想の起源が高級であるのを頼みに、現実を一段と上から他人事のように眺める権利を要求する人びと、そういう人びとがいる処では、至る処に、私は高慢という神学者本能を見出した。理想主義者《イデアリスト》は、僧侶とまったく同様、偉大と名のつく概念なら何もかも手に入れている。（――また単に手に入れているだけではない！）彼らは偉大な概念を切り札にして、「悟性」や、「感覚」や、「名誉」や、「享楽生活」や、「科学」などに、微笑を浮かべた軽蔑をもって対している。理想主義者《イデアリスト》は、こういったものを自分の下に見くだす。こういったものは、さながら有害で誘惑的な力であって、「精神」はそれとは関わりなく、上の方に、それ自体純粋に独立した状態で、浮かんでいるとでも言いたげである。――謙譲、貞潔、赤貧、一口にいえば神聖さが、残酷や悪徳にもましていいようもないほど多くの害毒を、これまで生に及ぼして来た事実などまるでなかったとでもいわんばかりだ。……純粋な精神とは、純粋な嘘である。……

職業的な生の否定者、中傷者、害毒母者である僧侶――かかる僧侶がいまなお高級な人間として通っている限り、真理とは何であるか、という問に対し、何ひとつ答えは得られない。虚無と否定とのこの意識的な弁護人が、「真理」の代表者と看做されている処をみれば、もうすでに、真理は逆立ちしてしまっているのだ。……

九

こうした神学者本能に、私は戦いを挑む。この本能の痕跡を、私は至る処に見出した。神学者の血が体内にあるものは、すべての物事に対し、最初から歪んでおり、不正直である。そこから生じるパトスは信仰と称されているのだが、信仰とは、畢竟、今さら治癒しようもないまやかしの様相に苦しまないために、ひと思いに、わが眼を自分に対し閉ざしてしまうことにほかならない。信仰者は、物事すべてに正確さを失ったこの光学《オプティーク》〔物の観方〕、自分勝手に、モラル、徳、神聖さなりとする。いかさまな物の観方を、良心とかいうものに関係づける。――かくて要求する処はこうである、自分自身の光学を

「神」、「救済」、「永遠」の名を借りていったん神聖不可侵のものとした以上は、自分以外のいかなる種類の光学にも、もはや価値を認めてはならない、と。私はなおも至る処に神学者本能を発掘した。これは、およそ地上に存在する最も広く行き渡った虚偽の形式、まさしく地下的な形式だ。神学者が真と感ずるようなものは、虚偽であるに決まっている。これを基準にして真理判定の一つの試金石が得られるくらいだ。現実《レアリテート》が何らかの点で尊重されること、あるいは単に発言を許されること、そういうことすらをも禁止するのは、神学者の心の奥底にある自己保存本能である。神学者の影響が及ぶ処では、価値判断はひっくり返っている。「真」と「偽」の概念は、必ず逆になっている。すなわち、そこでは、生に最も有害なものが「真」と呼ばれ、生を上げ、高め、肯定し、是認し、勝ち誇らせるものが、「偽」と呼ばれる。……神学者が王侯（もしくは民衆）の「良心」に付け込んで権力に手を伸ばすというような事態がひとたび起ると、そのつど発生するものが究極において何であるかは、疑いの余地がない。——すなわち、終末への意志、ニヒリズム的な意志が、権力を欲するのだ。……

一〇

哲学は神学者の血によって台無しになっている、と私が言えば、ドイツ人の間でならたちどころに納得が行くことだろう。プロテスタントの牧師はドイツ哲学の祖父である。プロテスタンティズムそのものがドイツ哲学の原罪 peccatum originale なのだ。プロテスタンティズムの定義——すなわち、キリスト教、ならびに理性の半身不随。……ドイツ哲学とは、結局のところどういうものなのか、ドイツ哲学とは、陰険な神学のことではないか、そういうことを理解するためには、「テュービンゲン神学院」〔かつてヘーゲル、シェリング、ヘルダーリンなどが学び、後にヘーゲルの発展の思想を神学に応用したテュービンゲン学派がここから成立した〕という言葉を口にしさえすればよいだろう。シュヴァーベン〔テュービンゲンの所在する地方名〕人は、ドイツではいちばん上手な嘘つきだ。彼らは無邪気に嘘をつく。……四分の三は牧師と教師の息子たちの集まりであるドイツの学者世界に、かつてカントが登場したとき、浮きうきした気分が漲ったものだが、あれはいったい、何が原因であったのか。——カントとともにより良きものへの転回〔コペルニクス的転回のこと〕が始まったという、今なお反響の残っているドイツ人の確信は、何に由来するのか。ドイツの学者に潜む神学者本能が、今後再び可能になるものは何であるかを、嗅ぎつけたためにほかならない。……古い理想への一つの抜け道が開かれたのだ。「真の世界」という概念、世界の真髄としての道徳という概念（——世にも悪質なこの二つの誤謬！）が、いま、またしても、二度と論駁しがたいものとして立ち現われたのである、悪賢こい懐疑のおかげで、たとえ証明は出来ないにしても。……理性、ないしは理性の権利は、そこまでは及ばない、……などという。現実《レアリテート》は「仮象」というものにされてしまったし、完全に捏造された世界、存在者の世界が、現実《レアリテート》ということになってしまった。……カントの成功は、たかだか神学者の成功にすぎない。カントはルターと同じように、ライプニッツと同じように、もともとさほど確かでもないドイツ的誠実さの、むしろ一個の制動機《ブレーキ》であった

一一

道徳学者としてのカントに対しなお一言抗議する。徳というものは、われわれ各個人の発明でなければならない。われわれの最も私的な正当防衛、生活必需品でなければならない。これ以外のどんな意味における徳も、所詮は一個の危険物にすぎない。われわれの生を前提としていないようなものは、生に有害である。例えばカントが欲したような、単に「徳」という概念に対する尊敬の念から生まれた徳のごときが、有害なのだ。「徳」、「義務」、「善それ自体」、普遍妥当にして私心なき性格の善――こういったものは、脳髄に宿る幻想でしかない。これによって表現されるのは生の衰退であり、生の最後の無力化、ケーニヒスベルク〔カントの生地〕風の支那人の気質《かたぎ》だ。保存と成長のための、最も意味深い掟が命ずるものは、まさしくその正反対、なにびとも自分の徳、自分の定言命法を発明せよ、ということだ。自分の義務を、義務一般と取り違えるような国民は、亡国の民である。すべての「無私なる」義務、抽象という名のモロッホ〔莫大な人身御供を要求するフェニキア人の神、莫大な犠牲の象徴〕に捧げる自己犠牲ほどに、人の内面を深く荒廃させるものはない。――カントの定言命法《イムペラティーフ》を生に危険なものと感じなかったとは！……もっぱらあの神学者本能がこの命法を保護して来た！――生の本能に動かされてする行為は、それが正しい行為であることを、快感において証明する。が、キリスト教的ドグマの内臓を孕むあのニヒリストは、快感を、抗議と解したのだ。……内的な必然性もなく、深い個人的な選択もなく、快感なしで、つまり「義務」の自動機械として働いたり、考えたり、感じたりすること以上に、性急に自己破壊を招くものがほかにあるだろうか。

これこそまさしくデカダンスへの処方箋、白痴化への処方箋だ。……カントは白痴になった。――このような人物がゲーテの同時代人であったのだ！　この呪われた蜘蛛がドイツの哲学者で通ったのだ――今もなお通っている！　……私がドイツ人をどう考えているかは、言わずにおこう。……フランス革命のうちに、カントは、国家の非有機的形態から有機的形態への推移を見ていたのではなかったか。人類の道徳的素質によってしか説明のつかない出来事というものがある。そしてこの出来事によって「人類の善に向かう傾向」がいっきょに証明されてしまうほどである――カントはこんなことを自問していたではないか。カントの答は、「これこそが革命なのだ」、というわけだ。[11] あらゆる点で見当の外れている本能、本能としての反自然、哲学としてのドイツ的デカダンス――これがカントだ！――

一二[12]

私は哲学史のなかの二、三の懐疑家、上品なタイプの哲学者をここに含めない。知的誠実の第一の要求事項さえ心得ていないのは、それ以外の哲学者たちなのである。それ以外の哲学者――偉大なる熱狂家ども、奇怪な動物ども――彼らは揃いも揃って小娘のように女々しい。「美しき感情」をすでに証明ずみの論拠と看做し、「ふくらむ胸」は神さまの宿る鞴《ふいご》とおもい、信念を真理判定の基準だと考えている。しまいにはカントまでが、「ドイツ的」な無邪気さをもって、腐敗のこの形式、知的良心のかかる欠如を、「実践理性」とかいう概念で科学化しようと試みた。カントは特別工夫して一つの理性を編み出したわけである。それはじつは、理性のことなど気にかける必要もない場合のために、つまり、道徳の声、「汝為すべし」というあの崇高な要求が高らかに聞こえる場合のために、特別に編み出された理性なのである。ほとんど何処の国でも、哲学者というものは、僧侶型の人間から発展したものにすぎないが、そう考えれば、哲学者が受けた僧侶からの遺産、自己自身に対する贋金つくりを、もはや驚きとするには当たらない。哲学者が、例えば人間を改善する、救う、――済度するといった神聖な任務を帯びている場合、――神さまの御姿を胸に抱いて、彼岸の命令を伝える託宣の口となって働く場合、こうした使命のために、彼はもはや、物事を純然と合理的に評価するということが出来なくなる。――彼自身すでにこのような任務によって聖列に加えられた一人であるし、自身すでに、高次の秩序に属するタイプの人間だからだ！……僧侶にとって科学〔ふつうの自然科学の意味ではない。一三節参照〕など何の関わりがあろう！ 僧侶は科学にはあまりにも高すぎる位置に立っている！――しかも、僧侶がこれまで支配して来た！――僧侶が、「真理」と「非真理」との概念を決めて来たのである！……

一三

次の事実を軽く考えないようにしたい。――われわれ自身が、われわれ自由なる精神が、すでに「あらゆる価値の価値転換」にほかならないことを、「真理」と「非真理」との既成の概念すべてに対し身をもってした宣戦布告、戦勝宣言にほかならないことを。最も価値のある洞察というもの、これは最も遅く発見されるものである。が、最も価値のある洞察とは、方法のことだ。今われわれが実行して見せている科学性――この科学性のすべての方法、すべての前提は、数千年の久しきにわたり、世間の深刻な軽蔑を敵に廻して来た。おかげでわれわれは「上品《まとも》な」人びととの交際から締め出されて来たし、——「神の敵」であり、真理の嘲弄者であり、「憑かれたもの」であると看做されて来た。科学的性格の持主である以上は、チャンダーラ〔インドの賤民。カスト外の非人。カストの垣根を破った雑婚から生まれたために最も卑しまれ蔑まれる。明治以来「栴陀羅」の漢語で知られる〕というわけだ。……われわれは人類の全パトスを敵に廻して来た。——真理のあるべき姿について、真理への奉仕のあるべき形について、われわれは人類の考え方そのものに敵対して来た。「汝為すべし」の命法は、従来すべて、われわれを敵と目指して来たのである。……われわれの目標、われわれの実行、静かな、慎重な、疑い深いわれわれの態度——人類には、こうしたことすべてがまったく品位のない、軽蔑すべきものに見えたのであろう。しまいには、われわれの方で、人類をこれほど久しく目隠しして来たものはそもそも一個の美的な趣味ではなかったのか、と自問したい気持になるほどだが、これはあながち不当な疑問とは言えまい。人類が真理に求めているのは、一種の絵画的な効果だからだ。人類が認識者に求めているのは、認識者によって感覚に強く働きかけて貰いたい、ということだ。われわれの謙譲は、じつに久しい間、人類の趣味に逆らって来た。……おお、どうして彼らは、この神の七面鳥どもは、このことを嗅ぎつけたのか。——

一四

われわれははじめから勉強し直したのである。あらゆる点で謙遜になった。もはや人間の由来を「精神」や「神性」の中に尋ねたりはしない。再び動物の中に人間を位置づけた。人間は最も強い動物と考えられているが、それは人間が最も狡猾な動物だからである。人間の精神性とに、狡猾であることの結果にほかならない。ところが、こうしたことを問題にする場合にも、またしても虚栄心が頭を抬げ、人間はあたかも動物進化の秘められた最大の目的であったかのように言い立てたがるものだが、われわれはこういう虚栄心に抵抗を感じる。人間は決して創造物の王冠などではない。生き物はみな、人間と肩を並べて、完全さにかけては同じ段階にある。……いや、こう言っただけでさえ、われわれは人間のために過大に弁じ過ぎているくらいだ。人間は、相対的に見て、最も出来損いの動物であり、最も病的な動物、自分の本能からまことに危険なほど足を踏み外してしまった動物である。——もちろん、そうしたすべてにも拘わらず、人間は最も興味深い動物ではあるが！——動物のことと言えば、まずデカルトが、尊敬すべき大胆さをもって、動物を機械として理解する考え方を打ち出している。現代の生理学は、あげてこの命題の証明に努めている。われわれは、論理上当然のことながら、人間をもこれから除外するわけにはいかない、デカルトは人間だけはまだ別扱いにしていたのだが。一般に現代の人間に関する理解の程度は、人間を機械として理解するという段階にとどまっている。以前には、人間に、ある高次の秩序からの持参金として、「自由意志」が与えられていた。今日では、人間から、意志さえ取りあげられている、——意志はもはや能力とは解せない、という意味において。「意志」という古い言葉は、今ではある合成力の呼び名として役立っているにすぎない。この合成力とは、ときに矛盾しときに調和しあう一群の外的刺戟に対して必然的に発生する、一種の個体の反作用のことである。意志は、もはや自ら「働く」のではない、他を「動かす」のでもない。……以前には、人間の意志というもの、「精神」というものに、人間の発生起源が一段と高いことの、人間の神性についての、証拠があるものと見られていた。人間完成を人に勧めるには、まず亀の遣り方に倣《なら》い、感覚を体内に引っ込め、世俗のものとの附き合いを止めて、肉体を超脱することが勧められた。そうすれば、人間の最重要事である「純粋精神」が、後に残るという寸法だ。われわれはこの点についても考えを改めて来た。われわれには、意識を深めることは、すなわち「精神」というものは、有機体が比較的不完全であることのしるしとしか思われない。まさしく試行錯誤、神経力を不必要に磨り減らす無駄な骨折りとしか思われない。――意識して事がなされている限り、何事かが完全になされるということはあり得ない、われわれはそう考える。「純粋精神」とは、純粋愚劣である。神経組織や感官を、つまり「亡骸《なきがら》」の方を計算に入れなければ、計算を間違える。――ただそれだけのことだ！……

一五[13]

道徳も宗教も、キリスト教においては、現実といかなる点でも触れ合うことがない。存在するものと言えばことごとく空想的な原因（「神」、「霊魂」、「自我」、「精神」、「自由意志」――あるいはまた「不自由意志」）、そして空想的な結果ばかり（「罪」、「済度」、「恩寵」、「罰」、「罪の赦し」）。空想的な存在（「神」、「精霊」、「霊魂」）の間に見られる一つの交渉。空想的な自然科学（人間中心的。自然原因という概念が完全に欠けている）。空想的な心理学（ことごとく自己誤解。快や不快といった一般感情、例えば交感神経のそのときどきの状態を、暗号の助けを借りて解釈したもの。その暗号とは、宗教的・道徳的な異常体質のしるしである。――「悔い」、「良心の呵責」、「悪魔の誘惑」、「神の臨在」）。空想的な目的論（「神の国」、「最後の審判」、「永生」）。――以上に見られる純粋なフィクションの世界は、この世界にとって不利な言い方かもしれないが、夢の世界とは全然別個のものなのである。夢の世界は現実を反映しているのに、虚構の世界は現実を贋造し、無価値にし、否定するからである。「自然」という概念がはじめて神の反対概念として編み出されてからというもの、「自然的」とは、必然的に、「忌《いま》わしい」という意味の代用語となった。――このフィクションの世界が全的に根を下ろしているのは、自然的なもの（――現実！――）に対する憎悪の中である。これは、現実的なものに対する深い不快の表現である。……が、これでいっさいは説明がついたのだ。嘘をついて現実から逃避するような理由の持主は、どういう人間に限られているか。現実のために悩む人間である。しかし、現実のために悩むとは、現実において不幸に見舞われたということだろう。……総じて不愉快な感情が快適な感情よりも動機として勝っているということが、作りもののモラルや宗教を生む原因である。が、不快感情のこの優勢こそ、デカダンスの方式を提供しているのだ。……

一六(14)

キリスト教の神概念を批判しても同じ結論にならざるをえない。――自分自身を信じている民族だけが、自分自身の神をなお保持する。民族は、神の中に、自分が繁栄している諸条件、つまり自分のさまざまな美徳を崇めるものだ。――民族は、自分に対する快感、自分の権力感を、ある存在者に投影して、それに感謝を捧げるのかもしれぬ。金持というものは、譲与したがるものである。誇り高い民族が神を必要とするのは、犠牲を捧げるためである。……宗教とは、こうした前提に立つ限り、感謝の一形式である。感謝する相手は、自分自身である。自分に感謝するために、神を必要とする。——こういった質《たち》の神は、有益であり得るとともに、有害なものでもなければならない。友でもあり、敵でもあることが必要だ。人間は良いときでも、悪いときでも、神を讃えるものなのだ。たとえ自然に逆って神を去勢し、もっぱら善一方の神を作り出したにせよ、それだけが人間に願わしい事だとはどう見ても言えないだろう。善き神と同様、悪しき神が必要なのである。われわれ自身が生存をまっとうしているのは、必ずしも寛容な博愛のお蔭だけではないからだ。……憤怒や、復讐や、嫉妬や、嘲笑や、奸智や、暴力といったものを知らないような神のごときが何であろう！　勝利や絶滅のあの恍惚とした熱狂をすらあるいは御存知ない神様のごときが何であろう！　こんな神様を理解する人はどこにもいまい。また何だって、こんな神を持たねばならぬ筋合があろうか？　——言うまでもないことだが、ある民族が滅びるとき、未来への信仰や自由への希望が永久に失われて行くのを感ずるとき、そして隷属が第一の利益として、隷属者の徳が自己保存の条件として、民族の意識に昇るようなとき、そういうときには、民族の神も変質しないわけにはいかない。神はいまや卑劣漢になる。臆病になり、控え目になり、「魂の平和」を、憎悪の中止を、寛容を、敵味方の区別なき「愛」すらをも、説き勧めるようになる。神は絶えずモラルを説教する。神はあらゆる私的な徳の洞穴《ほら》の中に這いこむ。万人むきの神となり、私人となり、コスモポリタンとなる。……その昔、神は民族を、民族の強さを、民族の魂から発する攻撃的で権力渇求的なもののいっさいを表わすものであった。今では神は、単なる善良な神でしかない。……まことに神々に許されていることといえば次の二者択一以外にはない、権力への意志であるか、それとも、権力への無力であるか。——前者であれば、その間だけは民族の神々であるといえるだろう。後者であれば、神々は必ずや、善良となる。……

一七

いかなる形をとるにせよ、権力への意志が衰えれば、そのたびごとに生理的な退化、デカダンスが見られる。デカダンスの神の性格は、男性的な徳や衝動を切り取られてしまえば、今や、必然的に、生理的な退嬰者の神、弱者の神となる。弱者たちは自ら弱者とは名乗らない。「善人」と自称する。……善き神、悪しき神という二元論的フィクションが、歴史のいかなる瞬間にはじめて出現するものであるか、これ以上示唆するまでもなく、読者にはお分りであろう。征服された民族は、自分の神を「善それ自体」にまで貶《おとし》めてしまう本能を持っている。が、これとまったく同じ本能によって、征服者の神から、彼らはかずかずの長所美点を抹消するのである。被征服民族は、支配者に対し、支配者の神を悪魔とすることによって、復讐を遂げる。——善き神も、悪魔も、要するにどちらも、デカダンスの産物だ。キリスト教神学者は、「イスラエルの神」からキリスト教の神へ、民族神からすべての善なるものの精髄へと神の概念が展開したのは、一つの進歩であったと述べ立てているが、われわれはどうして今日、こんなおめでたい見解に甘んじて附き合うことができよう。——ところが、ルナンまでが、こんな見方に甘んじている組だ。ルナンはまるで、おめでたさに加わる権利が欲しいとでもいう風だ！——が、明白なる事実は、以上キリスト教神学者の説のまさに正反対である。すなわち、上昇する生の諸前提、いっさいの強さ、勇敢さ、尊大さ、誇らしさが神の概念から取り除かれて行ったのである。神は一歩一歩下落して、疲労したものの杖、溺れ行くものの浮袋のシンボルと化し、とりわけ貧しき人びとの神、罪びとの神、病めるものの神となり果て、「救世主」、「救済者」といった賓辞だけがいわば神の賓辞一般として残ったのである。以上が明白な事実であってみれば、このような変質は、神概念のかかる縮小低下は、何を物語るものであろう？ ――たしかに、神概念の変質によって、「神の国」は拡大したといえよう。その昔、神はただ自分の民族、自分の「選ばれた民」しか持っていなかった。そのうちいつしか、神は選民たちとまったく同じく、異国に赴き、自身さすらいの旅路についた。爾来神は、いずこの地にも二度と落ち着くことがなかったが、ついに、神が定住の地を得たとき、神は世界中いたる処を故郷とするに至ったのだ。神は偉大なる世界市民《コスモポリタン》となった。――ついに、「多数者」と、地球の半分を味方につけた。「神の国」はたしかに拡大したといえよう。だが、この「多数者」の神、神々の中のこの民主主義者は、それにも拘わらず、高い誇りを掲げた異教の神になったわけではない。彼はいぜんユダヤ人だ。いぜんとして片隅の神だ。暗い隅々、暗い場所の神、世界中のすべての不健康な居住地区の神！……神の世界帝国は、相も変らず冥府の国、病院、地底の国、ユダヤ人街の帝国。……しかも、神そのものにしてからが、何と蒼ざめ、何と弱々しく、何とデカダン……形而上学者諸君、諸君は概念の白皮病患者、蒼白い人間の中でも最も蒼白い人種だが、そんな諸君ですら、神を自由に操れるようになったのだ。諸君はじつに久しい間神の周りに蜘蛛の網を張りめぐらしてきたわけだが、諸君の動きによって神は催眠術を掛けられ、自ら蜘蛛となり、自ら形而上学者となり果てた。さてこそ今や神さまは、御自身の体内から再び世界を紡ぎだした。――「スピノザの相の下にSub specie Spinozae

〔スピノザの有名な言葉「泳遠の相の下に」Sub specie quandan aeternitatis をもじった〕――さて神さまは、今やいよいよ影薄く、蒼白いものへと変り果て、「理想」となり、「純粋精神」となり、「絶対者」となり、そしてついに「物自体」〔言うまでもなく、カント哲学用語〕となったのである。……神の堕落、神さまが「物自体」となったのだ![15] ……

一八

キリスト教の神概念――病者の神としての神、蜘蛛としての神、精神としての神――これは地上で達成された最も腐敗しきった神概念の一つである。おそらく神々の類型《タイプ》の下降的展開のうちでも、最低水位を表わすものとさえいえよう。神は生の光明化、生の果てしない肯定である代りに、生の矛盾にまでなり下がった! 神の名において告知されているものは、生に対する敵意、自然に対する敵意、生への意志に対する敵意! 神は「此岸」に対するあらゆる誹謗の方式、「彼岸」に関するあらゆる嘘言の方式! 神の名において、無が神化され、無への意志が神聖なものとして宣告されている![16] ……

一九

北ヨーロッパの強壮な諸種族がキリスト教の神を拒絶しなかったということは、趣味のことは問題にしないにしても、この種族の宗教的天分上の名誉をまことに傷つけるものである。病的で老衰したあのようなデカダンスの産物は、北ヨーロッパの強壮な種族の手で、始末してしまう必要があったはずである。ところが、これを始末しなかったというばかりに、彼らは一つの呪いを掛けられる。病気や、老衰や、矛盾を、己れの本能すべての中に取り入れてしまい、……以来、彼らは、もはやいかなる神をも創造しなくなった！　ほとんど二千年たって、しかも、唯一つの新しい神すら生まれない！　そればかりではない。人間における神形成の力の、精霊創造者の、極限にして極大なるものとして、いぜんとして大手を振《ふる》って存在しているのは、キリスト教の単調なる＝一神論 Monotono-Theismus〔一神論Monotheismusに対する皮肉。『偶像の黄昏』「哲学における《理性》」一参照〕の、この憐れむべき神なのだ！　零と、概念と、矛盾とから成るこの頽廃の雑種的妖怪の中に、すべてのデカダンス本能、すべての魂の怯懦と疲労がその裁可を受けている！

二〇[17]

キリスト教をこのように断罪したからといって、私がこれに似た一つの宗教、信者の数ではキリスト教を凌いでさえいる宗教、すなわち、仏教に対し、不当な仕打ちをしたと思われては不本意である。両者はニヒリズムの宗教としては同類であろう。——ともにデカダンスの宗教である——が、まことにきわだった仕方において互いに袂を分かっている。今、この両者の比較対照が可能であることに対し、キリスト教の批判者は、インドの学者に深く感謝している。——仏教は、キリスト教に比べ百倍も現実主《レアリスティ》義的《ツシュ》だ。——仏教は、問題を客観的に、冷静に提出する昔からの遺産を身につけている。仏教は、幾百年とつづいた哲学的運動の後に出現しているのだ。「神」という概念は、出現当時すでに、始末がついている。仏教は、歴史がわれわれに示してくれる唯一の、真に実証主義的な宗教だ。その認識論（一個の厳格な現象主義——）においてさえそう言えるのである。仏教は、もはや「罪に対する戦い」などを口にしない。その代り、どこまでも現実というものを認めた上で、「苦悩に対する戦い」を言う。仏教は——この点でキリスト教から深く区別されるのだが——道徳概念の自己欺瞞をとうに脱却している。仏教——それは、私流の言葉でいえば、善悪の彼岸に立っている。——仏教の根底にあり、仏教がはっきり眼を据えている二つの生理学的事実は、第一に、感受性の過度の敏感ということ、それは精巧をきわめた苦悩の感受能力として現われる。第二に、過度の精神化、すなわち概念や論理的操作の中であまりに長期間くらしすぎたこと、このような生き方の下では、個人本能は損われて、「非個人的なもの」に有利になるであろう。（——以上二つの生理学的事情は、私の読者の少くとも二、三人、「客観的」な人びとなら、私同様、経験の上で知っていることだろう。）以上述べた生理学的条件に基づいて、ある一つの沈鬱な心的状態が発生したのであった。仏陀はこれに対し衛生学的な手段を講じる。彼は対策として、野外生活、遍歴生活を採用する。飲食における節制と選択、いっさいの酒類に対する用心、癇癪を興させ血を滾《たぎ》らせるようないっさいの情念に対する警戒、自分に対しても、他人に対しても、どちらにも気を遣わないこと。仏陀は、心を平静にする、あるいは晴れやかにする想念だけを要求する。——彼は、これ以外の想念に淫することから逃れる方法を編み出す。彼は、善良さを、善良であることを、健康増進に良いものと判断する。祈禱は無用とされている。禁欲も同様に無用である。いかなる定言命法もない。そもそも強制というものがない。僧団の中にさえない。（——還俗が許されているのである。——）総じて強制で行われることは、あの過度の敏感性を激化する手段になりかねないであろう。まさしく、このゆえであろう、仏陀は見解を異にするものへの戦闘さえ人びとに要求してはいない。復讐や、嫌悪や、怨恨《ルサンチマン》といった感情に陥ることを、仏陀の教えはなにものにもまして警戒しているのだ。(——「敵意によっては敵意は終熄せず」、これが仏教全体に共通する感動的な復唱句《リフレイン》である。……)尤もなことである。こうした情念こそ、摂生上の主目的から見て、このうえなく不健康なものだといえようから。仏陀は、精神的な倦怠を目の当《ま》りに見たのである。あの過度の「客観性」(すなわち個人的関心の薄弱化、重心の喪失、「エゴイズム」の喪失)——こういったものに表われる精神的な倦怠に打ち克つために、仏陀は、たとえ極度に精神的な関心事であろうと、遡って、これを個人というものに還元して考える。仏陀の教えにおいて、エゴイズムは義務となる。「無くてはならぬものは唯一つのみ」〔『ルカ伝』十の四二〕、すなわち「いかにして汝は苦悩を免れるか」——これが精神上の摂生全体を規制し、制限するのである。(——おそらくここで、あのアテナイ人ソクラテスを思い出しても差し支えあるまい。彼もまた仏陀と同様に、純粋なる「科学性」に挑戦して、個人的エゴイズムを諸問題の領域においてモラルにまで高めた人なのである。)

二

仏教の前提をなすものは、きわめて温暖な風土と、風俗習慣にみられる大いなる柔和さ、暢びやかさといったものであって、決してミリタリズムではない。運動の中心地が比較的上流社会の、知識階級の中にあることも、仏教の前提の一つといえよう。最高の目標として目指されていることは、心の晴れやかさ、静けさ、無欲恬澹《てんたん》たることで、しかも、こうした目標は、実際に達成されるのである。仏教に、単に完全性を目指して気張っているような宗教ではない。完全さが、常態《ノーマル》なのだ。――

キリスト教においては、抑圧された被征服者の本能が、表面に押し出されている。キリスト教に救いを求めるのは、最下層階級である。ここでは、勤めとして、退屈しのぎの手段として、罪の決疑論〔Kasuistik 中世スコラ哲学の、道徳を外的律法から考える学問、そこからあら探し、揚げ足取りの意もある〕だとか、自己批判だとか、良心の糾問などが行われる。ここでは、「神」と呼ばれる権力者への感動が、絶えず維持されている（祈禱によって）。ここでは、最高の境地というものは、到達不可能であり、賜物、あるいは「恩寵」と考えられる。公明正大さもここにはない。隠れ場所、暗い室がキリスト教的だ。ここでは、身体《しんたい》は軽蔑される。衛生は、肉体的なものとして拒否される。教会は、清潔ささえ退ける。（――キリスト教がムーア人〔八世紀にスペインを侵略したアラビア人〕を追放してから第一にとった処置は、コルドバだけで二百七十を数えた公衆浴場の閉鎖であった。）自分に対する、他人に対するある種の残酷の感覚、見解を異にするものへの憎悪、迫害する意志――みなキリスト教的だ[19]。陰惨で、煽情的なイメージばかりやたらに目立つ。このうえなく望ましい状態として、最高の名で呼ばれているのが、癲癇《てんかん》症状だ。食物の選び方からして、病的な徴候を助長し、神経を過度に刺戟する狙いがある。キリスト教的な行き方とは、地上の支配者たち、「高貴な人びと」を不倶載天の敵と看做す一方で、秘かに隠れて、こっそりこれと張り合おうという魂胆だ。（――地上の支配者たちには肉体の方を任してやる、代りに自分の方には「霊魂」だけは寄越してもらいたい、と。）精神に対する憎悪、精神の衿持、勇気、自由、放縦に対する憎悪は、キリスト教的である。感覚に対する憎悪、感覚の喜びに対する、総じて喜びの感情一般に対する憎悪は、キリスト教的である。……

二二

キリスト教は、はじめ古代世界の最下層階級、貧民暗黒街を地盤にしていたが、やがてそこを離れ、野蛮民族の間に権力を伸ばして行った。そのとき、そこで、キリスト教が前提としたのは、もはや疲労した人間ではなく、心の内側が荒みはて分裂した人間——強い人間ではあったが、同時に出来損いの人間たちであった。野蛮民族の間では、自己に対する不満や苦悩は、仏教徒の場合と違って、苦悩に対するあの過度の敏感性、受苦能力のことではない。むしろその逆であった。他人に危害を加えようとする激しい欲望、敵対的な行為や観念のうちに心の緊張を吐き出そうとする、すこぶる激しい欲望であった。キリスト教は、野蛮人を征服するために、各種野蛮な概念や価値を必要とした。例えば、初子を犠牲に捧げる風習、聖晩餐に血を啜《すす》ること、精神や文化といったものの蔑視、そして感覚的にも非感覚的にも、あらゆる形において拷問を加えること、大袈裟《げさ》で華麗な礼拝といったものが、みなそれである。仏教は老成した人間のための宗教である。親切な・柔和な・精神的になりすぎた種族のための宗教であり、苦痛に対しあまりにも感じやすい種族のための宗教である（——ヨーロッパは仏教を受け入れるまでにはまだまだ成熟していない——）。仏教は、老成した人びとに、再び平和と快活とを与え、精神面の摂生、肉体面のある程度の鍛錬をあらためて課そうとする。キリスト教の方は、猛獣を支配しようとする。その手段は、猛獣どもを病気にすることである。——弱くするということ、これが調教のための、「文明開化」のための、キリスト教的処方だ。仏教の方は、文明の終末に対する、文明の倦怠に対する宗教であるが、キリスト教が目の前にしているのは、いまだ文明ですらない。——場合によっては、キリスト教によって、ようやく文明が始まるといった程度かもしれない。

二三

仏教は、再度言っておくが、百倍も冷静で、誠実で、客観的である。仏教は、罪をいろいろと解釈して、自分の苦悩や、苦痛の感受能力を、体裁よく整える必要などもはや持たない。——仏教は、思う処をただありのまま口にする、「私は悩む」、と。これに反し、野蛮人には、苦悩そのものが体裁のよいものとは決して言えない。野蛮人は、自分が悩んでいるというただそれだけの事実を認めるにも、まず、一個の解釈を必要とする。（野蛮人の本能は、むしろ苦悩の存在を認めないこと、人目に隠れて忍耐すること、その方がよいと教えている。）折しもこうした場面において、「悪魔」という言葉は、一個の恩恵であったというべきだろう。この言葉によって、すこぶる強力な敵、恐るべき敵が出来たのだ、——こんな敵が出来た以上は、苦悩することを恥とする必要はなくなった。——

キリスト教は、東方《オリエント》特有の、繊細さを若干その底に持っている。——ある事柄が真であるかどうかということは、そのこと自体としてはまったくどうでもよいことかもしれぬ。しかし、それが真として信じられている限りにおいては、最高度に重要なことなのである。キリスト教は、何よりもまず、このことを知っている。真理と、ある事柄が真理であるという信仰と、この二つはぜんぜん関心を異にした別々の世界であり、ほとんど正反対の世界である。——一方の世界へ至る道と、他方の世界へ至る道とは、根本的に違っている。この点を知り尽していること——これは、東方《オリエント》では、賢者になるかならぬかの分れ目だ。婆羅門もこれを弁《わきま》えている。プラトンも知っている。秘教的叡智の徒なら誰しもこれを心得ている。例えば、罪から救われたと信ずることに幸福があるなら、その前提として必要なことは、人間に罪があるということではない、人間が自分に罪があると感ずることである。ところで、何はともあれ信仰こそ一般に必要だということになれば、理性、認識、研究などの信用を貶《おとし》めなければならなくなる。すなわち、真理への道は、禁断の道となるのだ。――現実に一つ一つ訪れる幸福よりも、強い希望の方が、はるかに大きな生の刺戟となる。悩める者の気力をしっかり引き立てて行くには、希望を与えなければならない。が、これは、どんな現実によっても挫《くじ》けることのない希望――一つの希望が満たされてもそれで用済みにならないような希望でなければならない。すなわち、彼岸の希望、これである。（希望というものが、ギリシア人に、悪の中の悪なるもの、まことに奸智にたけた悪と看做されたのは、それが不幸な人間を甘言で釣っておく、まさしくこうした能力を具えていたからにはほかなるまい。希望はパンドラの匣《はこ》〔ギリシア神話で、地上最初の女。パンドラが、結婚に際し秘宝の匣を開けるとすべての不幸がとび出したので慌てて蓋をしたため、希望だけが残った〕の中に最後に残った一つなのだ。）――愛が可能であるために、神は人格であらねばならぬ。最低級の本能でさえ仲間入りできるためには、神は青年であることが必要だ。キリスト教において、美しい聖者が重んじられるのは、婦女子の熱情に応えるためだし、聖母マリアのごときは、男子の熱情のためである。キリスト教は、アフロディテやアドニスへの礼拝によって礼拝というものの概念がすでに決定していた地盤の上に、勢力を伸ばそうとしたのである。このことが、以上の事例の前提となっている。純潔の要求は、宗教的本能の激しさや内面性を強めるであろう。――それは礼拝をより熱心に、熱狂的に、いっそう心のこもったものにするだろう。――愛とは、人間が事物を、もっともあらぬ姿に歪めて見る状態をいう。幻想の力が、愛において頂点に達する。甘く美化する力、光明化する力も、同様頂点に達する。誰しも愛において、普段よりも多くを我慢する。どんなことにでも甘んずる。愛が現実に可能となるような宗教を発明することが、必要であったのだ。これが出来れば、人生の最悪のことも超えられる――最悪のことなどもはや眼に入らなくなるのだ。――キリスト教の三つの徳、信仰、愛、希望について述べるのは、これまでにして置く。私はこれを、キリスト教の三つの巧妙と呼ぶ。――仏教は、こうした仕方でいまなお巧妙であるには、あまりにも老成しており、あまりにも実証主義的である。――

二四[20]

私は、この節では、もっぱらキリスト教発生の問題に触れることにしよう。この問題を解く第一の命題は、キリスト教は、それが生い立った母胎からのみ理解されねばならぬ、ということである。キリスト教は、ユダヤ的本能に対する反対運動ではない。それはユダヤ的本能の首尾一貫そのものであり、その恐怖を催さす論理の中でさらに一歩を進めた一つの結論である。救世主《イエス》の定式で言えば、「救いはユダヤ人より出ずればなり」[21]（『ヨハネ伝』四の二二）。――第二の命題はこうである。キリスト教において、ガリラヤ人イエスの心理学的型がなお認められるとはいえ、彼が用いられた目的、すなわち人類の救世主というタイプに、彼が役立つことが出来たのは、ガリラヤ人イエスというタイプが完全に退化して（同時に不具化し、異質な特徴をいっぱい背負いこんで）から後のことであった。――

ユダヤ人は世界史上もっとも奇妙な民族である。存在か非存在かという問題に直面したとき、彼らはまったく不気味なほど自覚的に、存在の方を選び取ったが、そのとき、いかなる代償を支払うことも敢て厭わなかったからだ。代償とはつまり、あらゆる自然、あらゆる自然らしさ、あらゆる現実性《レアリテート》、内的・外的世界の全貌を、徹底的に偽造することとそのことであった。ユダヤ人は、これまでおよそ民族が生存し得た、もしくは生存することを許されたいっさいの条件に楯ついて、これとはっきり一線を画し、自然的な諸条件に対する反対概念を、自分の内部から作り出したのである。――ユダヤ人は次々と、宗教、礼拝、道徳、歴史、心理学を、救い難い仕方で捩《ね》じ曲げ、これらが本来もっている自然価値に矛盾するものに、仕立て上げた。――われわれはこれとまったく同じ現象にもう一度出会うことになろう。これと比較すればはるかに規模が拡大されてはいるものの、にも拘わらず、この複製品として現われたにすぎないもの――すなわち、キリスト教会、これである。キリスト教会は、この「聖者の民」と比べてみれば、独創を要求する資格がまったくない。ユダヤ民族は、この一事を見ただけでも、世界史上において最も重大な結果をもたらした民族だといえる。なぜなら、その後の影響によって、ユダヤ人は人類を著しく誑《たぶら》かしたために、キリスト教徒は、自身このユダヤ人の最後の帰結であることを悟らずに、今日なお反ユダヤ的な感情を抱いているからである。

『道徳の系譜』〔の第一論文〕において、私は高貴な道徳とルサンチマン道徳という対立概念を、はじめて心理学的に提出し、ルサンチマン道徳は高貴な道徳に対する否定から発生したものだと定義したが、ユダヤ的キリスト教的道徳こそ、まさしくこれ、徹頭徹尾ルサンチマン道徳である。生の上昇運動、出来の良さ、権力、美、自己肯定――こうしたものの地上の表現いっさいに対し否《いな》と言い得るために、ここで、天才となったルサンチマン本能がもう一つ別の世界を案出しなければならなかった。この世界から見れば、かの生の肯定は、邪悪そのもの、禁忌そのものに見える。心理学的に調べれば、ユダヤ民族は最も強靱な生命力を具えた民族である。不可能な条件の下に置かれると、この民族は自ら進んで、自己保存の最も深い賢明さから、あらゆるデカダンス本能の味方につく。——デカダンス本能に支配されてしまうためではなく、むしろその中に一つの権力を、「世界に」抗しておのれの地歩を占めるに便な権力の所在を、嗅ぎつけるためにほかならない。ユダヤ人は、デカダンスの徒とは対《つい》をなす関係にある。彼らは、本物と見紛うほど巧みにデカダンの風を演出せざるを得なかった。俳優的天才の極致をもって、すべてのデカダンス運動の先頭に立つことを心得ていた（——パウロのキリスト教として——）。それは、生の肯定的ないかなる党派も及ばぬほど強力なる何ものかを、デカダンス運動から作り出すためなのだ。ユダヤ教およびキリスト教において権力を熱望するたぐいの人間、僧侶的種類の人間にとって、デカダンスはただ手段にすぎない。この種の人間が無上の興味と心得ているのは、人類を病気にすること、「善」と「悪」、「真」と「偽」の概念を捩じ曲げ、生に危険な、世界を誹謗する意味にこれを変えてしまうこと、このことである。——

二五[22]

イスラエルの歴史は、もろもろの自然的価値から自然性をことごとく剝奪して行く典型的な歴史であり、その点で貴重である。私は、この歴史に見られる五つの事実を指摘しよう。イスラエルといえども、最初のうちは、とりわけ王国の時代にあっては、すべての事物に対し正当な関係、すなわち自然な関係にあった。かのイスラエルのエホバは権力の意識の表現であり、自己に対する悦び、自己に寄せた希望の表現であった。人びとはエホバのうちに勝利と救済とを期待し、エホバとともに天地自然に信頼を寄せた、この民族が必要とするものを――なによりも雨を――与えてくれるのは自然であるという信頼を。エホバはイスラエルの神である、したがって正義の神である――これは、権力を掌握し、そこに良心の疚しさなぞを感じないすべての民族の示す論理にほかならない。民族の自己肯定のこういった両側面は、祭祀のうちに表現されている。民族は、繁栄隆昌をもたらす偉大なもろもろの運命に感謝し、四季の循環や牧畜農耕におけるあらゆる幸運に関して感謝の気持を表明する。――こうした事態は、内には無政府状態、外からはアッシリア人の来侵という悲しい経緯によって終りを告げた後も、なお久しく理想として生き残った。しかし、この民族が最高の願い事としてかたときも忘れたことのないものは、良き兵士にして峻厳な審判者である一人の王の幻影《ヴィジョン》、ほかでもない、あの典型的な預言者（すなわち時代の批判者にして諷刺家）であるイザヤその人であった。――にも拘わらず、希望という希望はどれ一つとして満たされたことはない。古き神は、その昔なし得た処の何事もいまはなし得なかった。これんな神なら捨ててしまうべきであったろう。ところが、ここでどういうことが起こったか。人びとは神の概念を変えたのだ。――神の概念から自然性を奪い、そういう犠牲を払ってまで、神を引き止めた。――「正義」の神エホバ――それはもはやイスラエルと一体のものではない。民族の自己感情の表現ではもはやない。条件つきの神でしかない。……神の概念は、僧侶的煽動家どもの手に握られた一個の道具となる。幸福と呼ばれるものはすべてこのときから神の与え給う報酬であり、不幸とはすべて神に対する不従順ゆえの、すなわち「罪」ゆえの刑罰である、煽動家どもはそう解釈する。「原因」と「結果」

という自然的概念を一挙にひっくり返した「道徳的世界秩序」と称されるあの嘘っぱちの解釈法が、これである。報酬と刑罰という二つの観念によって、ひとまず自然的因果律をこの世界から追っ払ってしまえば、あとには反自然的な因果律が必要となって来るだろう。そうなれば残りの反自然もことごとくこれに続いて現われることになろう。従来の助ける神、忠告してくれる神、勇気と自信との幸わせなインスピレーションの、所詮は代名詞にすぎない神——そういう神の代りに、要求する神が現われる。……道徳はもはや一民族の、生命や成長のための諸条件の表現ではない。民族の生の奥底にある本能とはもはや言えない。道徳は抽象的となり、生の対立物と化してしまうのだ。——人間の想像力を根本的に悪化させてしまう道徳。物事すべてに対して「悪意をもった眼差し」を向ける道徳。ユダヤ的道徳とはいったい何であろうか。キリスト教道徳とは何であるのか。偶然がその無邪気さを奪われてしまったこと、不幸が「罪」という概念で穢《けが》されていること、健全であることが危険、「誘惑」と看做されていること、単なる生理的不健全が良心の責め苦によって毒されていること……

二六[22]

神の概念は偽造されるに至った。道徳の概念も偽造された。——とはいえ、ユダヤの僧侶階級はここで立ち止まったわけではない。イスラエルの歴史の全貌を考察の対象にすることは、彼らには不可能なことであった。こんなものは捨ててしまえ！　彼らはそう考えた。——あの驚くべき偽造の事業をなし遂げたのはこれらの僧侶たちであり、聖書のかなりの部分が、その証拠としてわれわれの目の前に残されいる。いっさいの伝承、いっさいの歴史的現実に対して、ほかでは見られない激しい軽蔑感を抱きつつ、彼らは自分自身の民族的過去を、宗教的なものに翻訳した。というのは、エホバに対する罪、したがって罰、エホバに対する敬虔、したがって報酬、というばかばかしい救世のメカニズムに、彼らは民族の過去を仕立て上げて行ったということである。数千年にわたる教会側の歴史解釈のために、歴史に誠実であれという要求に対しわれわれを無感覚にしているために、このきわめて不名誉な歴史偽造の行為を、われわれはさして痛ましく感ずることが出来なくなっている。このような教会を支援して来たのが、しかも哲学者たちであった。「道徳的世界秩序」という嘘は、近代哲学の全発展を貫いているとさえいえる。「道徳的世界秩序」とはいったい何の意味だろう。神の意志が厳然と存在し、人間のなすべきこと、なすべからざることを決めているということ。民族や個人の価値が、神の意志に従うことの多いか少いかによって測られるということ。民族や個人の運命において、神の意志が支配するものとして、というのは服従の度合に応じて、それぞれ罰したり報いたりするものとして、証明されるということ、以上がその意味である。――憐れむべき虚偽である。こんな嘘ではなく、真相を申し上げておきたい。すなわち、生の健全な形成をもっぱら食いものにして栄える一種の寄生虫的な人間、僧侶が、神の名を濫用している、というだけのことである。僧侶は、物事の価値決定に自から采配のふるえる社会状態を、名づけて「神の国」と呼ぶ。また、そうした状態を達成したり維持したりする手段を、「神の意志」と称している。一種冷血なシニズムで、民族にせよ、時代にせよ、個人にせよ、僧侶の勢力に役立ったか逆ったかという一点が、測定の基準にされる。彼らの仕事ぶりを見るがよい。イスラエルの歴史における偉大な時代は、ユダヤの僧侶の手にかかって一種の衰退期にされてしまった。ユダヤ民族のあの流浪、あの久しきにわたる不幸の一時期は、偉大な時代――すなわち僧侶などがまだ物の数でもなかった時代に対する永劫の罰である、そういう考えに変わってしまった。イスラエルの歴史における逞しい、きわめて自由な性格の持主は、それぞれ必要に応じてくだらない卑屈不平の徒にされたり、あるいは「神を無みする者」に仕立て上げられた。歴史上のすべての大きな出来事の心理学を、彼らは、「神に対する従順、もしくは不従順」という白痴的方式にまで単純化したのである。――彼らはさらに一歩を進める。「神の意志」（すなわち僧侶の権力の維持条件）は、広く世間に知られなければならない。――この目的のために「啓示」が必要とされる。ありていに言えば、大掛かりな文献的偽造が必要だということであり、かくて「聖典」が発見されるという次第だ。――けばけばしい宗教儀式の限りをつくし、永年の「罪」に対する懺悔の日々と慟哭とを伴って、この聖典は公けにされる。「神の意志」はつとに確立されていたのであって、されば禍という禍はすべて、人びとが「聖典」を蔑《ないがしろ》にしていたそのことに因由する、というわけである。……「神の意志」はモーゼにすでに啓示されていたというのだ。……結局どういうことが起こったか。僧侶は、自分が所有したいと思うものを、これは「神が意志しているもの」と結局は同じことだが、厳密に、事こまかに、支払ってもらうべき大小の税金に至るまで、いっきょに公式化してしまった。（――その際、美味な肉切れ一片だって忘れはしない。僧侶はビフテキ愛好者だからだ。）これ以来、人生の諸事万般にわたって、いかなる場合にも僧侶なしでは成り立たない秩序が作られるに至ったのである。人生のあらゆる自然な出来事、「御供物」（食事）のことは言うに及ばず、出生や婚姻や病気や死といったものに際して、この神聖なる寄生虫は、これを非自然化するために――彼らの言葉でいえば「神聖化する」ために、登場するのである。……というのは、ぜひとも次の事を理解せねばならぬ。すべての自然な風習、自然な制度（国家、裁判所法、婚姻、病人や貧者の救済事業）、そしてすべての生の本能に発する要求、要するに、価値をそれ自身のうちに持っているものはいっさい、僧侶の（あるいは「道徳的世界秩序」の）寄生主義によって、根本的に、無価値なもの、反価値的なものにされてしまうということである。価値をそれ自身のうちに持っているはずのものが、後から価値の裁可を受ける必要が生じる、ということである。――はじめから価値のある事柄、そういう事柄の中の自然を否定して、まさにその否定によってはじめて、とある別の価値を創り出すこと、すなわち価値賦与的な権力が必要になって来るということである。……僧侶は自然から価値を奪い、神聖さを奪い取ってしまう。ともかくこうした犠牲を払うことによって僧侶は生き長らえているわけだ。――神に対する不従順、それはつまり僧侶に対する不従順、「律法」に対する不従順ということだが、それが今や「罪」という名称を得るのである。再び「神と和解する」手段は、理の当然として、僧侶への服従がなおいっそう根本的に保証される手段ということでしかない。もっぱら僧侶だけが「救う」のである。……心理学的に検討すれば、僧侶的に組織された社会はどんな社会でも、「罪」というものがなくては成り立たない。罪こそ権力の本当の把手であって、僧侶は罪を食いものにして生きているのだ。僧侶は、「罪が犯される」ことを必要とする。……最高の命題「神は悔い改むる者を赦し給う」――ありていに言えば、神は僧侶に屈服する者を赦し給う。――

二七[23]

キリスト教は、あるいつわりの地盤の上に成長した。すべての自然、すべての自然価値、すべての現実が、支配階級の心の奥底の本能とぶつかり合っているような地盤の上に成長した。キリスト教は、現実《レアリテート》に対する徹底的な敵意の形式であって、敵意という点ではこれと比肩できるものはほかにない。「聖なる民族」が、キリスト教に残して置いて行ったものは、ただ単に、諸事万般にわたる僧侶的価値、僧侶的言葉であったにすぎない。「聖なる民族」は、結論に至るまでの一貫した論理、恐怖感を与えかねないその徹底した論理の一貫性をもって、なおほかに地上に存続していた権力のいっさいを、「聖ならざるもの」、「俗世」、「罪」として退けてしまった。――そうした後で、この民族は自分の本能のための最後の方式、論理的であったためついには自己否定に達してしまうような方式を、作り出したのであった。すなわち、この民族が現実の最後の形式である「聖なる民族」「選ばれし民」というユダヤ的現実そのものを否定するに至ったのは、キリスト教としてである。かかる事件は第一級のものである。ナザレのイエスの名を冠せられているあの小さな暴動は、ユダヤ的本能の蒸し返しにほかならない。――別の言い方をすれば、現実としての僧侶というものにもはや耐え得ないところの僧侶本能なのであり、教会という組織がもたらす抽象性、非現実性に比べてさえも、いっそう抽象的な存在形式の発明、いっそう非現実的な世界幻像《ヴィジョン》の発明なのである。キリスト教は教会を否定するものである。……

イエスがその首謀者であると思われて来た暴動、あるいはそう誤解されて来たあの暴動が、ユダヤ教会に対する反乱でなかったとしたら、いったい何を目指して行われた反逆であったのか、私にはわけが分らない。――この場合、「教会」という言葉は、今日われわれが解している意味に厳密に解してのことである。それは「善にして正しき者」に対する反乱であった。「イスラエルの聖者」に対する反乱、この社会の僧職政治《ヒエラルヒー》に対する反乱であった。――社会の腐敗に対してではなく、階級、特権、秩序、形式に対する反乱であった。それは「身分の高い人間」に対する不信であった。僧侶や神学者的なもののいっさいに対して発せられた否であった。しかしながら、こうした反乱や否定によって、たとえほんの一時的にも疑問符を打たれたこの僧職政治こそ、ユダヤ民族が「洪水」の唯中でともかくも生き長らえることができた方舟であったのだ。――僧職政治は、民族が生き残るためにからくもかち得た最後の可能性、この民族の政治的特殊存在の最後に残された頼みの綱だった。とすれば、僧職政治へのこうした攻撃は、地上最大の民族本能、世にも強靱な民族生命意志に対し攻撃をし掛けたというにひとしい。かの聖なるアナキストは、下層の民衆、社会の除け者や「罪人」、ユダヤ教内のチャンダーラ〔インドの賤民、一三節注参照〕などを煽動して、支配的秩序に反抗するように仕向けた張本人であり、もし福音書を信用してよいなら、今日生きていたにしてもシベリヤ流刑に処されるであろうような言辞を弄した、一個の政治犯であった。不条理なまでに非政治的な当時の社会に、政治犯なるものがあり得たとしての話であるが。政治犯であったことが、彼を十字架につけたのだ。その証拠は、十字架にしるされた罪標《すてふだ》の文句〔「これはユダヤ人の王イエスなり」『マタイ伝』二七の三七、『マルコ伝』一五の二六、『ルカ伝』二三の三八、『ヨハネ伝』一九の一九〕である。彼は自分の罪のために死んだのだ。――彼が他人の罪のために死んだというような話は、いかにしばしば主張されて来たにせよ、なに一つ根拠はない。――

二八

イエスはユダヤの僧職政治に対し自分がこのような対立的存在であることを果して自覚していたかどうかということ、これはまったく別問題である。——彼はたかだか対立的存在と人から思われていただけではなかったか。ここではじめて、私は救世主《イエス》の心理学の問題に触れる。——私は、福音書ほど読みづらい書物は少いということを、告白する。読みづらいといっても、かつてドイツ精神の学問的好奇心が、やはり福音書の読みづらさを検証することにかけて最も感銘的な勝利を収めたときのあの困難とは、まったく別個の困難である。かつては私もまた、人並の若い学徒の例にもれず、精緻を尽くす文献学者特有の賢明な悠長さをもって、比類ないシュトラウスの著作を心ゆくまで味わわせてもらったものだが、それも遠い昔話になってしまった。あの当時私は二十歳であった〔ニーチェはシュトラウスの『イエス伝』を一八六四年ボンで読んだ〕。今ではそんなことをするには、私はあまりに厳粛である。「伝承」のいろいろの矛盾など今の私に何の関係があろう。そもそも聖徒伝説のごときをどうして「伝承」と呼ぶことが出来よう！　聖徒の物語などは、およそあり得る限りの最も曖昧な文献である。こんなものに学問的方法を適用するなどということは、ほかになんら原典が存在しない以上、私にはのっけから無駄な事だと思われる。——単なる学者の暇潰しだと思われる。……

二九

私に関わりがあるのは、救世主《イエス》の心理学的タイプである。タイプの問題なら福音書の中に含まれているかもしれぬからだ。というより、福音書にも拘わらず、と言った方がよい。たとえそれが福音書の中ではどんなに不具化され、異質の特徴をいっぱい背負い込まされていようとも。ちょうどアッシジのフランチェスコの心理学的類型《タイプ》が、彼の伝説のなかに、伝説にも拘わらず、保存されているようなものだ。彼が何を行ったか、何を語ったか、いったいどんな風に死んだのか、そういうことについての真実が問題なのではない。果して彼のような型《タイプ》がなお想像できるのかどうか、彼の型が伝承されているのかどうか、といったことこそ問題なのである。――福音書から、ある「魂」の歴史まで読み取ろうとするような、よくお目にかかるいろいろな試みは、私には一種の嫌悪すべき心理学的軽薄の証拠だと思われる。ルナン氏、心理学的事柄におけるこの道化役者は、イエスという型を説明するためにおよそあり得る限り最も不適切な二つの概念を持ち出している。すなわち天才という概念と、英雄 héros という概念だ。しかし何が非福音書的なものかといって、およそ英雄という概念ほど非福音書的なものはない。争闘することは何事であれ反対、自己が戦闘状態にあるという感情にはすべてこれ反対――まさしくこの反対がここ福音書においては本能になっているのだ。抵抗の無能力がここではモラルとなっている。(「悪しき者に逆うなかれ！」〔『マタイ伝』五の三九〕は、福音書の最も深い言葉であり、ある意味におけるその鍵である。)(24) 平和における至福、柔和における至福、敵対不可能における至福、これがモラルとなっている。「福音」とは何を意味するか。まことの生命《いのち》、永遠の生命が発見されているということ。――それは約束ではない、それは現に存在している、汝らのうちにある。愛の中にある生命《いのち》として、値引きも見切りもしない正味の愛の中、距たりのない愛の中にある生命《いのち》として。万人が神の子である。――イエスは決して何事をも一人占めにはしない。神の子として各人は各人と平等である……等々。こんなイエスを英雄に仕立てあげるとは！　――そして「天才」という言葉もまったく何という誤解だろう！「精神」というわれわれが用いている概念、われわれの文化概念は、イエスが生きている世界においてはまったく意味をなさない。生理学者の厳密さをもって言うなら、ここではむしろ、まったく別の言葉を用いる方がふさわしいと言えるだろう。まったく別の言葉、すなわち、白痴[25]。われわれは触覚が病的なほど鋭敏になる状態を知っている。そういう状態になると、なにか固いものに触れたり、摑んだりすることを無闇と恐がるものである。そういった生理的習性をとことんまで論理的に翻訳し直してみるがよい。――あらゆる現実に対する本能的憎悪、といったものに帰着するはずである。「摑みようのないもの」、「捉えようのないもの」への逃避となるはずである。あらゆる形式、あらゆる時間・空間の概念、すべて確乎として、風習、制度、教会である処のもの、いっさいに対する反感になるはずである。いかなる種類の現実も、もはや接触しない世界、単なる「内面」の世界、「真」の世界、「永遠」の世界に落ち着くことになるはずである。……「神の国は汝らのうちに在り」〔『ルカ伝』一七の二〇〕……

三〇

現実に対する本能的憎悪、これは苦悩や刺戟に対しひどく感じやすい感受能力の結果である。どんな接触をも痛ましいほど深刻に感じるので、およそもう二度と「触って」などいただきたくないというような感受性の結果なのだ。

苦悩や刺戟に対して極端に敏感なこの感受性は、嫌悪感を、敵愾心を、感情の中の限界や距離を、いっさい本能的に閉め出してしまう。それは、心の中のどんな抵抗感をも不快と感ずる。抵抗せざるを得ないと思うただそれだけのことを早くも耐えがたい不快と感ずる。（すなわち、抵抗することは、有害であり、自己保存本能に差し止められている、と感じている。）そしてもはや抵抗しないこと、もはや何人《なにびと》にも、禍に対しても、悪に対しても、抵抗しないでいることにのみ、至福（快感）を認めている。——愛を唯一の、そしてまた最後の生の可能性と看做すとは、このことである。……

以上が二つの生理学的現実であって、これに基づいて、あるいはこの現実の中から、キリスト教の救済の教えが発生したのである。私はこの教えを、徹底した病的な基礎における快楽主義《ヘドニスムス》の崇高な発展と名づけている。この教えに最も似通っているのは、やはりエピクロス主義、異教の救済の教えである、尤も後者にはギリシア的な活力と神経力とが大いに付け加わっているのではあるが。エピクロスは典型的な、デカダンなのだ。それをはじめて見破ったのはこの私である。——苦痛に対する恐怖、ごくごく些細な苦痛に対してさえ恐怖を感ずること——こんな恐怖感は、結局、愛の宗教にでも行き着くよりほかに仕方のないものなのだ。……

三一[26]

救世主《イエス》の型《タイプ》という問題に、私はいち早く答えを出してしまったかたちだ。この答えの前提をなすのは、われわれには救世主《イエス》の型がひどく歪曲された姿でしか保存されていない、ということである。歪曲が行われたということ自体は、大いにありそうな話である。救世主《イエス》の型は、さまざまな理由から、純粋のまま、まったく元のままではあり得ぬはずだし、何らの付け加えもなかったとは考えられない。第一に、この異様な人物が活動した環境が人物の型に痕跡を留めずにはおかなかったろうし、さらにそれ以上に、初代キリスト教団の歴史、およびその運命が与えた痕跡というものが残っているはずである。運命のゆえに、過去に遡って、救世主の型にいろいろな特徴が豊かに盛り込まれるに至ったが、いずれも戦争や、宣伝の目的と解してはじめて納得がゆく特徴ばかりである。福音書がわれわれを導き入れるあの奇妙な病的な世界——まるでロシアの小説にでも出て来そうな、社会の屑や、神経病や、「子供のような」白痴の群れが密《ひそか》に密会しているように見える世界[27]——これはどうあっても救世主《イエス》の型を粗っぽいものにせずにはおかない。とりわけ初期の使徒たちは、象徴や曖昧の中に漂っている一つの存在を、せめてその幾分なりとも理解しようとして、いかにも弟子らしい不消化物に翻訳してしまった。——使徒たちにとって、救世主《イエス》の型は、既知の形式に当て嵌めた後ではじめて、存在することとなったのであった。……予言者、メシア、未来の審判者、道徳の説教者、魔術者、洗礼者ヨハネ——これらはことごとく救世主《イエス》の型を見誤まる機会を与えたにすぎない。……ところで最後に、われわれは大なる崇拝心というもの、ことに特定宗派の崇拝心というものの固有な性格を、軽く見ないようにしたい。強い崇拝心は、崇拝の相手の独特な特徴、ときにははなはだしく異様な特徴、特異体質などを消し去ってしまうものである。崇拝心は崇拝そのものを見つめはしない。このまことに興味ぶかいデカダンの傍に、ドストエフスキーのような人物がいなかったことはいかにも残念である。このような崇高さと、病的なものと、子供らしさとの混淆の放つ感動的な魅力を感じ取ることが出来るような人が誰かいてくれたら、と私は思うのだ。ところで、この問題に関する最後の観点について述べよう。――救世主の型は、デカダンスの型である以上、一風変わった多様性や矛盾性を事実上孕んでいたかもしれない、という点である。そういう可能性が完全になかったとは言いきれない。にも拘わらず、そういう可能性を考えるのは止めたまえ、と誰でもが言う。もし探求を止めてしまった場合には、今日残されている伝承こそ、いちじるしく現実に忠実、かつ客観的な伝承ということにならざるを得まい。だが、その反対を仮定するもろもろの論拠をわれわれは持っている。差し当って、一つの矛盾を指摘する。山上や湖畔や草原の説教者と、神学者や僧侶に敵意を燃やしたあの攻撃的な狂信家と、救世主《イエス》のイメージはこの二つに完全に分裂している。前者の現われ方は、きわめてインド的でない土地に立ちながら何か仏陀を思わせるものがあるし、後者は、ルナンの悪意がかつて「皮肉の大家《イロニー》」[28]と讃えた相手である。私自身の見解では、これは疑いもなく、キリスト教宣伝の興奮状態から、多量の胆汁(そしてエスプリさえも)が師の型の上、救世主の型の上に溢れ出したのだと見る。特定宗派に凝り固まった者が、何のためらいもなく自分の師の中から自分の弁明を都合よく拵《こしら》えようとする無遠慮さを、われわれはいやというほど知っている。初代の教団が一人の審判し論争し憤怒する神学者、意地悪く抜け目なく振舞う神学者を必要としたとき、しかも他の神学者たちに対抗するためにこれを必要としたときに、教団は彼らの「神」を、彼らの必要に応じて創造したことになるわけなのだ。「再臨」とか「最後の審判」といった、教団としては今では欠くことの出来ないあのまったく非福音書的な諸概念、つまりあらゆる種類の時間的な期待と約束さえをも、教団は何のためらいもなく神の口を通して語らせたのであった。――

三二[29]

再度言っておくが、救世主《イエス》の型《タイプ》の中に狂信家というイメージを持ち込むことには、私は反対である。ルナンが使っている impérieux（命令的）という一語だけでも、すでにこの型のぶちこわしだ。「福音」とは、いかなる対立ももはや存在しないということにほかならない。天国は子供たちのものである。ここで説かれている信仰は、戦い取られた信仰ではない。――信仰は現にここに在る、はじめから在る、それはいわば精神的なものへ退化した処の子供らしさである。退化に引き続いて起こる現象は、器官が発育不全のため思春期が遅れるという症例であり、これは少くとも生理学者にはよく知られたことである。――こういう信仰は怒りを知らない。他人を咎め立てしない。わが身を防衛しない。それは「剣」を携えてはいない〔『マタイ伝』一〇の三四〕。――この信仰は人の仲をいずれどの程度まで引き裂くことになるか、少しも気づいていない。奇蹟によっても、報酬や約束によっても、さらには「聖書によって」も、この信仰は証明されはしない。信仰自体が、瞬間ごとに、その奇蹟であり、その報いであり、その証明であり、その「神の国」なのだ。このような信仰は自己を言葉で定式化することもしない。――それは生きる。それは言葉の定式を退ける。もちろん、環境、使用言語、先行文化といった偶然が、さまざまな概念のある程度の範囲を決めてはいよう。つまり、初期のキリスト教は単にさまざまなユダヤ的セム族的概念を用いているだけである。（――晩餐における飲食がその一つである、すべてのユダヤ的なものと同様、教会によってひどく濫用されたあの概念である[30]。）しかし、こうした概念を、どうか一つの記号法、症候学以上のものとは、つまり比喩への機会以上のものとは看做さないように用心してほしい。この反現《アンチ》実主義者《レアリスト》イエスにとって、言葉は一つとして文字通りには解されないということこそ、およそ彼が言葉を語り得るための前提条件なのだ。インド人の間にいたら、彼は数論派《サーンキヤ》〔古代インド六正統派哲学の一つ。物質原理と霊魂原理の二元から宇宙展開を説く〕の概念を用いたろうし、支那人の間でなら、老子の概念を利用したであろう。——しかも、その際、何ら差異を感じたりはすまい。いささか大まかな言い方をすれば、イエスを一個の「自由精神」と呼ぶことが出来るかもしれない。——イエスは固定したものはすべて尊重しない。言葉は殺す。すべて固定したものは殺す。イエス一人が知っている「生」という概念、生という経験は、あらゆるたぐいの言葉、方式、律法、信仰、教義《ドグマ》に反するものである。イエスは最も内面的なものについてしか語らない。「生命《いのち》」、あるいは「真理《まこと》」、あるいは「光」は、この内面的なものを表わす彼の言葉である〔例えば『ヨハネ伝』一四の六〕。——これ以外のもの、全現実《レアリテート》、全自然、言葉そのものは、イエスにとっては単に記号としての価値、比喩としての価値しかない。——キリスト教的な偏見、つまり教会的な偏見にうかうかと乗せられそうな誘惑がいかに大でも、以上の点を摑み損うことだけは絶対にあってはならない。イエスのような選り抜きの象徴主義者は、あらゆる宗教、あらゆる礼拝概念、あらゆる歴史、あらゆる自然科学、あらゆる処世術、あらゆる知識、あらゆる政治、あらゆる心理学、あらゆる書物、あらゆる芸術の外に立っているのである。——イエスの「知」は、これら各種各様のものが存在するという事実については、純粋な痴愚[31]以外の何ものでもない。文化というものを、彼は噂にも知らなかった。文化に対する戦いを彼は必要としない。——彼は文化を否定しない。……同じことが国家について言える。市民的秩序と社会全体について、労働について、戦争について言える。——イエスは「俗世」を否定する理由を持ったことがかつて一度もなかったのだ。「俗世」という教会的概念をまったく予感しなかったのである。……イエスには、否定するということが、まさしく完全な不可能事だ。――同じように、イエスには、弁証法が欠けている。信仰、「真理」が、いろいろな根拠を並べれば証明できるという観念は、彼にはない。(――イエスの証明は内なる「光」であり、内的な快感および自己肯定であり、すべては「効力の証明」〔「コリント前書」二の四〕に尽きるといってよい。――)こういう教えは、他の教えに対して反駁を加えるということさえ出来ないだろう。他の教えが存在すること、存在し得るということをぜんぜん理解しないからである。反対の判断というものを想像するすべをまったく知らないのだ。……反対の判断に出会えばもう衷心からの同情をもって相手が「盲目」であることを――自分には「光」が見えるのだから――悲しむことであろうが、――しかし、かくべつ相手に異議を唱えることはあるまい。……

三三[32]

「福音」の心理学全体には、罪《シュルト》と罰の概念が欠けている。報いという概念もない。「罪《ジュンデ》」すなわち神と人との間の距りの関係はすべて、取り払われている――ということこそまさしく「福音」にほかならない。浄福というものは約束ごとではないのだ。それは条件に結びつけられてはいない。浄福は唯一の現実である。――それ以外のことは、浄福について語るための記号なのである。……

このような状態の結果は、一つの新しい実行、本来的に福音書的な実行の中に投影されることになる。キリスト者は「信仰」によって他から区別されるのでは決してない。キリスト者は行動する、キリスト者は違った行動によって他から区別されるのだ。自分に悪意を抱いている者に対して、言葉によってもまた心の中でも決して抵抗しないということ。異邦人と同国人、ユダヤ人と非ユダヤ人とを何ら差別しないということ、(「隣人」とは昔の信仰仲間、ユダヤ人のことである)。何人《なにびと》に対しても怒りを見せず、何人をも蔑《さげす》まないこと。法廷に訴え出ることもせず、法廷に喚問されることもないということ。(「誓う勿れ」〔『マタイ伝』五の三三〕(33)である。)たとえ妻の不貞が証明された場合でも、事情はどうあろうと、妻を離縁にしないということ。——すべてこういったことは、もとをただせば一つの命題なのであり、一つの本能の結果なのである。——

救世主《イエス》の生涯とは、ほかでもない、こうしたことの実行であったのだ。——彼の死もまた、実行以外のいかなることでもなかった。……救世主《イエス》は、神と交わるために何らの方式、何らの儀式ももはや必要とはしなかった。祈りさえ必要ではなかった。救世主《イエス》は、ユダヤ的な悔い改めと贖いの教えをことごとく清算したのである。自分が「神的」で「浄福」にみち「福音的」であると感じ、自分はつねに「神の子」であると感じているためには、ひとえに生の実行による以外にはない、救世主《イエス》はそう心得たのである。「悔い改め」も、「赦しを求める祈り」も、どちらも神へ至る道ではない。ひとり福音的な実行のみが神へ至るのであり、実行こそはまさに「神」である!——福音によって片づけられたものといえば、「罪《ジュンデ》」、「罪の赦し」、「信仰」、「信仰による救い」という諸概念を持ったあのユダヤ教である。——全ユダヤ教会の教えは、「福音」において、否定されてしまったのである。

他にどんな遣り方をしてみても「天国に」生きているという感じがどうしても摑めない、こんなときにはどのような生き方をすれば、自分は「天国に」いる、自分は「永遠」であると感ずるようになれるのだろう——こういう疑問への深い本能、もっぱらこの本能のみが、「救済」の心理学的現実だ。——一つの新しい生活の仕方。決して信仰ではない。……

三四[31]

私がこの偉大な象徴主義者について何事か理解する処があるとすれば、それは、彼が内的な現実のみを現実として、「真実」として受け取ったという点である。——彼がそれ以外のもの、あらゆる自然的なもの、時間的なもの、空間的なもの、歴史的なものをただ単に記号として、比喩への機会としてしか理解しなかった、という点である。「人の子」という概念[35]は、歴史に属する誰かある具体的な人物ではない。何か個々のもの、一回的なものではない。それは「永遠」の事実性、時間概念から解放された心理学的な象徴なのだ。同じことがもう一度、しかも最高の意味で、この典型的な象徴主義者の神についても、さらに「神の国」、「天国」、「神の子たること」についても当て嵌まるだろう。だから人格としての神とか、来るべき「神の国」とか、彼岸なる「天国」とか、三位一体の第二人格としての「神の子」といった教会的不消化物より以上に、非キリスト教的なものはないということになる。右に挙げたものはすべてみな——私のこの言い方を許して貰いたい——木に竹を接《つ》ぐたぐいの見当外れだ。——それも、おお、どんな木に接ぐと思う！——福音という木に接ぐのである。これは象徴というものを愚弄する世界史的シニズムとでも言うべきものであろう。……ところで、「父」と「子」という記号が何を示唆しているかは、掌《たなごころ》を指すように明白なことである。——といっても誰の掌でもいいとは限らない、それくらいのことは私も認める。――「子」という言葉は、万物隈なく光明が遍在する感情（浄福感）に歩み入ることを表わしており、「父」という言葉は、この感情そのもの、永遠感、完成感を表わしている。――以上のような象徴主義が教会によってその後どのようなものにでっち上げられて行ったか、思い出して貰うさえ恥ずかしいくらいだ。キリスト教「信仰」の始まる戸口に、教会は、一種のアンピトリュオン物語[33]を設置したのではなかったか。さらにそればかりか、「無垢受胎」というドグマまで設定したのではなかったか。……だが、こうすることによって、教会は受胎ということを汚らわしいものにしてしまったのだ。――――

「天国」とは心の状態のことである。――「地のはるか彼方に」あるいは「死後に」やって来る何ものかなのではない。自然死という概念が福音書の中にはぜんぜんない。福音書によれば、死は橋でもないし、過程でもない。死というものは存在しないのだ。なぜなら死はまったく別個の、単に見掛けだけの、単に記号にしか役立たない世界に属しているのだから。「死期」は、キリスト教的概念とは言えない。――「時刻」、時間、肉体的生命とその危機というようなものは、「福音」の師にとって、ぜんぜん存在しない。……「神の国」は待って得られるようなものではない。そこには昨日もなければ明後日もない。「千年」〔ヨハネ黙示録二〇の四〕経っても来るものではない。――「神の国」は心における一つの経験である。それは至る処にある、それは何処にもない。……

三五[37]

この「福音の使者」は、彼が生きて来た通りに、教えて来た通りに死んだ。——「人間を救済する」ためではなく、いかに生くべきかを示すために死んだ。彼が人類に残して行ったものは、実行である。すなわち裁判官や捕吏や告発者、あらゆる種類の誹謗や嘲りを前にしたときの彼のとった態度——十字架上の彼の態度である。彼は手向かいしない。自分の権利を擁護しない。最悪の事態にならぬよう身を護る処置をぜんぜん講じない。そればかりではない、彼は最悪の事態を挑発している。……彼は、自分に害を加える人びとと一緒になって、その人たちの中に立ち混じって、嘆願し、悩み、愛している。彼とともに十字架に掛けられた盗賊たちに、彼が述べた言葉は福音の全体を含んでいる。「誠に此人は神の人なり、神の子なり」と盗賊が言えば、「汝此事を悟りたれば、汝は楽園に在るべし、神の子になるべし」と救世主《イエス》は答える[38]。わが身を護ることもなく、怒りも見せず、責を問うこともしない。……悪人にも手向かいせず、——これを愛する……

三六[39]

——われわれにしてはじめて、われわれ自由になった精神にしてはじめて、十九回もの世紀が誤解して来た問題を、ついに理解する前提条件を満たしたのだ。——本能とも情熱ともなった誠実さ、他のいかなる嘘にも勝って「神聖な嘘に戦いを挑んだ誠実さを、われわれがはじめて身につけたのである。……あのように異常な、あのように繊細な嘘を見破ることが出来たのは、ひとえにわれわれの心の籠もった慎重な中立性、精神の訓練によるものだが、世間の人びとは中立性からも、精神の訓練からもじつにお話にならぬほど距った暮し方をして来た。人びとはいつの時代も、恥しらずな我欲を抱いて、「神聖な嘘[40]」のうちにもっぱら己れの利益だけを欲して来た。彼らは福音とは正反対のものから教会を築きあげたのであった。……

壮大な世界的演劇の背後で皮肉《イローニッシュ》な神性がその指を操っているしるしを探し求める人ならば、キリスト教と呼ばれる巨大な疑問符のうちに、決して小さくはない手掛りを見出すであろう。福音の根源、意味、権利であったものとは正反対のものの前に人類が平《ひ》れ伏しているという事実、「福音の使者」がすでに自分の下、自分の背後に片づけたと感じている同じものを、人類が「教会」の概念において神聖なものと宣言して来た事実、——これに勝る大がかりな世界史的皮肉の形式は探そうとしても無駄であろう。——

三七

——現代は、歴史的感覚を誇りにしている時代だ。この現代がどうしてあんな不合理な話を信じ込むことが出来たのだろう。キリスト教の発端には魔術師・救世主という雑駁な寓話があるという話、——そしてすべての唯心的なもの・象徴的なものは後年ここからはじめて発展したものだという話を。事実はその反対である。キリスト教の歴史は――ことに十字架上の死以後は――ある根源を成している象徴主義を一歩一歩しだいに粗雑に誤解して行く歴史なのだ。いよいよ広範囲に、いよいよ粗野な大衆の上にキリスト教が拡がって行くにつれて、大衆はキリスト教誕生の前提条件からしだいに遠ざかり、そのたびに、キリスト教を卑俗化し、野蛮化することがいっそう必要になった。――キリスト教は、ローマ帝国の地下的礼拝の教義や儀式をすべてまる呑みにした。あらゆる種類の病的な理性の産む不合理な話を、キリスト教はすべてまる呑みにした。キリスト教の信仰によって満たされるはずの欲求はどだい病的で、低劣で、俗悪であっただけに、その信仰そのものも、同じように病的で、低劣で、俗悪にならざるを得なかったということ、この必然性のうちにキリスト教の運命は横たわっている。病的な野蛮性そのものは、ついに、教会という姿を借りて、権力にまで結集する。――教会、このあらゆる誠実に対する敵意の形式。あらゆる魂の高さに対する、あらゆる精神の訓練に対する、そしてあらゆる公明温良なる人間性に対する不倶戴天の敵意の形式。――キリスト教的価値と、――そして高貴な価値、この地上最大の価値の対立をはじめて再建したのはわれわれである。われわれ自由になった精神である！――

三八

――私はここに至って歎息を抑えることが出来ない。このうえなく暗然とした憂鬱感《メランコリー》よりも、はるかに暗然とした感情が私に襲いかかる日がある。――人間軽蔑、この感情である。私が何を軽蔑し、誰を軽蔑しているか、疑いを残さぬようにしておきたい。私が軽蔑しているのは、今日の人間、私が宿命的に時代を共にしている人間だ。今日の人間——私はその不純な呼吸に窒息している。……過ぎ去った事柄に対しては、私はすべての認識者と同様、大らかな寛容心、すなわち雅量のある自制心を持っている。私は、数千年にわたる気違い病院的世界を通過する。この世界が「キリスト教」、「キリスト教的信仰」、「キリスト教教会」と呼ばれた世界であるにせよないにせよ、ともかく私は不機嫌に、用心深く、ここを通過する。——私は人類に精神病の責任を負わせようとは決して思わない。が、いったん近代に、われわれの時代に足を踏み入れるや否や、私の感情は急激に変り、爆発する。われわれの時代は自覚的な時代だ。……かつては単に病気で済んだものが、今日では不作法ということになるのだ。——今日キリスト者であることは、不作法なことだ。そしてここに私の嘔吐が始まる。——私は周りを見渡す。かつて「真理」と呼ばれたものは、今ではもはやその一語も残っていない。僧侶が「真理」という言葉を口にしただけで、われわれはもう我慢すら出来ない。よしんば誠実さに対しごく控え目な要求しかしないとしても、神学者、僧侶、法王などはひとこと口にするたびごとに間違いを犯すばかりではなく、嘘をついているという事実を、今日われわれはいやでも悟らぬわけにはいかない。——そして彼らにはもはや「無邪気」から、「無知」から嘘をつくなどという勝手は許されていないという事実も、悟らねばならない。僧侶にしてからが、誰でも知っている程度には、もはや「神」など存在しないということを、知っているのだ。「罪人《つみびと》」もないし、「救世主」もないということを。——そして「自由意志」、「道徳的世界秩序」とは嘘であるということを。——精神の真摯さ、その深い自己超克は、こんなことを知らないで済ませていることをもはや何人《なにびと》にも許さないであろう。……教会の概念はすべてその正体を見破られている。教会の概念というのは、自然、自然的価値から価値を奪い去ることを目的とする世にも悪質な贋金つくりである、と、僧侶そのものがその本性を見抜かれているのだ。僧侶とは最も危険な種類の寄生虫、生の本来の毒蜘蛛である、と。……僧侶と教会のあの薄気味わるい発明品――「彼岸」、「最後の審判」、「霊魂不滅」、「霊魂」そのもの、これらの諸概念によって、見るからに胸糞が悪くなるあの人類の自己汚辱の状態が達成されたわけであるが、こんな発明品が、そもそもいかなる値打ちのものか、どんな役に立って来たのか、今日ではわれわれが承知している。われわれの良心が知っている。すなわち、それは拷問の道具だ。そのおかげで僧侶が支配者となり、支配者として留まり得た残虐の体系だ。……こんなことは誰でも知っている。しかも、それにも拘わらず、いっさいは昔のままだ。普段には非常に囚われのない種類の人間であり、行動の上では徹底的な反キリスト者である現代の政治家諸公[41]でさえもが、今日なおキリスト者を名乗り、聖餐式に列席している有様では、そもそも礼節品位という、自己自身への尊敬という、あの最後の感情は何処へ行ってしまったといえるのか。……麾下の聯隊の先頭に立つ若き君主[42]は、なるほどその国民の我欲と自負心の表現として華々しい――だが、その君主が何らの羞《はじ》らいもなく、余はキリスト者なり、と公言するに至っては！　……キリスト教はそもそもいかなる人間を否定していたであろうか？　いかなる世界を「俗世」と呼んでいたであろうか？　人が兵士であること、人が裁判官であること、人が愛国者であること、それをではなかったか。人が身を衛ること、人がおのれの名誉を重んずること、人がおのれの利益を欲すること、人が誇りを持つこと、それをではなかったか。……今日では、すべての瞬間のすべての実践、すべての本能、実行となって表われるすべての価値評価は、ことごとく反キリスト教的である。それなのに、近代の人間ときては、なお自らをキリスト者と称して恬《てん》として恥じない。これを見ると、近代の人間とは何という贋ものの畸型児であることかと言わざるを得ないであろう！ ――――

三九

――話をもとに戻して、私はキリスト教の本当の歴史を物語ることにしよう。――すでにキリスト教という言葉が、一つの誤解だ。――つき詰めていけば、キリスト教徒はただ一人しかいなかった。そしてその人は十字架につけられて死んだのだ。「福音」は、十字架上で死んだのだ。この一刻を境にして、以後「福音」と呼ばれたものは、すでに、この人物が身をもって生きたものの反対物であった。すなわち、「悪しき音信」であり、禍音であった。キリスト教徒であることのしるしを「信仰」のうちに、例えばキリストによる救済信仰のうちに見るがごときは、ばかばかしいほどの誤りである。ひとえにキリスト教的実行、十字架上で死んだ人が身をもって生きたような生活のみが、キリスト教的なのだ。……今日なおそのような生活は可能である。ある種の人間には必要ですらある。本当の、根源的なキリスト教はいつの時代にも可能であるだろう。……信仰ではなくて、行為である。とりわけ、多くを行為しないこと、別種の存在になりきることだ。……意識の諸状態、例えば何かを信じたり何かを真理と看做したりすることは――心理学者なら誰でも知っていることだが――本能の価値に比べればまったく取るに足らぬことであり、五級どころの意味しかない。より厳密にいうなら、精神上の因果関係に関する概念そのものが誤謬である。キリスト者であること、キリスト教徒としての本質を、何かを真理と看做すかどうかといった問題に還元することは、つまり、単なる意識の現象性に還元することは、キリスト教徒としての本質を否定することにほかならない。実際には一人のキリスト者も存在しなかった。「キリスト者」とは、いいかえれば二千年来キリスト教徒と呼ばれて来た者とは、単に一つの心理学的自己誤解にすぎない。さらに詳しくみるなら、あらゆる「信仰」にも拘わらず、キリスト者のうちには、単に本能が巣くっていたにすぎない。――しかも何という本能であろう！――いつの時代でも、例えばルターの場合でも、「信仰」とは本能がその背後に隠れて演技を演じて来たマントであり、口実であり、垂れ幕にすぎなかった。――信仰とは、ある種の本能が支配していることを蔽い隠す巧妙な盲目にすぎなかった。……「信仰」――私はすでにこれを名づけて、本来のキリスト教的巧妙と呼んだ。人びとはいつも「信仰」を口にしながら、いつも本能によってしか行為しなかったのだ。……キリスト教の表象世界においては、わずかでも現実を示唆するようなものは、現われては来ない。これに反して、現実に対する本能的憎悪が、キリスト教の土台における原動力、唯一の原動力である、とわれわれは見たのである。ここからどういう結果が出て来るか。心理学的な事柄においても、錯誤が根本的であること、錯誤が本質規定的、すなわち錯誤が実体だということ、これが結果である。たった一つの概念でもここから取り去ってみるがよい。その概念の代りにただ一片の現実《レアリテート》でも置き換えてみるがよい。――そうすれば、全キリスト教は無の中に転げこむ！――このあらゆる事実の中で最も異様なる事実、錯誤を前提とするばかりでなく、もっぱら有害な錯誤のみを、もっぱら生を毒し、心情を毒する錯誤のみを発明する才にたけ、発明にかけては天才的ですらあるこの宗教、はるか高所からこの宗教を見下ろせば、これもまたいぜんとして神々のための一個のお芝居であることに変りはなかろう。――お芝居を観覧するのは、哲学者でもある神々、例えば私がナクソス島でのあの有名な対話[43]で出逢った処の神々

〔ディオニュソスとアリアドネ〕だ。嘔吐が神々から、（――そしてわれわれから！）去った瞬間に、神々はキリスト者のこのお芝居に感謝なさるであろう。地球と呼ばれるこの小さな可憐な星も、あるいはこの奇妙な事件のためだけで、神々の一瞥、神々の関心を惹きつけるに値するかもしれない。……とすれば、われわれとてもキリスト者を侮りはすまい。無邪気なまでにいかさまなキリスト者、これは猿をはるかに超え出ている。――周知の動物進化論も、キリスト者に関しては、ほんのお世辞になるだけだ。……

四〇[44]

福音の運命は、死とともに決した。――福音は、「十字架」に掛かった。……死、この予期もしない汚辱の死、一般に悪党にしか用いられなかった十字架、これらのことがあってはじめて――この最も戦慄的な逆説《パラドックス》に出会ってはじめて、使徒たちは本来の謎に直面するに至ったのである。「あれは誰であったのか？　あれは何ごとであったのか？」――掻き乱され、心底まで侮辱された使徒たちの感情、このような死は自分たちの大事の否定になるのではあるまいかという邪推、「こともあろうに何故こんなことに？」という恐しい疑問符――使徒たちの置かれたこのような状態は十分すぎるほど納得がゆくことである。彼らにしてみれば、万事が必然的であり、意味、条理、最高の条理をもった事件であって貰わなければならない。弟子の愛情とは偶然を知らないものである。ここに至ってはじめて、裂け目が大きく口を開いたのである。「誰がこの方を殺害したのか？　誰がこの方の本来の敵であったのか？」――この疑問が稲妻のように閃《ひらめ》いたのであった。その答、支配権を握るユダヤ人勢力、その最上流階級。使徒たちはこの瞬間から以後自分たちを秩序に背く叛逆のうちにあるものと感じた。彼らはその後イエスその人をも、秩序に背く反逆側に与する人として理解した。このとき以前には、戦闘的な、この否《いな》を言い、否を行う特徴は、イエスという人物像の中にはなかったものである。それどころではない、イエスはこうしたものの反対の人物であったのだ。使徒たちの司る小さな教団が、一番肝腎な点を理解しなかったことは明かなことである。イエスのような模範的な死に方、ルサンチマンの感情をごとごとく超え出たあの自由感、超越感を、彼らは理解しなかったのである。――そもそも弟子というものがいかにイエスを解することが少かったかの一つのしるしである！　もともとイエスとしては、死を通じて、自分の教えの最も力強い見本、証明を、広く世間に知らせるということ以外に他意があろうはずはなかった。……ところが弟子たちにしてみれば、この死を赦すなどとは思いもよらぬことであった。――赦すこと、それこそ最高の意味で福音的なことであったろうが。そうであってみれば、弟子たちは柔和なやさしい心のうちに、従容《しょうよう》としてわが身を同じ死に差し出すなどとは、思いもかけぬことであった。……彼らの間に再び盛りあがって来たのは、ほかでもない、もっとも非福音的な感情、復讐感である。こんな死で事態にけりをつけるなどあってよいはずのことではない。彼らはここに「報復」、「審判」を必要とするに至った。（――しかし、「報復」、「刑罰」、「審判する」ということ以上に、非福音書的なものがあり得るだろうか！）またまた通俗的なメシアへの待望が前面に出て来ることになったのだ。歴史上の一つの瞬間に目標が定められ、「神の国」がその敵を裁くために現われる、というのであるが……だが、これでは、何もかもが誤解というほかばない。「神の国」が最後の幕だとは！　約束だとは！　福音とは、「神の国」が現に存在しているという、まさにそのことであったはずだ。福音とは、

「神の国」が現に実現しているというそのことであり、その現実ではなかったか。イエスが見せたような死こそ、まさしく「神の国」であったはずである。こうした誤解においてはじめて、パリサイ人や神学者たちに対する弟子たちの軽蔑と憤慨が、師の型のなかに一切合財もち込まれたのであり、——それによってイエスその人が一個のパリサイ人、一個の神学者といったものにされてしまった！ 他面、このまったく調子の狂った連中の猛り立った崇拝心は、あの福音的な平等観、イエスによって説かれた万人神の子たる資格を持つという平等観にもはや耐えられなくなった。彼らの復讐は、並み外れた遣り方で、イエスを持ち上げ、自分たちから引き離すこと、それはちょうどユダヤ人がその昔、敵に対する復讐の一念から、自分らの神を自分たちから引き離し、高い所へ祭り上げてしまったのとまったく似ている。唯一の神、そして唯一の神の子、どちらもルサンチマンの所産である。……

四一㊹

——さて、このとき以来、あるばかばかしい問題が浮かび上がってきたのである。「どうして神はこんなことを許す気になれたのだろう！」小さな教団の狂った理性は、この疑問に対して、まことに恐しいほどばかげた解答を見つけ出したのである。すなわち、神は罪《ジュンデ》の赦しのために、その一人子を犠牲として与え給うた、というのである。これでは福音もたちどころにおしまいだ！ 罪過《シュルト》のための犠牲、しかもこのうえなくいやらしい野蛮な形式における犠牲、罪過ある者らの罪のために、罪過なき者が受ける犠牲！ 何というむごたらしい異教主義！ ——イエスは「罪過」という概念そのものを廃棄していたはずである。——イエスは神と人間との間のいかなる隔絶をも認めなかったはずである。彼は神と人間との一体感を、己れの「福音」として生きた人であった。……しかも特権としてではなく！——この一刻を境にして少しずつ救世主の型のなかに混じり込んで来たものがある。つまり、審判、および再臨の教え、犠牲死としての死という教え、復活の教え、これである。この復活の教えによって、「浄福」というものの全概念、すなわち福音の一にして全なる現実性《レアリテート》をなすものが、どこかへ消えてなくなってしまった。——死後のある状態のためである！——パウロは、あらゆる点で彼の特徴となっているあのラビ〔ユダヤ宗論家〕的な厚かましさをもって、この問題に関する見解を、この見解の無節操を、次のように論理化したのである。「キリストもし死者の中より甦《よみがえ》らざりしならば我らの信仰も徒然《むなし》からん」〔『コリント前書』一五の一四〕——ここにおいて福音はたちどころに変貌し、あらゆる実現不能な約束の中でも最も下劣な約束、個人の不死という恥しらずの教義となってしまった。……パウロ自身は、その上になお、不死を報酬として説いたのであった！……

四二[45]

十字架上の死とともにいかなる動きに終止符が打たれたか、読者にはお分りであろう。一種の仏教的平和運動への出発の動きに、単に約束ごとではない事実上の地上の幸福への、新しい、きわめて根底的な出発の動きに、終止符が打たれたのである。それというのも前にも強調しておいたことだが——一つの宗教、キリスト教と仏教というデカダンス宗教の根本的差異は、あくまでも次の点にあるからである。すなわち仏教は約束しないで、果す。キリスト教は何でも約束して、何も果さないということである。——「福音」、すなわち「悦ばしき音信」のすぐ後に現われたのは、悪しき音信、パウロの音信である。パウロにおいて、「福音の使者」の反対のタイプが具体化される。憎悪の天才、憎悪のヴィジョンの天才、憎悪の仮借ない論理《ロジック》の天才が具体化される。この「禍音の使者」は、何たることか、ありとあらゆるものを憎悪の犠牲に捧げたのだ！　とりわけ救世主を犠牲にした。パウロは救世主を己れの十字架に磔《はりつけ》にしたのである。イエスの生活、模範、教え、死、つまり福音全体の意味と正義は、この贋金つくりが憎悪に駆られてここから自分に必要なものだけを摑み出したとき、もう後には何ひとつ残ってはいなかった。現実《レアリテート》も、歴史的真実も、残らなかった！　……そしてユダヤ人のこの僧侶的本能は、もう一度、同じような大きな犯罪を歴史に対して犯したのである。——パウロはキリスト教の昨日、一昨日を、やすやすと抹殺してしまった。彼は、原始キリスト教という一つの歴史を考案したのである。そればかりではない。イスラエルの歴史を自分の業績の前史であると思わせるために、もう一度、彼はイスラエル史を偽造した。すなわち、すべての予言者たちはパウロの「救世主」について語っている、ということにしたのだ。……後には教会が、人類の歴史をさえもキリスト教の前史というものに偽造してしまった。……救世主《イエス》の型《タイプ》も、教えも、実行も、死も、死の意味も、死後のことさえ——何ひとつパウロの手に触れられなかったものはない。何ひとつ現実の面影を留めているものはない。パウロは救世主《イエス》という存在全体の重心を、こともなげにこの存在の背後に移し変えたのである。——「復活した」イエスという嘘のなかに移し変えたのである。とどのつまり、彼は救世主《イエス》の生活の方はまるっきり利用できなかったわけである。——彼が必要としたのは、十字架上の死、そして、それになお若干つけ加わった何かであった。……パウロはストア派の啓蒙の本場で生まれている〔パウロの故郷は小アジアのヘレニズム的文化都市タルソで、有名なストア派の学舎があった〕のに、救世主《イエス》いまだ存命中、というあの証明を、幻覚だけを頼りにして拵らえ上げている始末だ。こんな男を正直者と思ったり、あるいは、こういう幻覚を体験したという彼の物語にちょっとでも信用を置くといったことは、心理学者から言わせれば、本当のばか正直とでもいうべきものだろう。パウロは目的が欲しかっただけだ。だからこそ手段をも欲したのだ。……彼自身さえ信じていなかったことを、彼の教えを投げ与えられた白痴群が、信じ込んだのである。パウロが欲しがっていたのは、権力であった。パウロとともに再び僧侶が権力にありつこうと欲したのだ。――それによって大衆を威圧し、群畜を作り上げるための手段となる概念や教義やシンボルだけを、彼は利用することが出来たにすぎない。後にマホメットがキリスト教から盗用した唯一のものは何であったか。パウロの発明品、僧侶的専制や群畜形成への彼の手段、すなわち不死の信仰である。――つまり「審判」の教義である。

四三

生の重心が、生の中へではなくて、「彼岸」の中へ――無の中へ――移されるなら、生は一般に重心を奪われてしまうことになるだろう。個人の不死という大嘘は、本能の中のあらゆる理性、あらゆる自然を破壊することになろう。――本能の中にある有益なもの、生を促進するもの、未来を保証するものは、こうなってはすべてみな、不信の念しか喚び起こさない。生きることにはもう何の意味もない、といった風に生きることが、それが、いまや生きることの「意味」となる。……かくて、何のための公共精神か、いまさら血統や祖先に感謝してみて何のためになるか、何のために共働し、信頼し、公共の福祉をすすめたり心掛けたりするのか？　……こんなことはそれぞれ「誘惑」であり、すべて「正道」からの逸脱ではないか、――「無くてはならぬものは唯一つのみ」〔『ルカ伝十の四二』〕なのだ、といった次第になるのである。……人間はおのおの「不死の霊魂」として互いに平等であること、生きとし生けるものの総体の中で永遠の重要性を要求してよいのは人間ひとりびとりの「救い」であること、小っぽけな不平家や頭が四分の三ほどおかしくなっている連中までが、自分たちのために自然の法則が絶えず破られるのだと自惚れていてもよいということ――こんな風にあらゆる種類のエゴイズムが無限に、そして恥しらずの域にまで増長するのを見ては、われわれがこれにどんな軽蔑の烙印を押してみた処で、とうてい押し切れるものではない。しかもキリスト教が勝利を収めたのは、このような個人的虚栄心に憐れなほどおべっかしたからにほかならない。――キリスト教はあらゆる出来損い的人間、暴動を起こしたくてうずうずしている連中、失敗した徒輩《やから》、人類の中の屑やがらくたを、この手で自分の方に手懐《なづ》けて来たのである。「魂の救い」――とは、ありていに言えば、「世界は俺を中心にして回っている」、ということなのだ。……「万人の平等権」という教えのもつ害毒――この毒をこのうえなく徹底的に蒔き散らして来たのもキリスト教である。人間と人間との間のあらゆる畏敬と距りの感情、これは文化のあらゆる向上、あらゆる成長に対する前提を意味するものだが、これに対しキリスト教は必殺の戦いを仕掛けて来た。しかも、劣悪な本能が潜んでいる最も隠微な隅々から戦いを挑んで来たのである。――キリスト教は、大衆のルサンチマンを己れの主要武器に鍛えあげて、これによってわれわれに刃向かって来た。地上におけるいっさいの高貴なもの・欣ばしきもの・高邁なもの、地上におけるわれわれの幸福に刃向かって来たのだ。……どこのペテロにでもパウロにでも誰彼の別なく権利があるとされた「不死」のごときは、高貴な人間性に加えられたこれまでに最も大きな、最も質《たち》の悪い暗殺行為であった。——そしてキリスト教から発して政治の中にまで忍び込んで行ったこの災禍、われわれはこれを手軽に考えてはならない！　特権への勇気、支配権への勇気、自己ならびに自己の同類に対する畏敬感への勇気——つまり、距りのパトスへの勇気、今日ではこういう勇気を持ち合わせている者はもはや一人としていない。……現代の政治は勇気のかかる欠乏に病んでいる！——貴族主義的な心の持ち方は、魂の平等という虚説によって、地下深くまで掘り崩されてしまった。そして、「多数者の特権」という信仰が革命を引き起こし、さらに今後も引き起こすことになるのであれば、革命という革命をもっぱら流血や犯罪といったものに翻訳している元のものは、キリスト教なのである。諸君、疑ってはならない。キリスト教的価値判断が元兇なのだ！　キリスト教は、地に匍《は》いつくばうすべてのものが、高きにある者に刃向かって行く反乱なのである。「賤しき者」のための福音は、人を賤しくする。……

四四[46]

——福音書に貴重な価値があるのは、福音書は初期教団の内部において早くも腐敗が抑え難いほどであったことの証拠にほかならないからである。後にパウロがラビ特有の論理家的シニズムをもって最後までやり遂げたことは、それにも拘わらず、頽廃の歩みでしかなかった。それは救世主の死とともに始まった頽廃の過程にすぎなかった。——これらの福音書は、いくら用心して読んでも用心しすぎるということはない。一つ一つの言葉の背後に、福音書特有の読みにくさが隠されている。読みにくさはまさに心理学者にとって第一級の娯《たの》しみ事だが、私がそう告白しても、読者は私の言わんとする処を汲み取ってくれるだろう。――福音書は、腐敗とはいっても、素朴な腐敗の反対である。心理学的腐敗におけるとびきりの精巧品、出来映えみごとな神品である。福音書は独特無比である。一般に聖書はいかなる比較をも許さない。ここで手掛かりをすっかり失わないための第一の観点は、われわれはユダヤ人の間にいるのだということである。福音書においてまさしく天才と化した「聖なるもの」への自己偽装、これは書物や人間の間ではかつて及びもつかなかった程度にまで達しているが、すでに一個の芸術である言葉や身振りのこの贋金つくりは、何らかの個人的才能による偶然ではない。何らかの例外的天性による偶然ではない。これには民族が必要である。キリスト教とは、神聖に嘘をつく芸術のことであるが、このキリスト教において、全ユダヤ精神、幾百年にわたるユダヤ人の真剣そのものであった予備訓練と技術とが、ついに名人芸に達したのである。キリスト教徒、この嘘の「奥の手」、これはユダヤ人の焼き直しである、――三度焼いても、やはりユダヤ人だ。……この意志は、僧侶の実行によって証明ずみの概念や象徴や態度だけを利用することを原則としている。他の実行はいっさい受けつけず、他の種類の価値観や有用性の見通しをすべて本能的に拒絶してしまう。――こういったことは単なる伝統とばかりは言えない。これは遺伝である。遺伝としてのみ、それはまるで自然のような働き方をするのである。全人類が、最良の時代の最良の頭脳でさえもが、一杯食わされて来たわけだ。（おそらく人間とは言えない一個の怪物にすぎぬ一人〔ニーチェ自身のこと〕を除いて。）福音書は清浄の書として読まれて来た……ということは、ここで打たれたひと芝居がどれほど堂に入った名演技であったかを示している並々ならぬ暗示である。——もちろん、ほんの通りすがりにでもよい、もしわれわれが彼ら、あのすべての奇っ怪な偽善者や似非《えせ》聖者どもにお目にかかる機会さえあるなら、たちどころに化けの皮が剝がれてしまうだろう。——しかし、かく言うこの私は、言葉を読めば身振りが見えてしまうという質《たち》の男だ。まさしくそうであるからこそ、あんな連中の始末をつけるのはこの私の仕事である。……彼らが天に向かって眼を上げるときの一種癖のある遣り方が、私には我慢できない。——ところが大多数の人びとには、幸いにも本というものは文学でしかない。——諸君、ごまかされてはならない。「審《さば》くこと勿れ」〔『マタイ伝』七の一、『ルカ伝』六の三七〕とあの連中は言っているが、しかし、彼らは、自分たちの邪魔になるものはことごとく地獄へ送り込んでいるのである。神に審かせることによって、彼ら自身が審いている。神を讃美することによって、自己自身を讃美している。彼らは、ちょうど自分の手に負えそうな徳を他人に要求することによって——いや、そればかりではない、他人に対して幅を利かせていられるのに必要な徳を他人に要求することによって、いかにも自分たちが徳のために格闘し、徳の支配のために戦っているかのように大袈《げ》裟《さ》に装っているのである。「われらは善のために生きん、善のために死せん、善のためにわが身を犠牲にせん」(——善とは「真理」、「光」、「神の国」のことである)。ところが実際には、彼らは他に仕方がないからこうしているまでなのだ。彼らは卑屈陰険の徒にふさわしく、へりくだり、隅っこに坐り、物陰に影のように暮しているのだが、一方では、こんな暮し方を一つの義務にまででっち上げている。これが義務である以上は、彼らの生活はいかにも謙虚にみえる。そして謙虚である以上は、彼らの生活はむしろ神への信心深さの証明である、というわけなのだ。……ああ、この謙虚な、貞潔な、慈悲深いたぐいの嘘っぱちよ！「道徳よ、われらがために自ら証言をなしたまえ」……諸君、福音書は道徳によって人を誘惑する書物と心得て読んで貰いたい。道徳は、あの卑小陰険な連中によって差押えを食らっているのだ。――道徳にはどんなことをする力があるか、連中は心得ている。人類を最も効果的にたぶらかす力を具えているのは、道徳である！　――じつをいえば、ここ福音書においては、道徳ではなく、最も意識的な選民の自惚れが謙遜を演技しているだけの話である。彼らはひと思いに自己を、「教団」を、「善人ならびに義人」を一方の側、「真理」の側に引き据え、――後に残ったもの、すなわち「俗世」を他方の側に位置づけたのである。……こういったことは、これまで地上に存在した中で最も取り返しのつかない誇大妄想であったといえる。つまり、偽善家であり嘘つきでもあるけちな奇形児どもが、自分と「俗世」との間に一線を画するために、「神」、「真理」、「光」、「精神」、「愛」、「知慧」、「生命」といった概念を、いわば自分の同義語として、自分のために要求し始めたのである。こまちゃくれた超《スーパー》ユダヤ人どもは、どんな種類の気違い病院に入ってもおかしくない連中だが、いろいろな価値を総じて自己流に捩じ曲げておきながら、キリスト教徒こそ人類全部の意味であり、塩であり、尺度であり、また最後の審判であるとでも言いたげな表情である。……こうした重大な災厄がことごとく果されたことには、これに近い、人種的に近い種類の誇大妄想、つまりユダヤ人の誇大妄想がすでにこの世にあったということ以外にはいかなる理由もない。ユダヤ人とユダヤ人風キリスト教徒との間にひとたび裂け目が生じるや、キリスト教徒には、かつてユダヤ的本能から奨励されていた同じ自己保存の遺り方を、今度はユダヤ人自身に対し適用して行くという以外にはもうどうしようにも打つ手がなかったのである。一方ユダヤ人の方がそれまでこうした自己保存の遺り方を適用していた相手は、もっぱらユダヤ人以外のすべてであったのだ。キリスト教徒は、「より自由な」信仰を持ったユダヤ人たるにすぎない。――

四五㊼

――これら小人どもが念頭に置いていたこと、彼らが師の口を借りて語らしめたこと、この若干の見本を挙げてみよう。ことごとく「美しい魂」の告白ばかりである。――

「何地《いづち》にても汝らを接《うけ》ず、汝らに聴かざる者には、其処を去るとき、証《あかし》のため足の下の塵を払へ。我まことに汝らに告げん、審判《さばき》の日いたらば、ソドムとゴモラは、この邑《まち》よりも却って易かるべし。」（マルコ伝六ノ十一）――何と福音的なことだ！……

「また、我を信ずる小子《ちひさきもの》の一人を礙《つまづ》かする者は、その首に磨《ひきうす》を懸《かけ》られて、海に投げ入れられん方《かた》、その人のためになほ善かるべし。」（マルコ伝九ノ四十二）――何と福音的なことだ！……

「もし汝の片眼なんじを礙《つまづ》かさば、之を抉《ぬき》いだせ。両眼ありて地獄の火に投入れられんよりは、一眼《かため》にて神の国に入るは、汝のために善《よき》なり。彼処《かしこ》に入るものの、虫《うじ》つきず、火きえず。」（マルコ伝九ノ四十七）――ただ眼のことだけを言っているのではないのだ。……

「我まことに汝らに告げん、此《ここ》に立つものの中《うち》に、神の国の、権威《ちから》をもて来《きた》るを見るまでは、死ざる者あり。」（マルコ伝九ノ一）――うまく嘘をつきましたね、獅子〔シェイクスピア『夏の夜の夢』第五第一場の句「うまく吠えましたね、獅子」をもじる。獅子はマルコの象徴〕。……

「もし我に従はんと欲《おも》ふ者は、己《おのれ》を棄て、その十字架を負《おひ》て、我に従へ。そは……」（一心理学者の註、キリスト教道徳はこの「そは」によって反駁される。その「理由」が反駁する、――キリスト教的とはこういうことである。）（マルコ伝八ノ三十四）

「汝ら人を審《さば》く勿れ、人に審かれざらんためなり。己がはかる量《はかり》にて、己も量《はか》らるべし。」（マタイ伝七ノ一）――何という正義の概念であろう！「正義」の審判者の何たる概念であろう！……

「汝ら、己を愛する者を愛するは、なんの報賞《むくひ》かあらん。税吏《みつぎとり》も、然《しか》せざらん乎《や》。安否を兄弟にのみ問ふは、人より何の過《すぐ》れたる事かあらん。税吏も然《しか》せざらん乎《や》。」（マタイ伝五ノ四十六）――「キリスト教的愛」の原理。結局は、しこたま支払ってもらいたいのだ。……

「されどもし汝ら人の罪を免《ゆる》さずば、汝らの父も、汝らの罪を免《ゆる》し給はざるべし。」（マタイ伝六ノ十五）――引き合いに出された「父」にとっては迷惑至極な話である。……

「汝ら、まづ神の国と其義《そのただしき》とを求めよ。さらばすべて此等のものはなんじらに加へらるべし。」（マタイ伝六ノ三十三）――すべて此等のものとは、つまり食物、衣服、生活の全必需品ということである。……ごくひかえ目に言っても、これは間違いである。……引用個所の少し前の処(48)では、神は仕立屋として登場している。少なくともある種の場合において……

「その日には、喜び躍《おど》れ。視よ、天において汝らの賞賜大《むくひおほい》なればなり。汝らの先祖が預言者たちに行《なし》たりしも是《かく》の如し。」（ルカ伝六ノ二十三）――恥しらずの賤民よ！　早くも己れを預言者たちに比較している。……

「汝らは神の殿《みや》にして、神の御霊《みたま》なんじらの中《うち》に在《ゐま》すことを、知らざる乎《か》。もし人、神の殿《みや》を毀《こほ》たば、神かれを毀たん。そは、神の殿《みや》は聖《きよ》きものなればなり。この殿は即ち汝らなり。」（パウロ、コリント前書三ノ十六）――こういったたぐいは、いくら軽蔑しても軽蔑しすぎることはない。……

「汝ら知らざる乎《か》、聖徒の世を審《さば》かんとするを。世もし汝らに審かるるならば、汝ら至小《いと》さき事を審くにも足らざる者ならん乎《や》。」（パウロ、コリント前書六ノ二）――あいにくなことに、これは単なる癲狂院患者の言ではない。……この恐るべき詐欺師は、言葉をつづけてこう言う。「汝ら知らざる乎、我らが天の使《つかひ》を審《さば》かんとするを。況《いは》んや此世の事をや！」……

「神は此世の智慧をして愚ならしむるに非ずや。世人《よのひと》は己の智慧を恃《たの》みて神を知らず、是《これ》、神の智慧に適《かな》へるなり。是故《このゆゑ》に、神は伝導の愚なるを以て信ずる者を救ふを善《よし》とせり。……肉に循《よれ》る智慧あるものの多からず、能《ちから》ある者おほからず、貴き者多からざるなり。神は智者を愧《はづか》しめんとて、世の愚なる者を選び。強き者を愧しめんとて、世の弱き者を選ぶ。また神は、有者《あるもの》を滅《ほろぼ》さんとて、世の賤者《いやしきもの》、藐視《かろしめ》らるるもの、即ち、無きが如き者を選び給へり。これ凡《すべ》ての人、神の前に肉を誇ることなからんためなり。」（パウロ、コリント前書、一ノ二十以下）——

この箇所は、あらゆるチャンダーラ道徳の心理学に対する第一級の証拠である。この箇所を理解するために、私の『道徳の系譜』の第一論文を読まれたい。この論文においてはじめて、高貴な道徳と、ルサンチマンならびに無力な復讐感から生れたチャンダーラ道徳との対照が、明るみに出されたのである。パウロは、あらゆる復讐の使徒の中で最大のものであった。……

四六㊾

——で、どういうことになる？　手袋を塡《は》めた方がよいということである、新約聖書を読むときには。こんなひどい不潔さの側では、そうでもするしか仕方あるまい。われわれは汚ないユダヤ人を相手にしないと同様、「初期キリスト教徒」なんかを附き合いに選んだりはしないだろう。かといって、彼らにいささかでも文句をつける必要があるというのではない。……どちらもいい臭いがしないだけだ。——私は新約の中にせめて一語でも共感できる点がありはせぬかと探し回ったが、無駄だった。自由で、善良で、あけすけで、正直なものは、この中には何ひとつない。人間らしい点などここではその萌しさえ見られない。――清潔の本能が欠けているのだ。……新約聖者にはただ劣悪な本能しかない。しかもこの劣悪な本能への勇気そのものさえない。そこではいっさいが卑怯、いっさいが眼を閉じること、自己欺瞞に尽きている。新約を読み終った直後なら、どんな本でも清潔になる。一例をあげるなら、私はパウロを読んだすぐ後で、あのじつに愉快きわまる、人を食った嘲笑者ペトロニウス〔ローマ帝政初期の頽廃詩人、猥雑な風俗小説『サテュリコン』の作者〕をうっとりとして読み耽けったものだ〔聖書読後のペトロニウスの効能については『この人を見よ』の注(22)参照〕。かつてドメニコ・ボッカチオがチェーザレ・ボルジアを評してパルマ侯に書き送った言葉「全くのお祭り騒ぎ」e tutto festo は、ペトロニウスにぴったりの言葉かもしれない。――不滅なまでに健康、不滅なまでに快活、そしてすばらしい出来の良さ。……根性のけちくさいあの不平不満の徒〔初期キリスト教徒のこと〕は、つまりは肝腎かなめの所で計算違いを犯しているのである。彼らは攻撃する。が、彼らから攻撃を受けたすべてのものは、攻撃されたことで表彰されたことになるのである。「初期キリスト教徒」から攻撃された者は、そのために汚辱に塗《まみ》れるのではない。……その反対である。「初期キリスト教徒」を敵に廻しているということは、一つの名誉である。われわれは新約を読めば、そこで虐待されているものをかえって贔屓《ひいき》せずにはいられない気持になる。――厚かましい法螺《ほら》吹きが「伝導の愚かなるを以て」愧《はずか》しめようとしきりに無駄骨を折っている例の「此世の智慧」については、今、ここでは問題にすまい。ところが、パリサイ人や律法学者たちでさえ、こんな風に公然と敵対視されたことで、かえって得をしているのである。こういう品のない遣り方で憎まれたからには、彼らにしてもきっとそれ相当な値打ちがあったにちがいない。偽善――こんな非難をよくもぬけぬけと「初期キリスト教徒」が口に出来たものだ！――キリスト教徒が非難したのは、結局、特権者たちであったのだ。それだけで理由はもう十分である。

チャンダーラ風の憎悪にはこれ以上の理由は必要ない。「初期キリスト教徒」というのは――いや、私の目の黒いうちにお目にかかることになるかもしれない「最後のキリスト教徒」にしても同じことだが――最下低の本能から特権ある者いっさいに刃向かって行く反逆者にほかならない。――キリスト教徒は、つねに、「平等の権利」のために生き、そして戦う！……さらに細密に見てゆくなら、キリスト教徒には選択の自由というものがない。みずから「神の選民」たろうと欲する者には、――あるいは「神の殿《みや》」、「天の使《つかひ》を審《さば》く者」たろうと欲する者には、――これ以外のいっさいの選択原理、例えば誠実、精神、男らしさと誇り、心情の美しさと自由、こうしたものに基づいているいっさいの選択原理は、こともなげに「俗世」であるとされてしまうのである。すなわち、悪それ自体とされてしまうのである。……教訓――「初期キリスト教徒」の口にするすべての言葉は嘘であり、彼の行う行為のすべては本能的ないかさま行為である。いっさいの彼の価値、いっさいの彼の目的は有害であり、彼に憎まれる人間、彼に憎まれる事物には価値がある。……キリスト者、とりわけ僧侶的キリスト者は、もろもろの価値をはかる一個の標識である。――新約全部を通じて、たった一人だけわれわれが尊敬せずにはいられない人物がいることを、付け加えておくべきであろうか。ローマの総督ピラトである。ユダヤ人同士の喧嘩を真面目に考えるなどということ――ピラトはいくら口説かれたってそんな気持にはなれない。ユダヤ人ひとりが生きようが死のうが、何ほどのことがあろう？……「真理」という言葉が恥ずかしげもなく濫用されるのを見せつけられた一ローマ人の嘲笑は、新約に、価値のあるたった一語を添えている。――それは新約の批判であり、新約の破壊そのものである。曰く、「真理とは如何《いか》なるものぞ！」〔『ヨハネ伝一八の三八』〕……

四七[50]

――われわれをしてキリスト教徒と袂を分たしめる所以のものは、歴史の中にも、自然の中にも、自然の背後にも、われわれが何らの神をも再発見しないということではない。――そうではなくて、キリスト教徒によって神として崇められたものを、われわれは「神的」と感ぜず、むしろ憫むべきものとして、荒唐無稽なものとして、有害なものとして感ずるということ、単に錯誤としてばかりではなく、生に対する犯罪として感ずるということ、これである。……われわれは神を神として否定する。……もしもキリスト教徒のこの神がわれわれに証明されたとしたら、われわれはいよいよ神を信ずることができなくなるだろう。――方式にして言えば、「パウロの創造せるごとき神は、神の否定なり」deus, qualem Paulus creavit, dei negatio。――キリスト教のような宗教は、唯の一点でも現実と触れ合う処がない。よしほんの一点にせよ、現実の権利が認められたりしたら、その瞬間に崩れ落ちてしまうような宗教であるから、「此世の智慧」に対し、すなわち科学に対し、当然、不倶戴天の敵意を抱かずにはいられない。――精神の訓練、精神の良心的問題における純粋と厳正、精神の高貴な冷やかさと自由、こういったものを毒し、誹謗し、排斥するための手段であれば何であれ、キリスト教的宗教の是認する処となるであろう。定言命法《イムペラティーフ》としての「信仰」は、科学に対する拒否である。――実際には、どんな無理をしてでも信じ込ませようとする嘘である。……パウロは、嘘が、つまり「信仰」が必要だということが分ったのである。そして後に教会もパウロの意図が再び分った。――「此世の智慧」（狭義には、いっさいの迷信の二大敵である文献学と医学）を「愧《はずか》しめん」とする神、パウロの考案した例の「神」は、じつを言えば、かく行わんとするパウロ自身の果敢な決意にほかならない。自分自身の意志を「神」と名づけること、自分の意志をトーラ（ヘブライ語で教え、律法の義、ふつうモーゼの五書をいう）と名づけること、これこそ本源的にユダヤのものである。パウロは「此世の智慧」を塊《はずか》しめんと欲する。つまり、パウロの敵は、アレクサンドリア的な修練を積んだ達者な文献学者と医者なのだ。――パウロは彼らに挑戦する。実際、文献学者と医者とを兼ねている人ならば、その上さらにアンチクリストである必要はない。というのは、文献学者として、人は「神聖な書物」の背後に眼をやり、医者として、典型的なキリスト者の生理学的頽廃の背後に眼を注ぐことになるからだ。医者は「不治」と診断し、文献学者は「贋作」と鑑定する。……

四八[51]

――聖書の冒頭にある有名な話を理解した人が、本当にいるのだろうか。――科学に対する神の恐るべき恐怖心を述べている件《くだり》を？……理解した人はいなかったのだ。この比較を絶した僧侶的書物は、当然のことながら、僧侶特有の大きな内面的難点から始まっている。僧侶には唯一つの大きな危険があり、したがって、「神」にも唯一つの大きな危険がある。――

老いたる神、まったき「精神」であり、まったき高僧であり、まったき完全性であるその神が、己れの庭園を遊歩している。[52] ただ、神は退屈しているのである。退屈には神々さえも勝てない。で、彼は何を始めるか？ 人間を発明するのである。人間は退屈しのぎになる。……だが、見よ、人間もまた退屈して来るのである。退屈とは、楽園《パラダイス》そのものが持っているたった一つの悩みだが、これに対する神の憐れみの念は果てしない。神はさっそく他の動物たちをお創りになった。神の最初の失敗だ。人間は、動物たちが退屈しのぎになるとは、思わなかったからである。――人間は動物を支配してしまった。自ら「動物」であろうとさえしなかった。――そこで、神は、女をお創りになったのである。果せるかな、いまや退屈は終りを告げた。――が、同時に、さらにほかのことも終りを告げた！　女は、神の第二の失敗であった。――「女はその本性からして蛇、ヘーヴァである」(53)ということは、僧侶なら誰でも心得ていることである。「この世のすべての禍は女によって生ずる」、これまたすべての僧侶の知る処である。「したがって、科学もまた女によって生ずる。」……女によってはじめて、人間は智慧の樹の味を覚えたのである。――で、どうなったか？　恐るべき恐怖心が老いたる神に襲いかかったのである。人間そのものが、神の最大の失敗となったのだ。神はライヴァルを創ってしまったわけである。科学によって、人間は神と対等になる――人間が科学的になれば、僧侶と神々はおしまいだ！　――神の得た教訓、科学は禁断そのものである。禁止されるのはもっぱら科学である。科学は最初の罪であり、あらゆる罪の萌芽であり、原罪である。もっぱらこのことだけが教訓である。――「汝、認識すべからず」――後のことはその結果として起こったものでしかない。――神は恐るべき恐怖心を抱いたとはいえ、小悧巧であることを妨げられたわけではない。いかにして科学を防衛すべきか？　これは久しいあいだ神の主要問題となった。――答、人間を楽園《パラダイス》から追放せよ！　幸福であり閑暇《ひま》をもて余していることは、人を思索へ導く。――思索とはすべて悪しき思索である。……人間にものを考えさせてはならない。――かくて「僧侶の本尊」は作り出す、困苦、死、懐妊による生死の危険、あらゆる種類の悲惨、老化、労苦、とりわけ病気を作り出す。——これらはことごとく科学と戦うための手段である！　困苦というものは人間にものを考えることを許さない。……にも拘わらず！　驚くべき力である！　認識の事業は塔のようにそそり立ち、天国を襲い、神々の黄昏をもたらそうとする。——どうしたらよいか！　老いたる神は、戦争を考案したのである。神は民族の仲を引き離す。人間が互いに絶滅し合うように工夫する。（——僧侶どもはいつも戦争を必要として来たのだ。……）戦争——ほかはさておき、これこそ科学の一大平和撹乱者！——信じ難いことが起こる！　人間の認識、僧侶からの解放は、戦争にも拘わらず、増大して行く。——で、老いたる神は最後の決心をする。「人間は科学的になった。——どうしようもない、人間を溺死させなければならぬ！」……

四九

——私の言いたいことがお分りになったであろう。聖書の冒頭の物語には、僧侶の心理学が全部含まれている。——僧侶は唯一つの大きな危険しか知らない。それは科学である。——原因結果の健全な概念である。科学というものは概して幸福な事情のもとでしか栄えないものである。——閑暇《ひま》と精神力とがあり余っていなければ、「認識する」ことは出来ない。……「それだからこそ、人間を不幸にしておかなければならないのである。」——というのが、いつの時代にも僧侶の用いる論理であった。この論理に従ってはじめてこの世に現われたものが何であったか、いち早く見抜いている人もいるだろう。「罪《ジュンデ》」である。……罪《シュルト》と罰の概念、「道徳的世界秩序」と呼ばれるものの全体は、科学を敵と目して編み出されたものである、——僧侶からの人間の解放を敵と目して発明されたものである。……人間は外へ眼をやってはならない。自分の内部にだけ眼を注いでいなければならない。学ぶ人間として、賢く、用心深く、事物の中を覗き見るようなことは、人間には許されていない。人間は、そもそも物を見るべきではない。人間は悩むべきものである。……しかも、僧侶を不断に必要とするように悩むべきものである。——医者なんかお払い箱にしてしまえ！　必要なのは救世主だ。——罪《シュルト》と罰の概念は、「恩寵」、「救済」、「赦し」の教義をも含めて、まことに徹底した嘘であり、心理学的な現実《レアリテート》を何ひとつ持たない嘘である。かかるものが発明された目的は、人間の原因感覚を破壊するためにほかならない。かかるものは、原因結果の概念に対する暗殺行為にほかならない！　——しかも、鉄拳による暗殺ではないし、匕首《あいくち》による暗殺でもない。憎むにも愛するにもおよそ正直というものをもってする行為ではまったくない！　最も臆病、最も狡猾、最も低級な本能に発する行為！　坊主特有の殺し！　寄生虫特有の密殺！　地底に住んでいる蒼白い吸血鬼のじわじわと血を吸う殺し方！　……ある行為の自然の結果がもはや「自然的」ではないとしたら、すなわち迷信の概念的幽霊である「神」、「精霊」、「霊魂」によって、単なる「道徳的」帰結として、報い・罰・暗示・教育手段としてもたらされた結果であると考えられるとしたら、認識への前提は破壊されているのであり、——人類に対する最大の犯罪が犯されていることになるのである。——再度言っておくが、罪《ジュンデ》というこの比類ない人間の自己汚辱の形式が発明されたのは、科学を、文化を、人間のあらゆる向上と高貴さとを、不可能にするためにほかならない。僧侶は罪《ジュンデ》の発明によって、支配する。——

五〇

この箇所で、「信仰」の、ないし「信者」の心理学に触れないでおくわけにはいかない。いうまでもなく、これは「信者」その人のためを思ってすることである。「信者」たることがどれほどまでに不作法であるかを、あるいは、「信者」たることがどれほどまでにデカダンスのしるし、生に対する破れた意志のしるしであるかを、悟らぬような人が今日なお跡を絶たぬとしても、明日には必ず、その人たちもこの点を悟ってくれるだろう。どんなに耳の遠い人にも、私の声は届くのである。——私の聞き違いでなければ、キリスト者の間には「効力の証明」と呼ばれている真理の一種の基準があるらしい。「信仰は浄福を与えてくれる、したがって、信仰は真である。」——これに対し差し当り次のような異論を唱えることが出来よう。信仰は浄福を与えるということ、これは証明されてはおらず、単に約束されているにすぎないのではないか。浄福とは、「信仰」という条件に結びつけられているのではないか。——信仰している、だから、浄福に浸っているはずである、こういう論理なのである。……しかし、人間のどんな統御《コントロール》も及ばない「彼岸」に対し僧侶がいろいろ信者に約束してみても、約束したことが事実となって現われるという証明は何によってなされるのであろう？ ——「効力の証明」と称せられるものも、だから所詮は、信仰について期待する効果なら必ずや現われないはずはないということへの、またまた一つの信仰にすぎない。方式で述べるなら、「信仰が浄福を与えてくれることを、私は信ずる。——したがって、信仰は真である」、となるのである。だが、こうなれば、もうもう何も言うことはない。この場合の「したがって」という一句は、真理の基準としては荒唐無稽そのものだといえるだろう。——よし数歩ほど譲歩してもよい。信仰によって浄福が与えられるということが、(——単に願望されるだけでなく、たんに僧侶の怪しげな口吻によって約束されるだけでなく、)本当に証明されたと仮定しよう。浄福感とは、学術用語風にいえば、つまり快感というほどの意味だが——真理の証明がかつて快感であったためしがあるだろうか。そんなことはほとんどない。「真理とは何か」という問題について快・不快の感覚が関わりあいを持つとすれば、それはほとんど「真理」の反証になるほどであり、どっちみち「真理」に対し最高の疑念を抱かせるぐらいが関の山である。「快感」に基づく真理の証明は、「快感」のための証明でしかない——それ以上の何ものでもない。一体全体、何を根拠にして決められているのであろう、真なる判断は偽なる判断よりも娯《たの》しみを与えることが多いとか、真なる判断は一種の予定調和に基づいて、必然的に快い感情を伴うものである、といったことが。——すべての厳格な精神、すべての深い素質をもつ精神は、経験上、これとは逆のことを教えている。真理は、一歩一歩、戦い取られなければならなかったのだ。このためには、何もかもを犠牲にしなければならなかった。普段なら心から大切に思い、われわれの愛情や、われわれの人生への信頼感から決して手放したことのないものに至るまで、ほとんどすべてを犠牲にしなければならなかった。こういうことには魂の偉大さが必要である。真理に仕えるとは、最も酷薄な奉仕だからだ。——精神的な事柄において誠実であるとは、一体どういう意味か? 己れの心に対して厳格であること、「うるわしき感情」などを軽蔑し去ること、いっさいの肯定と否定とを己れの良心にすること! ——信仰は浄福を与えてくれる、したがって、信仰は嘘をつく。……

五一

事情いかんによっては信仰は浄福感を与えるものだということ、しかし、浄福感は固定観念であっていまだこれは真の観念になっていないということ、つまり信仰は山を移すものではないが、山もない所にとかく山を置いたりするものだということ〔『コリント前書』十三の二〕、――こうしたことは気違い病院を一寸でも素通りしてみれば十分に納得が行く。とはいえ、僧侶を納得させるわけにはもちろん行かない。僧侶は、病気が病気であることを、気違い病院は気違い病院であることを、本能的に認めないからだ。キリスト教は病気を必要とする。ちょうどギリシア文化が、健康の過剰を必要とするのとおおよそ似たようなことである。――病気にするということが、教会という救済手続きの全制度の、本当の秘められた意図なのである。そして、教会そのものにしてからが、カトリック的気違い病院を最後の理想にしているのではないか。――要するに、地球を気違い病院にしているのではないか。――教会が望んでいるような宗教的人間は、典型的なデカダンなのだ。ある民族が宗教的危機に振り回されるような時期は、いつの場合も、神経性の流行病によって特徴づけられている。宗教的な人間の「内面世界」に紛らわしいほどによく似ているのは、ひどく興奮して疲れ果てた人間の「内面世界」である。キリスト教があらゆる価値の中の価値として、人類の上に掲げて来た「最高の」状態というものは、癲癇《てんかん》症的形式だ。――教会は、気の狂ったもの、あるいは、大詐欺師だけを、「神のさらに大なる栄誉のために」in majorem dei honorem、神聖なりと宣言して来たのである。……キリスト教の悔い改めと救いのトレーニング（これは今日イギリスで一番よく研究できる）を、私はかつて、方法的に作り出された周期性痴呆folie circulaire〔昂揚状態と抑鬱状態が交互に現われる痴呆。ここでは救いと悔い改め〕と敢て呼んだことがある。いうまでもなく、これはそれだけの下地がすでに出来ている地盤の上に、すなわち徹底的に病的な地盤の上に、作り出されたものなのである。キリスト教徒になるのは、誰にでも自由に出来るというわけのものではない。人はキリスト教に「回心」させられるのではない。——そうなるにはなるだけにあらかじめ十分病気にかかっている必要がある。……われわれ然らざる者、健康への勇気、そして、軽蔑への勇気をも具えているわれわれ、かかるわれわれが、肉体の誤解を説いているような宗教を蔑むのは、しごく当然のことではないか！　心的迷信をいつかな抜け出ようとしない宗教！　栄養失調を「手柄」にするような宗教！　健康を敵とし、悪魔とし、誘惑と看做して戦いを仕掛けて来る宗教！　この宗教は、屍体《しかばね》のごとき肉体に、「完全なる魂」を宿して歩き回ることが出来ることをわが身に納得したいがために、新しい「完全」の概念として、蒼ざめた、病的な、白痴的熱狂の代物、いわゆる「神聖」を用意する必要があったのだ。——神聖、この概念自体が貧弱化した、衰弱した、どうにも救いようもないほど腐敗した肉体の、一連の症候にほかならない！　……一つのヨーロッパ的な運動と考えられるキリスト教の運動は、はじめから、あらゆる種類の屑やがらくたの要素をひっくるめた運動なのである。（——キリスト教によって、屑やがらくたが権力にありつこうとするのだ。）この運動は、ある一民族の衰亡を表現しているのではない。四方八方から押し合いへし合い、互いに呼び合って集《つど》って来るデカダンスの諸形式が聚合して形態をなしたものなのである。とかく信じられているように、キリスト教を可能にしたのは、古代そのものの、高貴なる古代の腐敗のせいではない。こんな解釈を今日なお守り通している学者どもの白痴さ加減は、いくら激しく論駁してもし過ぎるということはないだろう。ローマ帝国の全土にわたって、病的な、腐敗したチャンダーラ〔インドの賤民、一二三節注参照〕層がキリスト教化されて行った時代にも、まさしくこれとは反対のタイプが、高貴さそのものが、最も美しい、最も成熟した姿において、存在していたのである。ただ、多数者が支配するようになっただけのことだ。キリスト教的本能を具えた民主主義《デモクラシー》が、勝利を収めただけの話である。……キリスト教は「民族的《ナショナル》」ではなかった。人種的に限定されてはいなかった。――キリスト教はあらゆる種類の生の廃嫡者を相手にした。至る処に同志を見出した。キリスト教は病める者の怨み辛《つら》みをその底に秘めていた。健康なひとびとに逆う本能を、健康そのものに逆う本能を。すべて出来の良いもの、誇りに満てるもの、自負心のあるもの、とりわけ美しさそのものは、キリスト教の眼と耳には痛いのだ。私はあらためて、パウロのこのうえなく貴重な言葉に注意を促がしておく。「神は世の弱き者、世の愚《おろか》なるもの、世の賤者《いやしきもの》、藐視《かろしめ》らるるものを、選び給へり」〔『コリント前書』一の二七〕これが方式であった。「この標《しるし》において」in hoc signo〔コンスタンティヌス大帝はマクセンティウス帝との戦いで、白昼天上に浮ぶ十字架がこの文字に囲まれているのを見た〕、勝利を収めたのはデカダンスである。――十字架に掛かりし神、この象徴のうしろに隠された恐るべき目論見《もくろみ》が、諸君にはあいかわらず分らないのか。――悩めるものはすべて、十字架に掛かるものはすべて、神的である。……われわれはすべて十字架に掛かる、したがって、われわれは神的である。……ひとりわれわれのみが神的である。――こういった次第だ。……キリスト教は一つの勝利であった。より高貴なる心ばせはこれによって滅んだ。――キリスト教は、これまで人類最大の不幸であった。――

五二

キリスト教はまた、あらゆる精神的な出来の良さの反対をなすものである。――キリスト教は病的理性のみをキリスト教的理性として用いることが出来るにすぎない。キリスト教はすべての白痴的なものの味方に組する。「精神」に対し、健康な精神の誇らしさに対し、呪詛を浴びせかける。病気がキリスト教の本質をなしているために、典型的なキリスト教的状態、「信仰」も、やはり病患形式とならざるを得ない。認識に至るすべての真直な、正直な、科学的な道は、禁断の道として教会から排斥されざるを得ない。懐疑さえすでに一つの罪となる。……僧侶には心理学的清潔さがまったく欠けていることは――これはその目付きに現われているが――デカダンスの附随現象なのである。ヒステリー症の婦人や、生まれつき傴僂《せむし》の子供などを観察してみるがいい。本能的なまやかしや、嘘のために嘘をつくことの快感、真直に見たり歩いたりすることの無能力などが、一様にデカダンスの表現であることが分るだろう。「信仰」とは、真なるものを知るまいとすることである。敬虔屋さん、つまり僧侶というものが、男であれ女であれいかさまなのは、病気にかかっているからである。真理というものの正当な権利がよしんば一点にせよ主張されることは、僧侶の本能が望まない。「人間を病気にするもの、これは善である。充実から、過剰から、権力から生ずるもの、これは悪である。」信心屋の感じているのはこんなことだ。嘘で身を縛っている不自由。――これを目安にして、私はいつも、神学者の卵の見当をつけるのである。――神学者のもう一つの目印しは、その文献学の無能力である。ここで文献学というのは、非常に一般的な意味合いにおいて、上手な読み方の技術と解して貰いたい。——事実を解釈によって歪めることなく、理解したい一念から、慎重さや、忍耐力や、精緻さを失うことなく、事実を読み取り得るということ、これである。つまり、書物であれ、新聞のニュースであれ、運勢や天候のことであれ、——「魂の救い」のことは論外であるが、何を扱うにしても、これは、解釈における留保〔原語ではEphexisで元来はギリシア語ἔφεξιςである〕としての文献学、なのである。……これに反し、神学者が「聖書の文句」を解釈する遣り方は、——ベルリンの神学者であろうがローマの神学者であろうが、——ともかく神学者がある体験を、例えば祖国の軍隊の勝利などを、ダビデの詩篇の一段と崇高な光で照明しながら解釈する遣り方は、文献学者が居あわせたら居ても立ってもいられない思いをしそうなほどに、いつでも、無鉄砲な遣り方である。そして、シュヴァーベン出身の敬虔屋さん(55)やその他多勢の雌牛《めうし》どもが、自分らの生活の薄汚れた日常項事や暖炉の煙を、「恩寵」、「摂理」、「救いの経験」という奇蹟に祭り上げ、これみな「神の御指」による導きと称しているのを見るに至っては、文献学者は一体どうしたらいいのだろう！　エチケットのことはここでは言うまい。ほんの少し頭を働かせればよい。そうすればこれら解釈者諸先生にしたところで、神さまの御指がどんなに器用であろうとも、かくまでこれを無闇に用いるは児戯の至り、冒瀆の至りと納得しないわけには行かないだろう。われわれはほんのわずかな程度しか敬虔な心などを身につけてはいない。だが、こんなわれわれであっても、丁度よいときに鼻風邪を治してくれる神さま、まさに大雨沛然《はいぜん》と至らんとする刹那に馬車に乗り込むように命じてくれる神さまなどが、何ともばかばかしい神であることぐらいは分り切っているはずである。よしんばこんな神が存在するにせよ、処分してしまわなければなるまい。下男としての神、郵便配達夫としての神、天気予報屋としての神——所詮はあらゆる偶然の中でも最も愚劣な種類の偶然を表わす代名詞だ。……「神の摂理」は、今日でもなお、「文化国家ドイツ」においてまず三人に一人が信じているが、これは神に対する反証であり、しかも、これ以上手ごわい反証は考えられないほどのものだろう。そして、どのみち、それはドイツ人に対する反証である！　……

五三

――殉教者というものが事柄の真理性にとってわずかでも証明になると考えるのは、正しくない。そもそも殉教者などというものが多少とも真理に関わりがあったというような考えを、私は否定しておきたい。殉教者はみずから真理と看做したものを世間の頭に投げつける。こういう調子のうちに、早くも知的誠実の低級さ、「真理」問題に対する鈍感さが、剝き出しになっている。これを見れば、殉教者などを敢えて反駁する必要さえないほどである。真理というものは、ある人は持てるが、他の人は持てないといったようなものではない。こんな風に考えていられるのは、せいぜい百姓か、ルター流儀の百姓使徒だけである。諸君は確信を持っていてよい。精神的な事柄において良心の度合が高まるにつれいよいよ大きくなって行くのは謙虚さ（Bescheidenheit）であり、さらにこの点に関する弁《わきま》え（Bescheidung）だということに。五つの事柄について知ること、その他の事柄について知るのをやさしい手ぶりで断ること、これである。……「真理」――すべての予言者、すべての宗派人、すべての自由思想家、すべての社会主義者、すべての教会人がこの言葉を理解しているような意味における「真理」――これは精神のあの訓練と自己超克とがほんの端緒にさえ就いていないことを、あますところなく証明するものである。どんなに小さな真理であれ、何かある小さな真理を発見するにも、今述べた精神の訓練ということ、自己超克ということが必要であるというのに。――序でに言っておくが、殉教者の死は、歴史における大いなる不幸であった。それは人心を惑わしたからだ。……婦人や民衆をも含めてあらゆる痴人の引き出す結論、すなわち、誰かがそのために死に赴くような事柄には（あるいは原始キリスト教のように死を欲求する伝染病をさえ生みだすような事柄には）それなりに何か曰くがあるに違いないという結論は、物事をつぶさに吟味する心の、吟味と慎重の精神の、いいしれぬ制動機《ブレーキ》となって来た。殉教者たちは、真理を傷つけたのだ。……それ自体どんなにつまらない宗派心であっても、その宗派心に勿体ぶった名前を付けてやるためには、今日でもなお、これに一種荒っぽい迫害を加えてやれば事足りるのである。――どうであろう？　誰かがある事柄のために生命を捨てたからといって、事柄の価値がいくらかでも変るということがあるのだろうか？　――勿体ぶる錯誤とは、人心を惑わす魅力をもう一つ余計に具えている錯誤のことである。神学者諸君よ、諸君は信じているのか。諸君がみずからの嘘のために殉教者をでっち上げる切掛けを、このわれわれが諸君に与えることになるであろうなどと、諸君は信じているのか。――ある事柄を否定するのに、いかにも恭々しい態度をとりながら、それを氷上に突き出す遣り方もあるのである。神学者を否定するには、これと同じような遣り方がよいのである。……迫害者たちが迫害の相手にいかにも勿体ぶった見掛けを与えたということが、すなわち迫害者が迫害の相手に殉教精神という魅惑ある贈り物を捧げたということが、まさしくあらゆる迫害者たちの犯して来た世界史的愚行であった。……女というものは、今日でもなお一つの錯誤の前に跪《ひざまず》いているが、それというのも、どなた様かがお前の身がわりに十字架にかかって死んだのだと、言い含められているからである。いったい十字架が論拠となるのか？ ――だがしかし、こうした事柄すべてについて、ただ一人の人が、数千年前から人類が必要として来たはずの言葉を語っている。ただ一人のひと――ツァラトゥストラ。

彼らは、彼らが歩いてきた道に血のしるしを書きとどめて来た。彼らの愚かさは、血によって真理を証明せよ、と教えて来た。

しかし、血は真理の証人としては最悪である。血は、最も純なる教えをも毒し、心の妄想とし、憎しみと化す。

よしんば一人、みずからの教えのために火炎の中を潜り行く者がいるにせよ――それが何を証明しよう！ むしろ、自己燃焼の中から自分なりの教えが現われ出て来るに如《し》くはない！〔『ツァラトゥストラ』第二部「僧侶について」〕

五四[56]

読者よ、惑わされてはならない。偉大な精神とは懐疑家のことである。ツァラトゥストラは懐疑家である。強さというもの、精神の力、精神のあり余る力からくる自由は、懐疑によって証明される。信念〔ここでの信念の原語はÜberzeugung〕の人は、価値および無価値という根本の原理にはまったく関わって来ない。信念は牢獄である。それは十分に遠くを見ない。自分の下を見ない。しかし、価値および無価値という根本に関わり得るためには、五百の信念を自分の下に――自分の背後に見なければならない。……偉大なことを欲し、そのための手段をも欲する精神は、必然的に懐疑家である。あらゆる種類の信念から自由であることは、強さに属している。自由に物を見ることが出来るというのも、強さの属性である。……大いなる情熱、これが懐疑家という存在の根拠であり、威力をなすものである。情熱は懐疑家その人よりもいっそう啓発的であり、同時にいっそう専制的である。大いなる情熱は知性の全部を己れの雇い人にする。それは懐疑家を決断的にする。それは彼に聖ならざる手段への勇気をさえ与える。情熱は事情いかんによっては彼に信念を許すこともある。手段としての信念である。信念を手掛かりにしてしか達成されないことも多い。大いなる情熱は信念を使用し、信念を使い捨てる。情熱は信念などに屈服しない。――自分が主権者であることを知っている。――これに反し信仰〔信仰の原語はGlaube〕への欲求は、弱さの欲求である。信仰への欲求とは、然りと否とに関して何らか絶対的なものを求めようという欲求、次の言葉を大目に見てもらえるなら、これはカーライル主義[57]のことで、弱さの欲求である。信仰の人、あらゆる種類の「信者」は、必然的に、依存的な人間である。――こうした性質《たち》の人間は、自己を目的として立てることが出来ない。総じて自己の内部から目的を立てることが出来ない。「信者」は自己に属していない。彼は単なる手段でしかあり得ない。使い捨てられるに決まっている人間である。自分を使い捨ててくれる何びとかを必要としている人間である。信者の本能は、自己滅却の道徳に最高の名誉を与えている。自己滅却の道徳に与するように、すべてのものが、彼の智慧、彼の経験、彼の虚栄心が、よってたかって彼を説きつけている。あらゆる種類の信仰は、それ自体、自己滅却の表現であり、すなわち、自己疎外の表現なのである。……大多数の人びとにとっては自分を外側から拘束し固定してくれる何らかの規制が必要だということ、強制されていること、高級な意味における奴隷制が、意志薄弱な人間、ことに女性が成功する唯一最後の条件になるということ、以上をよく考えれば、信念や「信仰」というものの正体が分るだろう。信念の人は、信念の中に背骨がある。多くを見ないこと、あらゆる点で囚われていること、徹底的に党派的であること、そしてすべての価値を測る上で融通のきかない光学〔物の観方〕をとること――以上が、こうした種類の人間が存在を維持していける唯一の前提条件である。しかし、これによって同時に、彼は誠実な人間の、――真理の反対者、敵対者となる。……総じて「真」か「非真」かという問題について良心を持つことは、信者たる身の勝手にはならない。この点で、もし信者が誠実であれば、たちどころに彼は破滅するだろう。信者の光学というこの病理学的制約によって、信念の人は、狂信家《ファナティカー》にされる。――サヴォナローラ、ルター、ルソー、ロベスピエール、サン＝シモン――いずれも強い精神の、自由になった精神の反対の類型《タイプ》である。しかし、この病的な精神の、これら概念の癲《てん》癇《かん》病者の大袈《げ》裟《さ》な身振りは、大衆に影響を及ぼすものである。――狂信家《ファナティカー》は絵画的である。人類は、理由に耳を傾けるより、身振りを見たがるものである。……

五五[58]

――信念〔本節の信念も原語はUberzeugung〕の心理学、「信仰」の心理学についてさらに一歩を進めよう。すでに久しいあいだ私が考察に努めて来た事柄に、嘘より信念の方が真理の敵としてははるかに危険ではないか、という問題がある。（『人間的な、あまりに人間的な』上巻三三一ページ[59]。）私はこの節では決定的な問いを発しておきたい。すなわち、嘘と信念との間にはそもそも対立というものがあるのだろうか、と。——世間はみなあるのだと信じている。だが、世間というのは何でも信じてしまうものなのだ！——どんな信念にもそれぞれその歴史がある。その前形式がある。その試行錯誤がある。永いあいだ信念でなかった後に、さらに永いあいだ信念になりかかっていた後に、それはようやく信念となる。どうであろう？信念のこうした永い萌芽形式のもとに、やはり嘘も含まれているのではないだろうか？——ときによっては、ただ人を交替させれば済むという場合もあるだろう。父にあってはまだ嘘であったものが、子において信念になる、といった場合である。——私が嘘と呼ぶのは、見えるものを見まいとすること、あるいは見えるように見まいとすること、これである。嘘を目撃する人がいたかいなかったかということは、問題にならない。普通の嘘は、自分自身を欺く嘘なのである。他人を欺くのは、比較的、例外の場合である。——ところで、この見えるものを見まいとする行為、見えるように見まいとすることの行為は、何らかの意味で党派的であるすべての人びとにとって、まずは第一条件となるものである。党派人は、必然的に、虚言者である。例えば、ドイツ人の書く歴史記述は、ローマは専制主義であったが、ゲルマン人が自由の精神を世界に持ち込んだという、信念の上に立っている。この信念と、嘘との間に、どんな区別があるというのだろう？　いまさら驚くには当らない。党派人というものはいずれみな、このドイツの歴史家を含めて、本能的に、道徳の有難いお言葉を口にしているだけなのである。そうであってみれば——あらゆる種類の党派人に道徳が絶え間なく必要とされていることに道徳の大抵の存続条件があることを、あらためて驚くには当らないであろう。——「これがわれわれの信念である。われわれはこれを全世界の前に告白する。われわれはこのために生き、また死ぬ。——信念を抱くすべてのものに尊敬あれ！」――こういった科白を私は反ユダヤ主義者の口から聞いたことさえある。とんでもないことだ、諸君！　反ユダヤ主義者が原理原則に基づいて嘘をついたからといって、これによって彼がより品位のある人間になれるわけのものでは絶対にない。……このような事柄にかけてさらに洗練されているのは僧侶たちである。信念とは、目的に役立つがゆえに原理的・原則的となる虚偽のことであるが、僧侶たちは、この概念のなかに揚げ足をとられる箇所があることを非常によく心得ており、この箇所に「神」、「神の意志」、「神の啓示」という概念を挿し挟む巧妙さをユダヤ人から引き継いだのであった。カントもやはり、彼の定言命法《イムペラティーフ》によって、僧侶と同じ道を辿った一人である。カントの理性は、この点にかけては実践理性となった。――すなわち、真理や非真理に関することで、人間には決定する権能が与えられていないような問題がある、というのである。最上級の問題、最上級の価値の問題はすべて、人間理性の彼岸にある。……理性の限界を把握すること――これこそ真に哲学である。……ここまでがまず第一段階である。そこでさらに、神が人間に啓示というものを与えた目的はどこにあるのか、と問うことになる。神は何か余計なことをしたのであろうか。人間は、何が善であり何が悪であるかを自分では知ることが出来ない。したがって、神が人間に、啓示というものを通じて、神の意志を教えたのだ。……以上二点から僧侶の得た教訓――僧侶というものは決して嘘をついているのではない。僧侶が口にするような事柄の中には、そもそも「真理」や「非真理」という問題が存在していないのだ。口にできる事柄のなかには、嘘をつく余地がまったくない。嘘をつくためには、ここで何が真理であるかを、みずから決定することが出来なければならないはずであるからである。しかし、そんなことは、ほかならぬ人間には出来ない。出来ない以上は、僧侶は、神の意を代弁する口たるに留まるのである。——以上のような僧侶の三段論法は、ユダヤ教やキリスト教にのみ特有のものでは決してない。嘘への権利と、「啓示」を持ち出す巧妙さとは、僧侶というタイプに附きもののものであり、デカダンスの僧侶たると、異教の僧侶たるとの別はない。（——異教徒とは、生に対して然りを言うもの、森羅万象への大いなる肯定を神という言葉で表わすもののすべてを指していう。）——「律法」、「神の意志」、「聖典」、「霊感」、これらはすべて、僧侶がそのもとで権力にありつき、僧侶がそれによって権力を堅持するもろもろの条件を表わす言葉でしかない。——これらの概念は、僧侶的なすべての組織の地盤の上に見られるものである。すべての僧侶的な、あるいは、すべての哲人的・僧侶的な支配形態の地盤の上に見られるものである。「神聖なる嘘」、これば孔子、マヌ法典、マホメット、キリスト教会すべてに共通している——。プラトンも例外ではない。「真理はここにあり」、こんな文句はどこで叫ばれようとも、本当の意味は、僧侶は嘘をつく……

五六

結局、問題になるのは、いかなる目的のために嘘がつかれるのか、ということになろう。キリスト教には「神聖な」目的が欠けているということ、これが、キリスト教の手段に対し私が抗議している当の理由である。ここには劣悪な目的しかない。生の汚毒や、誹謗や、否定。生の蔑視。罪《ジュンデ》という概念による人間の価値既下、人間の自己汚辱。——したがって、その手段もやはり劣悪である。——私は、これとは正反対の感情を抱いて、マヌ法典〔前二世紀頃に成立したインドの法典。十二章にわたり詩歌体で叙述、宗教的で、階級上の権利義務、生活条件を規定。『偶像の黄昏』「人類の会《改良家》たち」三、参照〕を読む。これは比べようもないほど精神的な、卓抜な書物である。ほんの一瞬これを聖書と一緒に取り上げるだけでも、精神に対する罪となろう。一読して見抜けることだが、マヌ法典は本当の哲学を背後に蔵している。みずからの内に蔵している。単なるユダヤ産の悪臭紛々たるラビ主義や迷信のごときものではない。――これはいかに口の奢《おご》った心理学者にも、歯ごたえのある何ものかを与えてくれる。一番大切な点を忘れないように言っておくが、聖書のあらゆる行き方と根本的に異る処は、マヌ法典は、哲人や武人といった高貴な階級が大衆を教導するときに、用いる書物だということである。どのページを開いてみても、高貴な価値、完全充足の感情、生への肯定、自己や生に対し高らかに勝鬨《かちどき》をあげている幸福感、――太陽が、書物全体の上に照り輝いている。――キリスト教が底しれぬ卑俗さを見せつけているあらゆる事柄、たとえば生殖、女性、結婚などは、マヌ法典ではまじめに、畏敬をもって、愛と信頼とによって取り扱われている。聖書のようなあんな卑陋《ひろう》な言葉を含んでいる書物を、一体どうして、女子供の手に渡すことが出来よう。曰く、「淫行を免かるるために、人おのおの其妻《その》をもち、女もおのおの其夫をもつべし。…婚姻するは、胸の熾《もゆ》るよりも、愈《まさ》ればなり」〔『コリント前書七の二、七の九』〕。そしてまた、人間の誕生が「穢《けが》れざる受胎」immaculata conceptio という概念によってキリスト教化されている限り、つまり、穢されている限り、人がキリスト教徒であることは許されることだろうか。……マヌ法典ほどに、女性に対して思い遣りのある、親切な事柄がたくさん述べられている書物を、私はほかに知らない。この年老いた白髯の聖者たちは、女性に対して礼儀正しく振舞うという作法において、余人を寄せつけないものがある。ある箇所に曰く、「女の口、乙女《をとめ》の胸、童子《わらべ》の祈り、犠牲《いけにへ》の煙はつねに浄らかなり。」別の箇所では、曰く、「陽《ひ》の光、牡牛の影、大気、水、火、乙女の気息《いき》よりもさらに浄らかなるものなし。」最後のある箇所に曰く——これもおそらくは神聖なる嘘の一つではあるが——「臍《ほぞ》より上なる軀のすべて開きたる穴は清浄なり。下なるはすべて不浄なり。ただ乙女にありてのみ、全身、これ清浄なり。(60)」

五七

キリスト教の目的がひとたびマヌ法典の目的に即して測られるなら——そしてこの両者の間に見られる目的上の最大の対立に強い光線を当ててみるなら、キリスト教の用いる手段の非神聖性は、まさしくその犯行現場で取り押さえられることになるであろう。キリスト教の批判者は、キリスト教を嘲弄しないですますわけにはいかない。——マヌ法典のような、ああいった質《たち》の法典は、あらゆる秀れた法典と同じような成立事情を持っている。それは幾世紀にもわたる経験や、智慧や、実験道徳を総括し、これらを取り纏《まと》めているのであって、何ひとつ新たに創り出すわけではない。ゆっくり時間をかけ高価な犠牲を払って獲得された真理に権威を持たせようとする手段は、真理をそれによって証明しようとする手段とは、根本的に違ったものである。まずこのことをはっきり見ておくことが、この種の法典編纂の前提なのである。法典というものは、法の功用や、根拠を、また法に先行した決疑論〔Casuistik、二一節注参照〕を報告するものではない。そんなことをすれば、法典はその命令的な調子を失ってしまうだろう。「汝為すべし」という命令的語調は、法が遵守されることの前提なのである。問題はまさしくこの点にある。——一民族の発展が一定点に達したとき、民族の中でいちばん洞察力に富んだ階層、つまり過去や未来をいちばん遠くまで見渡すことのできる階層が、民族の受けて来たそれまでの経験を一つの纏《まと》まったものとして明言するようになるのである。それまでの経験は、民族が今後の生を託して行くべきものであり、また、言いかえれば、託して行くことができるものだと、彼らは考える。彼らの狙いは、あの過ぎ去りし実験の時代、苦しい経験の時代から、できる限り豊富に、そしてできる限り完全に収穫を持ち帰ることにある。したがって、その際まず真先に避けなければならないことは、実験がこれからもなおずっと継続して行くということ、このことである。価値の流動する状態の継続、無限につづく価値の吟味、選択、批判も、避けなければならない。そこでこれに対し二重の防壁が設けられることになる。第一の防壁は、啓示である。これが主張するのは次のようなことである。すなわち、かの法の道理は人間に由来するものではない。長い時間をかけ、幾たびも過ちを繰り返して探究され、発見されたものではない。そうではなくて、法の道理は神に源を発するものであり、完全にして無欠、歴史を持たず、一つの賜物として、一つの奇蹟として、単に神からお告げのあったものだというのである。……さらに第二の防壁は、伝統である。これは次のように主張する。すなわち、法はすでに太古以来存続してきたものであって、これを疑問にするというのは不敬であり、祖先に対する犯罪だというのである。法の権威というものは、神、法を与へ給ひき、祖先これを身をもって生きたりき、というテーゼをもって基礎づけられるものだというのである。――以上のような手続きが取られるには、それなりの高度の理法というものがあるはずだが、この理法は、民族の生から意識を一歩一歩押し退けようと企てる。民族が正しいと認めた生、（すなわち、これまでの莫大な量の、厳重に篩《ふるい》にかけて吟味してきた経験によって証明ずみの生）から、意識を追い出してしまおうと企てる。その結果、本能というものの完全な自動現象が達せられるのである。——このことが、生の技術においてあらゆる種類の名人芸、あらゆる種類の完璧さを得るための前提にほかならない。マヌ法典の流儀に従って法典を編纂するといったことは、以降ひとつの民族に、名人となること、——完璧となること、——いいかえれば、生の最高の技術めざして野心を燃やすといった点を認めることと同じ意味なのである。そのためには、民族はいったん無意識化されなければならない。これがすべての神聖な嘘の目的である。カスト制度の秩序は、最上位の、支配的な律法であるので、一つの自然秩序を、つまり第一級の自然的法則性を、ただ単に承認裁可したというにすぎないものなのであって、いかなる人間の恣意も、いかなる「近代的理念」も、これを左右することなどはとうてい出来ない。健全な社会であればすべて、生理学的に重心を異にした三つの型が、互いに制約し合いながら、ばらばらに立ち現われるものである。三つのうちのどの型も、それぞれ独自の衛生学、独自の仕事の領域、そして独自の完璧さの感覚と名人芸とを持っている。第一にすぐれて精神的な人びと、第二にすぐれて筋肉および気性の強い人びと、そして三番目に右のいずれかの点においても傑出していない人びと、つまり中庸な人びと、この三つの型を互いに区別するのは、じつは自然なのであって、マヌではない。——ところで、以上のうち三番目の人びとが大多数を占め、第一番目の人びとは選ばれたエリートである。最上位のカスト——私はこれを最少数者と呼ぶが——は完璧なカストとして、また最少数者にのみ許された特権を有してもいるのである。その特権の一つは、幸福、美、善を地上に体現すること、まさしくこれである。最も精神的な人びとのみが美への、美しきものへの許しを持つ。ただ彼らにおいてのみ善意は弱さではない。「美しきものは少数者のものなり」Pulchrum est paucorum hominum〔Paucorum以下、ホラチウス『諷刺詩』一、九、四四〕である。善は一つの特権にほかならぬ。彼らに許されていないのは、これに反し醜い作法、あるいはペシミスティックな眼差し、つまり、ものを醜くする眼である。——あるいは、事物の全体的な様相に対して憤慨することさえ、彼らには許され得ないのである。憤慨はチャンダーラ〔インドの賤民、カスト外の非人〕の特権である。ペシミズムもまた同様である。「世界は完全である」〔『ツアラトゥストラ』第四部「正午」〕と、最も精神的なものの本能、肯定する処の本能が語っている。「不完全さもまた、この完全さには必要である。あらゆる種類のわれらの下なるもの、距離、距離のパトス、チャンダーラそのものでさえ、この完全さにとっては必要である」と。最も精神的な人びとは、最も強きものとして、他の人びとであれば破滅してしまうであろうような場所に、彼らの幸福を見出す。迷宮の中に、自他に対する酷薄さの中に、実験の中に、彼らの幸福を見出す。彼らの悦びは自己抑制である。禁欲は、彼らにあっては天性であり、欲求であり、本能なのだ。困難な使命が彼らには特権と考えられる。他の人びとならば押し潰されるであろうような重荷と戯れることが、彼らにあっては一種の息抜きである。……認識——禁欲の一形式。——彼らは最も尊敬すべき種類の人間である、ということは、別段、彼らが最も快活な、最も愛すべき種類の人間である、ということを不可能にするわけではない。彼らが支配するのは、彼らが支配したいと欲するからではなく、彼らが存在するからにほかならない。彼らには、第二位の者であるという自由がそもそもないのである。——第二位の人びと——それは法の番人であり、秩序および安全の守り手であり、そして、高貴な戦士たちである。それは何にもまして、戦士、裁判官、法の維持者を表わす最高形式としての王である。第二位の人びとは、最も精神的な人びとの執行官であり、彼らに所属している側近であり、彼らから支配の仕事にからまる粗野なものをことごとく省いてやる人びとである。——いいかえれば、最も精神的な人びとの従者であり、右手であり、最善の弟子にほかならない。

——繰り返し言っておきたいが、以上に述べて来たいっさいのうちに、何ひとつ恣意であるものはない。何ひとつ「作為」はない。これとは別のあり方こそが、作為の産物であって、——そのときには、自然は辱しめられている。……カストの秩序、位階秩序は、生そのものの最上の法則を方式化しているだけなのである。三つの型を裁然と区別することは、社会の維持のために、つまりより高い型、最も高い型を可能にするために、必要である。——権利の不平等ということがあってはじめて、そもそも権利というものが存在することの条件が成立する。——権利とは、特権にほかならぬ。誰でも、それぞれの存在の仕方に応じて、自分の特権というものを持っているものである。中庸な人びとのさまざまな特権を過小評価しないようにしよう。生は高みに近づくにつれて、いよいよ苛酷となる——。冷気は増大し、責任は大きなものとなる。高い文化というものは、一つのピラミッドである。それはひとえに広い地盤の上にのみ聳《そび》えることが出来る。それは何といっても、強く、健康に固められた中庸さを前提としているのである。手工業、商業、農業、学問、芸術の大部分、一言でいえば職業的活動ともいうべきものはすべてひっくるめて、能力と欲求における中庸さとほどよく折り合いをつけているのだ。このようなものは例外者のもとでは所を得ないであろうし、この中庸さに属する本能は、貴族主義《アリストクラティズム》とも、無政《アナ》府主義《ーキズム》とも、そのどちらとも相容れないであろう。人が一個の公益的存在であること、つまり、歯車であること、機能であることのためには、一種の自然的規定が存在するのであって、いいかえれば、大多数の人びとを知的な機械に仕立て上げるのは社会ではなく、大多数の人びとが単に何かをする能力があるというだけで感じているていの幸福感である。中庸な人びとにとっては、中庸であることが、一つの幸福なのだ。何か一芸に秀でてみたり、専門化したりすることが、一つの自然な本能なのだ。中庸であるということとそのことに対して異議をさし挾んだりするのは、より深い精神には完全にふさわしからぬことであろう。中庸というものは、それだけで、例外者が存在することを許されるために必要な第一要件である。高い文化は、中庸さを条件としているからである。例外的人間が、まさしくこの中庸な人びとを自己や自己と同等なるもの以上にやさしい指先で扱うとしたら、それは単に気持の上の礼儀であるばかりではない――簡単にいえば、それは彼の義務なのだ。……今日の賤民の中で私が最も憎む者は何ものであろうか。社会主義者という賤民、チャンダーラの使徒なのである。彼らは労働者の本能、悦び、そのささやかな存在に対する満足感を覆えし、――労働者に羨望の念を起こさせ、彼らに復讐感を教え込んでいるからだ。……不当なのは、そもそも不平等な権利にあるのではない。「平等」な権利を要求することとそのことのうちにあるのだ。……何が良くないことか。だが、私はすでにそのことを語って来た。すなわち、弱さ、妬み、復讐に由来する処のいっさいのもの。――無政府主義者《アナーキスト》とキリスト者とは、素姓が一つである。……

五八

人がどのような目的のために嘘をつくのか、嘘によって人は何かを守ろうとしているのか、それとも壊そうとしているのか、それが、実際、大きな違いをなすのである。キリスト者とアナーキストとの間に一つの完全な等式を設定することが許されよう。彼らの目的、彼らの本能はもっぱら破壊に向かっているのだから。以上のような命題に対する証拠は、歴史の中からあっさり読み取られねばならぬ。というのも、歴史は、以上のような証拠を恐しいほどはっきりした姿で含んでいるからである。先の章で私たちは、ある宗教的な法の成立次第を学んでみた。法の目的は、生が栄えるための最高条件、社会というある大きな組織を「永遠化」することだと分った。――しかるにキリスト教は、そのような組織の中では生が栄えてしまうという理由から、まさしく、そのような組織を終らせてしまうことにその使命を見出したのであった。マヌ法典にあっては、長期にわたる実験と不確定の揚句に入手した理性的所得を、ずっと遠い先までも利益があがるように投資し、収穫を極力、大きく、豊かに、完全に持ち帰るべきものであるとされたのに引き比べ、キリスト教にあっては、これとは反対に、一夜のうちに収穫の中へ毒が入れられたのであった〔『マタイ伝』一三の二四～三〇〕。……「青銅よりも永遠な」aere perennius〔ホラチウス『カルミナ』三、三〇、一〕存在であったもの、ローマ帝国、これに比べればいっさいの先のもの、いっさいの後のものも継ぎはぎであり、不細工であり、素人芸にすぎないような、困難な条件のもとに出現した処の、これまで達せられたうちの最も壮大な組織の形式。ところで、かの神聖なるアナーキストたちは、この「世界」を、すなわちローマ帝国を、石ころ一つ跡を留めぬまでに破壊することを、つまりゲルマン人やその他の荒くれ者でさえこれを支配できるといった処にまで破壊することを、一つの「敬虔な行為」となしたのである。……キリスト者とアナーキスト、これはともにデカダンであり、両者ともにものごとを解体し、汚毒し、萎縮させ、血を啜るよりほかに能がなく、両者ともにいっさいの立っているもの、偉大に存立するもの、持続性を持っているもの、生に未来を約束するもの、そうした処のいっさいに対して不倶戴天の敵意を抱く本能なのである。……キリスト教はローマ帝国の吸血鬼であった。――それは、成熟に時間のかかる偉大な一文化のための地盤を得ようとしてきたローマ人の巨大な事業を、一夜にして無為にしてしまったのである。こんなことがまだ相変らず分らないのだろうか。私たちの知っているローマ帝国、ローマ属領の歴史によって私たちにいっそうよく知られるようになったローマ帝国、偉大な様式を具えたこの驚嘆すべき芸術作品は、一つの始まりだったのであって、その構造は、幾千年たって真価を発揮するよう仕組まれていたのだ。――これほどのものは今日に至るまでついぞ建造されたことがない。これと同じ規模で、「永遠の相の下に」sub specie aeterni 建造がなされるというようなことは、以降、夢想だにされなかったことなのである！――この組織は、幾人もの拙劣な皇帝を経ても耐えられるほど十分に堅固なものであった。つまり、諸人物の偶然などは、こうした事柄においては何ら関係があってはならないからである。――以上があらゆる偉大な建築の第一原理である。にも拘わらず、この組織は最も頽廃的な種類の頽廃に対しては、つまり、キリスト者に対しては、十分に堅固ではなかった。……この密やかな虫類、夜と霧と曖昧のうちにすべての個人に忍び寄り、あらゆる個人から、真なる事物に対する厳粛、現実に対する本能一般を吸い取ってしまった虫類、この卑怯な、女性的な、砂糖のように甘い徒党は、あの巨大な建造物から、しだいしだいに、「魂ある人びと」を遠斥けてしまった――あの価値ある人物たち、あの男性的な気高さを備えた人物たち、ローマの問題の中に自分自身の問題を感じ、同時に自分自身の真剣さ、自分自身の誇りを感じていたあの人物たちを遠斥けてしまったのである。これら不平分子的な潜行、秘密集会風の隠密さ、地獄だとか罪なきものの犠牲だとか血を飲んで神と冥合《ウニオ・ミスチカ》を遂げるとかいった風の陰惨な概念、そして何よりも徐々に掻き立てられて来た復讐の、チャンダーラ的復讐の火。――ローマを支配したものはまさしくこれである。これはかつてエピクロスがその先在形式において早くも戦いを仕掛けていた宗教と同じ種類の宗教なのである。エピクロスが何を相手に戦いを仕掛けていたかを分るためには、ルクレチウスを読めばいい。エピクロスが戦った相手は異教ではなく、「キリスト教」なのである。言うなれば、罪とか罰とか不死とかいった概念による魂の腐敗なのである。――彼は地下的な礼拝、潜在的なキリスト教全体に対して戦いを挑んでいたのだ。――不死を否定することは、その頃すでに一つの現実的な救済であった。――そしてエピクロスはあわや勝利を収める処であった。ローマ帝国における尊敬すべき人物はいずれみなエピクロス派であったのだ。が、そのときであった、パウロが現われたのは。……パウロ、ローマに敵対し、「世界」に敵対するチャンダーラ的憎悪の権化にしてかつ天才と化せし人物。ユダヤ人、しかも選り抜きの、永遠のユダヤ人。……この男が見抜いたのはこういうことである。ユダヤ教から離れたキリスト者の小さな宗派運動の授けを借りれば「世界的大火事」に火を点けることが出来るであろうということ、そして、「十字架に掛けられし神」というシンボルをもってすればすべての下層民、すべての密かに反乱を起こしたがっている連中、ローマ帝国内のアナーキズム的陰謀の遺産全部を一個の巨大な勢力に結集することが出来るであろうということ、このことであった。「救いはユダヤ人より来たればなり」〔「ヨハネ伝」四の二二〕、である。――あらゆる種類の地下的礼拝、たとえばオシリス〔死霊を裁決し、死者の、活を司るエジプトの主神〕や、大母神〔母なる大地の神ガイア、レア、デメテル〕や、ミトラ〔ペルシアの太陽神〕の礼拝などを〔以上の東方的神々への礼拝は、共和制末期のローマに流布した〕はるかに凌ぐための、――しかも、これらを集大成するための方式としてのキリスト教、まさしく、この洞察のうちにこそパウロの天才が存するのだ。彼の本能はこの点にかけては寸分の狂いもなかったので、彼は真理に対し容赦のない暴行を加えて、かのチャンダーラ諸宗教がそれで人を魅惑するもろもろの想念を、自分の発明した「救世主」の口の中へ挿し入れたのである。いや、単に口の中へばかりではない。――彼は救世主なるものを、ミトラの祭司でも理解できるような代物に拵え上げたのである。……これがパウロのダマスコ〔パウロ回心の地、『使徒行伝』九章〕の瞬間であった。彼は悟ったのだ、「世界」からその価値を奪い取るためには、不死の信仰を必要とするということを、「地獄」という概念が今でもローマを左右できることを、――そして「彼岸」をもって生を殺すことを。……ニヒリスト（Nihilist）とキリスト者（Christ）、これは韻が合う、いや、韻が合うばかりではない[61]……

五九

古代世界の全事業は徒労に終った。私はかくも法外な出来事に対して、私の感情を表わすに足るような言葉を持たない。――しかも、古代世界の事業は一つの準備工作であったこと、数千年に及ぶある事業への基礎工事がこのときようやくにして花崗岩のごとき堅い自覚をもって据えられたばかりであったこと、以上を考慮すれば、古代世界の意味全体が徒労に終ったことになるのだ！……何のためのギリシア人であったか？　何のためのローマ人であったか？――学識ある文化のすべての前提、すべての学問的方法は、すでにそこにあったのだ。良く読むという偉大な、比類のない技術はすでに確立されていた。――文化の伝統への、学問の統一へのこの前提はすでに確立されていたのである。自然科学は、数学および力学と相携えて、最善の途についていた。――あらゆる感覚の中の最も究極の、最も価値のある事実の感覚は、その修練の道場、そのすでに幾千年にわたる伝統を有していた！　人びとはこのことを理解しているだろうか？　仕事に着手することが可能であるための、いっさいの本質的なものは発見されてあったのだ。――すなわち方法とは、十遍でも繰り返して言わねばならぬことだが、最も本質的なものであり、最も困難なものでもあり、また、最も久しく習慣と怠慢とを敵に廻して戦って来た処のものでもある。われわれが今日、言語に絶する克己心をもって――というのは、われわれはみな劣悪な本能、すなわちキリスト教的本能をまだなんとなく身につけているからなのだが――われわれのために取り戻した処のもの、現実に対する自由な眼光、慎重な手、きわめて些細なものにおける忍耐と真剣さ、認識のまったき誠実――そうしたものはすでにそこにあったのだ。二千年以上も前にすでにあったのだ！　しかも、それにさらに加えて、秀れた、洗練された機才と趣味もあったのだ！　脳髄の訓練としてではない！　がさつ者流儀の、「ドイツ的」教養としてではない！　そうではなく、身体《しんたい》として、態度として、本能として――一言でいえば現実《レアリテート》として。……こうした何もかもが徒労に終ってしまったのである。一夜にして、ただ単に、一つの思い出になってしまった！　――ギリシア人！　ローマ人！本能の高貴さ、趣味、方法的研究、組織と行政の天才、信念、人類の未来への意志、ローマ帝国としてまざまざと見えて来る、すべての感覚に対してまざまざと見えて来る事物全体に対する偉大な肯定、もはや単なる技術ではなく、現実となり、真理となり、生となっていた偉大な様式、これらは徒労に終ってしまった。……――しかも、何かある自然の災害でも起きて、一夜にして土砂に埋められてしまったというのではない。ゲルマン人や、その他の鈍重な足の持主たちに踏み潰されたというのでもない。そうではなく、狡猾にして陰険な、姿を見せない貧血の吸血鬼どもによって凌辱されたのである！　打ち敗かされたのではない――ただ吸い尽くされたというにすぎないのである！……隠れた復讐心、小さな嫉妬が支配者となった！　すべての憐れむべきもの、自らに悩めるもの、劣悪な感情に襲われているもの、魂のユダヤ人街的世界全体が、一挙にして上位に伸し上がって来たのである！ ―― ――誰でもいい、ひとりキリスト教のアジテーターを、例えば聖アウグスチヌス[62]あたりを、僅かでも読んでみるといい。そうすれば、これにより一体どんな種類の不潔な連中が上位に伸し上がって来たかを理解し、嗅ぎつけることができるであろう。キリスト教運動の指導者たちに、何らかの知的欠陥を仮定するようなことがあるとしたら、それはまったくの処、勘違いというものであろう。――おお、彼らは怜悧だ、神聖なまでに怜悧だ。これらの教父諸公は！ 彼らに欠けているものは全然別の何ものかである。自然が彼らを等閑《なおざ》りにしてしまったのである。――尊敬すべき、品位ある、純潔な本能という慎しやかな嫁資を彼らに持たせてやることを、自然は忘れてしまったのである。……内輪の話だけれども、彼らは男でさえないのである。……回教はキリスト教をばかにしているが、それはしごく当り前な話である。回教は男を前提としているのだから。……

六〇[63]

キリスト教はわれわれから古代文化の収穫を奪い去ったのである。後でもう一度、キリスト教はわれわれから回教文化の収穫をも奪い去ったのである。スペインの驚異的なムーア人の文化世界、それは畢竟するにローマやギリシアよりもわれわれに親近感があり、感覚と趣味に訴えて来る処も大きいのだが、それも踏み躙られたのである（――どんな足によってかは、私は言わない――）。なぜ踏み躙られたのだろうか？ それはムーア人の文化世界が高貴な本能、男性的な本能にその発生を負っていたからであり、ムーア人の生活が類《たぐい》稀な、洗練をきわめた華麗さを持っていて、そのうえなお生に対して然りを言っていたからなのである！ ……後年、十字軍の騎士たちが戦いを仕掛けた相手は、むしろその前に平《ひ》れ伏した方が彼らにはまだしもましであったような、何ものかで——われわれのこの十九世紀ですら、これに比べればきわめて貧弱、きわめて「末世」に思われるような一つの文化なのである。——もちろん、彼らは獲物が欲しかったのだ。というのも、オリエントは富んでいたから。……あけすけに語ってみよう！ 十字軍——かなり高級な海賊、それ以上の何ものでもない！ ——ドイツの貴族は、とどのつまりはヴァイキング風の貴族であって、こうしたことによってはじめて、その本領を発揮したのである。つまり、教会はこのようなドイツの貴族をわが手に収める手段を、知りすぎるほどよく心得ていたのである。……ドイツの貴族、これはつねに教会の「スイス人」〔カトリック教会の門衛はよくスイス人がつとめたので、ここでは門衛、守衛の意味〕なのであって、教会のあらゆる劣悪な本能にいつも奉仕して来た存在である。——ただし、いい給料を貰ってはいるのだ。……ほかでもない、ドイツ人の剣の、ドイツ人の血と勇気といったものの援けを借りて、教会は、地上のいっさいの高貴なものに対して恐るべき戦闘を遂行して来た！ その場所にはおびただしい悲痛な問題が存在することとなる。ドイツの貴族が高級な文化の歴史面に顔を出すことはめったにないのだ。その理由は見易い処である。……キリスト教、アルコール、——頽廃の二大手段。……回教とキリスト教を目の前にすれば、アラブ人とユダヤ人を目の前にする時と同様に、もともと選択の余地などあろうはずはなかったのである。どっちを選ぶかなど、決定はすでになされている。ここにおいていまさら選択するなどという自由は、誰にもない。その人がチャンダーラであるか、それとも、そうでないか、選択はそのいずれかである。……「ローマとは刃《やいば》に賭けての決戦、回教とは平和、友好」、こんな風に、かの偉大な自由精神、ドイツ皇帝の中の天才フリードリヒ二世は感じたのであり、またこんな風に、実行したのであった。え、何だって？　ドイツ人が礼節正しい感じ方をするためには、まず天才であり、まず自由精神でなければならないんだって？　ドイツ人がかつてどのようにしてキリスト教的な感じ方をすることが出来たのか、これは私には分らない。……

六一

ここで、ドイツ人にとってはさらに百倍も痛ましい一つの思い出に触れておく必要がある。ヨーロッパのために持ち帰るように取り置かれた最後の偉大な文化の収穫——ルネッサンスの収穫を、ヨーロッパから奪い去ったのはドイツ人なのである。ルネッサンスというものが何であったか、つまるところ、諸君には分っているのか、分ろうとする気があるのか。ルネッサンスとは、キリスト教的諸価値の価値転換にほかならぬ。キリスト教とは反対の価値、高貴な価値に勝利を与えるために、あらゆる本能、あらゆる天才をあげて企てられた試みなのである。……これまでに世にあった偉大な戦いと言えば、ひとえにこの戦いだけである。これまで世に出された問題提起と言えば、ルネッサンスのそれよりも決定的な問題提起はなかった。——ルネッサンスの問題、それは私の問題でもある。というのもこれ以上に根本的な、これ以上に単刀直入な、またこれ以上に全戦線をあげて中心に切り込む峻烈な攻撃の形式は、これまで世に存在したこととてなかったからだ！　決定的な場所で、キリスト教の本拠そのものに攻撃を仕掛けること、そこで高貴なる諸価値を王座につかせること、これは言ってみれば、安心して収まり返っている人びとの本能の唯中へ、奥底の欲求と欲望の唯中へ、高貴なる諸価値を持ち込むことなのである。……私は眼の前に、この世のものとは思えない魔力と色彩の絢爛さを備えた一つの可能性をありありと思い浮べる。――その可能性は洗練された美のあらゆる戦慄の中に燦然と輝いているように私には思える。この可能性のうちに営まれる芸術は、いとも神的、いとも悪魔じみて神的であって、その後何千年かかって探しても、かような可能性に引き続くものは、探しても無駄であるように私には思えるのである。私は一つのお芝居をありありと思い浮べる。それはまことに含蓄があり、また同時に、言いようもないほど奇妙に逆説的なものなので、オリュンポスの神々が見たら、ひとり残らず不滅の哄笑に誘われかねなかったであろう。――そのお芝居とは、法王としてのチェーザレ・ボルジア。[64]……私の言うことがお分りであろうか？……はて、さて、こういうことが起こっていれば、それこそ勝利であったであろう。こういう勝利をひたすら求めているのは、今日では私ひとりである。――この勝利によって、キリスト教は、片がついたのだ！――ところがどういうことが起こったか？ドイツの一修道士、ルターがローマへやって来た。この修道士は、挫折した僧侶のあらゆる復讐好きの本能を身内に潜めていて、ローマにあっても、ルネッサンスに抗する反旗を翻えしたのである。……キリスト教をその本拠において克服するという、すでに実現していたこの壮大な出来事を、きわめて深い感謝をもって理解する代りに――ルターの憎悪感は以上のような壮大なお芝居から、わずかに自分の養分を引き出すことを心得ていたにすぎなかったのである。宗教的人間というものは、自分のことしか考えないものである。――ルターは法王制度の腐敗を目の当りにしたのである。ところが、これとまさしく正反対のことがこの頃すでに明白になっていたというのに。つまり古い腐敗、「原罪」peccatum originale、キリスト教は、その頃もはや法王の座についてはいなかったのである！　そうではなく、法王の座を占めていたのは、生であった！　生の凱歌であった！　すべての高い、美しい、大胆な事物への偉大な肯定であった！　……ところがルターは教会を再興したのであった、つまり彼は教会を攻撃したからだ。……ルネッサンス――それは無意味な出来事、一つの大きな無駄となった！　――ああ、これらのドイツ人たち、ドイツ人のためにわれわれはすでに何という犠牲を払わされて来たことだろう！　無駄――これがいつの世もドイツ人の事業であった。――宗教改革、ライプニッツ、カント、並びにいわゆるドイツ哲学、さまざまな「解放」戦争、帝国――どれ一つをとっても、すでにそこにあったもの、二度と取り戻しようのないものに対する無駄であった[65]。……私は告白する、彼らこそ私の敵なのだ、これらのドイツ人こそ。私は彼らのうちに潜む、あらゆる種類の概念と価値の不清潔、あらゆる誠実な肯定と否定とを前にしたときの臆病さを、軽蔑する。ドイツ人たちは、ほとんど一千年このかた、指を触れたものなら何でも、ちりぢりに縺れさせ、うやむやに掻き乱して来たのである。ありとあらゆる中途半端な事柄――八分の三といった事柄――ヨーロッパはそういう病気にかかっているのだが、それについて、責任のあるのはドイツ人である。およそこの世に存在し得る最も不潔な種類のキリスト教、最も癒しがたい、すでに病い膏盲に入った種類のキリスト教、すなわちプロテスタンティズムについて責任があるのも、やはりドイツ人なのである。……もしキリスト教と手を切れないのであるとすれば、その責めはドイツ人が負うべきであろう。……

六二

――以上において私は結論に達したので、私の判決を下すことにしよう。私はキリスト教に有罪の判決を下す。私はキリスト教教会に対して、かつて告訴人なるものが口にした限りの告訴のうちで、最も恐ろしい告訴を行おうとする者である。キリスト教教会とは、私には考えられるいっさいの腐敗のうちの最たるものに思われる。キリスト教教会は、最後の、およそ可能な限りの腐敗への意志を持っていた。キリスト教教会は、いかなるものをも己れの堕落と無関係に済ませることはなかった。それはあらゆる価値を無価値とし、あらゆる真理を嘘と化し、あらゆる誠実を魂の卑劣と変えて来た。それでもまだキリスト教教会の「人道主義的」な祝福について喋りたい方がおありなら、敢てそうなさるがよろしい！　何かある窮境を取り除くといったことは、教会の最も深い功利に反することであった。というのは、教会は窮境を喰い物にして来たからである。それどころか、教会は窮境を創造して来た、自己を永遠ならしむるために。……例えば、罪悪といった蛆虫《うじ》である。この窮境によって、はじめて教会は人類を豊かにして来たのである！　――「神の前における霊魂の平等」、このごまかし、性根の卑しい人種の怨恨をごまかすためのこの口実、ついには革命、近代的理念、そして社会の全秩序の衰亡原理となったこの概念の爆薬は――キリスト教のダイナマイトだ。……キリスト教の「人道主義的」祝福！これは人間性《フマニタス》から、自己矛盾を、自己冒瀆の技術を、いかなる犠牲を払ってでも嘘を押し通そうとする一個の意志を、善良で正直なあらゆる本能に対する反感と侮蔑を、こういったものを引き出して、育成することにほかならない！　――私にとって、キリスト教の祝福なるものが、かかるものであるとは！――教会の唯一つの実践は、寄生虫的な生き方であろう。寄生虫的な生き方とは、その萎黄病〔植物の退緑、白化。〕

〔発育期の少女の貧血症など〕的な理想でもって、その「神聖」の理想でもって、生へのあらゆる血を、あらゆる愛を、あらゆる希望を飲み干して行くことである。彼岸とは、あらゆる現実を否定しようとする意志であり、十字架とは、かつて存在した最も地下的な謀反の認識標にほかならない。――それは、健康に対し、美に対し、質の良さに対し、勇敢さに対し、精神に対し、そして魂の善に対する謀反であり、生そのものに対する謀反にほかならない。……

キリスト教のこの永遠の告訴を、私は壁という壁に、壁さえあればどこにでも、書き記したい。――私は盲人でも見られる文字を持っている。……私はキリスト教を一個の大いなる呪詛、一個の大いなる内心の頽廃、一個の大いなる復讐の本能と呼ぶ。この復讐本能に対して見れば、その他のいかなる手段といえども十分に有毒ではなく、十分に陰険でなく、十分に地下的でなく、十分に卑小とは言えないだろう。――私はこれを一個の不滅なる人類の汚点と呼ぶ。……

ところが(66)、この宿命の始まった凶日をもとにして――キリスト教の第一日を起点にして、時は計算されているのだ！――どうしてキリスト教の最後の日を起点として、時を計算する方を選ばないのだろうか？――今日〔すなわち一八八八年九月三十日〕を？起点として？――あらゆる価値の転換(67)！……

キリスト教に反抗する律法

救済の日に、第一年の最初の日に（――偽りの時の計算法に依れば一八八八年九月三十日に）公布される。

悪徳に対し決戦を挑む。悪徳とはキリスト教のことなり。

第一命題――あらゆる種類の反自然は悪徳なり。最も悪徳を具えし種類の人間は僧侶なり。僧侶は反自然を教えるがゆえなり。僧侶には反抗する謂はれなく、刑務所あるのみなり。

第二命題――いかなる礼拝に参列するも、公衆の道義に対する暗殺行為なり。カトリック教徒に対するよりも、プロテスタント教徒に対して、いっそう酷薄苛烈に当るべし。信仰堅固なるプロテスタント教徒に対してよりも、自由寛大《リベラール》なるプロテスタント教徒に対して、いっそう酷薄苛烈に当るべし。キリスト者たることにおける犯罪性は、世人が学問に近づくその度合に応じ、ますます増大せん。故に、犯罪者中の犯罪者は哲学者なり。

第三命題——キリスト教が怪蛇バジリスク〔アフリカの砂漠に住み、人を睨み殺すという伝説上の蛇〕の卵を孵化せし呪ふべき地は、完膚なきまでに破壊さるべし。其処は地上の極悪非道の場所として、後世のあらゆる人々の恐怖の的となるべし。その地にて毒蛇の飼育に当るべし。

第四命題——純潔童貞への説教は、反自然への公然たる煽動なり。性生活のいかなる侮蔑も、また「不潔」といふ概念による性生活のいかなる不潔化も、生の聖なる精神に反抗する本来の罪なり。

第五命題——僧侶と食卓を共にする者は、追放の憂き目に会はん。これにより、実直誠実なる社会から村八分にされることも起こらん。僧侶はわれらがチャンダーラなり。——須《すべから》く僧侶の法的保護を停止し、僧侶の糧道を断ち、僧侶を何方《いづち》なりと荒野へ追ひ払ふべし。

第六命題——謂はゆる「聖なる」歴史は、それにふさはしき名称をもって、呪はれし歴史として、呼ばれるべし。「神」「救世主」「救ひ主」「聖者」なる語は、罵詈讒謗《ばりざんぼう》の言葉に、犯罪者用の記章マークに、利用さるべし。

第七命題——残余の事はそこから必ずや生ぜん。

アンチクリスト

訳注（デ・グロイター版全集の編者による注を基本に）

――この注は、白水社版ニーチェ全集の底本をなすデ・グロイター版全集と同一内容の小型廉価版全集 *Kritische Studienausgabe in 15 Bänden* の第十四巻の、デ・グロイター版全集の編者による詳細な注を、訳者の判断によって選択し、提示している。紙数の許す限り、できるだけ多数の、正確な再現を目ざし、原則として、訳者単独の注を含まない。いわゆる「訳注」は、大部分、二行割注として本文中に組み込まれている。例外的にここにそれを記載した場合には、そのつど文末に（――訳者注）と断わってある。

Ⅰ及びⅡは、白水社版ニーチェ全集の第Ⅰ期及び第Ⅱ期を、つづく和数字は巻数を示す。以下（例えば15〔一一八〕）は、デ・グロイター版全集からそのまま引き継がれた整理番号で、ページ数ではない。ページの明示を要する場合には、そのつど「……ページ」と断わってある。

訳者による注の選択基準は、次の通りである。ニーチェの他の著作や遺稿への参照指示は、白水社版ニーチェ全集の巻数を明示して、洩れなく再現している。ただし、デ・グロイター版全集の巻数が示されず、単に草稿の束を表す記号だけが示され、字句や内容の異同が記録されている場合は、重要な例外――例えば注（22）を除いて割愛されている。

テキストの組み変えや挿し込み等の煩雑な文献学的説明は、訳者によって要約、改筆されている。それ以外の事項は、できるだけ多く再現する方針がとられている。ただし、デ・グロイター版全集の編者の誤植ないし誤記、明らかな不見識は除外されている。

『偶像の黄昏』

（1）「箴言と矢」全体に対し、Ⅱ・十一 15〔一一八〕参照。

（2）「箴言と矢」一に対し、Ⅱ・十 11〔一〇七〕参照。

（3）ショーペンハウアー「真実の小像は単純である。」(Simplex sigillum veri) を参照、と示唆されているが、このつながりはやや考え過ぎではないか。

（4）「箴言と矢」六に対し、Ⅱ・十 11〔二九六〕の『ゴンクールの日記』Ⅰ (*Journal des Goncourt*, Paris 1887. Ⅰ) 二九二ページからの抜粋を参照。

(5)「箴言と矢」七に対し、Ⅱ・十 9 [七二] 参照。

(6)「箴言と矢」八の本文と同一の文章が、『この人を見よ』「なぜ私はかくも賢明なのか」二、にある。

(7)「箴言と矢」一三に対し、Ⅱ・十 11 [二九六](四五〇ページ)の「男は女に自分のすべての詩を与えることによって、女を作った……ガヴァルニ」を参照。また前出『ゴンクールの日記』Ⅰ二八三ページの「会話が女の話になった。彼の言う処によれば、女を作ったのは男である。女に自分の持つ詩のすべてを与えたのは、男である。」を参照。

(8)「箴言と矢」一四の原稿の隣りのページに『ゴンクールの日記』Ⅰ三八七ページからの引用「――自らの価値を十倍にするために、彼らはゼロを求める。」(Ⅱ・十 11 [二九六] 参照) が記されてある。

(9) panem et Circen...... ローマ人は支配者に対し panem et circenses (パンとサーカス)、すなわち食物と遊戯とを求めた(出典はユウェナリス『諷刺詩』十、八一)。この言葉にかけた洒落である。Circe は人間を獣に変える妖魔で、『オデュッセイア』に出てくる。(――訳者注)

(10)「箴言と矢」二〇に対して、Ⅱ・十 11 [五九] 参照。

(11)「箴言と矢」二一は、「強者の禁欲主義について」(Ⅱ・十一 15 [一一七]) と題された、かなり長い断片の中から、ニーチェによって取られている。

(12)「箴言と矢」二二は、ある断片(Ⅱ・十二 18 [九])の中から、ニーチェが抜き取っている。

(13)「……底を踏めないからである。」につづけて、別の原稿では、「しかし、女には底がないのだ。女はダナオスの穴のあいている桶である。」となっている。また、『ゴンクールの日記』Ⅰ、三二五ページの「われわれは彼に尋ねた、彼がかつて女を理解したことがあるかどうか、を。――女だって、が、そいつは不可能だ。女が深いからというのではない。中がからっぽだからだ!――」のガヴァルニの言葉をも参照のこと。

(14) Ernst Moritz Arndt, *Des Deutschen Vaterland* (1813) の一節をめぐっての、ガストとニーチェの往復書簡、一八八八・九・二十付ニーチェ宛、九・二十七付ガスト宛を参照。

(15) vgl. Guy de Maupassant, *Vorwort zu: Lettres de Gustave Flaubert à George Sand*, Paris 1884, III（ニーチェ蔵書）

(16)「箴言と矢」三六に対して、II・十 10［一〇七］参照。

(17)「箴言と矢」三七、三八、四〇に対して、II・十 10［一四五］、II［一］を参照。

(18)「箴言と矢」四一に対して、II・十 11［一］参照。

(19)「箴言と矢」四四は、『アンチクリスト』第一節の末尾と同一文。

(20) 予定されていた『権力への意志』の計画によると、「デカダンスとしての哲学」という章は、この「ソクラテスの問題」のような論文を以て始められるはずであった。（II・十一 15［五］参照）

(21) 生きている人間には生きることの価値をめぐる査定はなし得ない、というここでの主題は、『偶像の黄昏』「反自然としての道徳」五に、より精妙に再説されている。（——訳者注）

(22)「哲学における《理性》」五の中段の「（われわれの意識は）存在としての自我、実体としての自我を信じ、この自我＝実体への信仰を、ありとあらゆる事物に投影することとなります。」以下、五の終りまでは、第一草稿では、次の通りであった。

「（われわれの意識は）主観の仮象性をすべてそれ以外のものの上に転移し、何らかの存在を随所で神聖化しては、その存在を原因として設定することとなります。ギリシア人の間で、エレア学派のようなあの大昔の賢者たちが、万人に対してあれほど大きな説得力を発揮したとすれば——唯物論的物理学者に対してさえ大きな説得力がありました（——デモクリトスは彼の原子《アトム》を考え出したときに、エレア学派の存在者の概念設定に屈服しています。）——、エレア学派の賢者たちが、独自に手に入れたものがいかなるものであったかを、われわれは忘れないようにしましょう。それはすなわち、言語における本能、いわゆる理性であります。理性は、絶対的な生成の世界においては理性のカテゴリーが証明不可能であるといって、何らかの存在の世界を信じてしまいます。——じつを言うとわれわれは今日、われわれの考え方に対するぴったりした言葉をもはや用意できず、随所で古いカテゴリーを引き摺って行かなければならないという困難に出会っています。ですから、われわれは今日なお《原因》という単語を使用してはいますが、その内容を空洞化させてしまっています。——で、あらゆるわれわれの公式的な言語表現が、完全に恣意的であるという意味での古い単語を使用しているのではないかと、私は懸念しております。」

(23) 一八八八年春の計画によると、この章は『権力への意志』の第一章「真の世界と仮象の世界」になる予定であった。草稿には「第一章」との表書きがなされていた(II・十一 14〔二五六〕参照)。

(24) 「反自然としての道徳」の章は二部分から成る。四、五、六節が「デカダンスの典型としての道徳」の題で先に書かれた(一八八八年春の計画に一致する)。一、二、三節のうち最初の二つは、「ショーペンハウアーと官能性」という標題を持っていた。二部分が一つの章に融合したのは、一八八八年八月の清書の際である。その清書原稿から——解題に述べた通り『権力への意志』の刊行を諦めた後ではあるが——『偶像の黄昏』と『アンチクリスト』が成立した。

(25) 「教育者としてのショーペンハウアー」三節、白水社版ニーチェ全集第I期二巻二四〇ページの「トラピスト修道院」の原語は、*la Trappe* である。

(26) 前出の注(21)に指摘した個所はここである。なお、「生の価値」めぐるここでの論述は、E・デューリング著『生の価値』一八六五年に対するニーチェの以前の論述とのつながりを想起させる(I・五 9〔一〕参照)。

(27) 「四つの大きな錯誤」の章は、もともと三つだった。第一、二節は印刷用原稿にはじめて差し込まれた。第三節は独立したテキストで、「哲学」という見出しをつけていた。第四、五、六節の最初の原稿は『権力への意志』の草案として書かれた。

真理=錯誤の対立関係は、『権力への意志』の計画そのものに決定的役割を果している。計画は、II・十一 16〔八五〕及び〔八六〕に訳出されている通り、次の四部作、I錯誤の心理学、II偽りの価値、III真理の批判基準、IV偽りの価値と真の価値との闘争、から成り立っていた。このうちI錯誤の心理学が、(1)原因と結果の取り違い、(2)真と、真と信じられたものとの取り違い、⑶意識と原因性との取り違い、⑷論理学と規定的なものの原理との取り違い、の四つに分れていることは、訳文にみられる通りである。

このうち、⑴は『偶像の黄昏』のこの章の第一、二節で、⑵は第六節で、⑶は第三、四、五節でそれぞれ展開された。⑷に関しては該当する内容がこの章にはない。第七、八節はまったく別の関連から、すなわちⅡ・十一 15 [三〇] に訳出された、「あらゆる負い目からの解放」というかなり内容の広範囲なテキストから取られたものである。

(28) vgl. Ludwig Cornaro, *Die Kunst, ein hohes und gesundes Alter zu erreichen*, Berlin o. J. deutsche Übersetzung (Paul Sembach) von: Lodovico Cornaro, Discorsi della vita sobria (1558)、(独訳本ニーチェ蔵書) この書に関連して、ニーチェのオーヴァベック宛一八八三・十・二十七付及び一八八四・三・三十付書簡も参照。

(29) 「私はニースをしっかり摑まえています。ここは気候的に私のいわば《約束の地》なのです。ここでは誰でもたらふく食べさえすればよく、コルナロ流に暮す必要なんかありません。」(一八八四・三・三十オーヴァベック宛書簡)

(30) 『ヴァーグナーの場合』一、に「良きものは軽やかで、神的なものはすべて華奢な足で走る。」(Ⅱ・三、二一六ページ) とある点を参考に。このモチーフは『ツァラトゥストラ』にも度々現われる。

(31) 「想像的原因の錯誤」の節に関連ある論述は、『人間的な、あまりに人間的な』一三「夢の論理」にもある。

(32) この「人類の《改良家》たち」の章も、放棄された『権力への意志』の材料の中から生まれた。ことに一八八八年八月二十六日付の最後の計画 (Ⅱ・十二 8 [一七]) の第二書「価値の由来」の第三章「善き人と改良家たち」のための材料の中から生まれた。同一の考えは、一八八七/八七年冬のスケッチの、「いかにして美徳は勝利を収めるか」の中にも見出される。これはまた、一八八八年初頭の計画書 (Ⅱ・十 12 [二]) の第二書のタイトルでもある。一八八八年春には、この思想圏に『マヌ法典』の読書がつけ加わる。

(33) ニーチェが読んだ『マヌ法典』は、Louis Jacolliot, *Les législateurs religieux. Manou-MoïseMahomet*, Paris 1876. (ニーチェ蔵書) であった。彼はこの書の

読後感について、次のように書いてもいる。

「私はこのところ数週間のおかげで、ある大切な教えを与えられています。フランス語訳の『マヌ法典』を発見したのです。この書はインドで、高位にある僧侶や学者たちの精確な監修を経て実行された翻訳でした。この絶対的にアーリアン的な成果、ヴェーダ、カストの観念、太古の来歴を基礎にしたこの道徳の僧侶風な法令集は――たとえどんなに僧侶風であっても、厭世的ではないのですが――このうえなく奇妙な仕方で、宗教に関する私の観念を補ってくれます。私はそのときの印象を告白しますが、偉大な道徳立法書からわれわれが受け取るその他のすべてのものが、私にはこの書の模倣のように、この書の戯画のようにさえ思われたのでした。まず真先に、エジプト主義がそうです。しかも、プラトンでさえ、肝要な点では、一人の婆羅門によってしっかり教訓を与えられただけのように私には思われます。その際、ユダヤ人は、チャンダーラ種族のように立ち現われます。チャンダーラは彼らの支配者から、僧侶階級となって支配権を握り、民衆を組織するための基本となる原理を学んだのでした。

……支那人でさえ、この古典的な太古の律法の書を読んだ印象の下に、彼らの孔子と老子を産み出したように思えます。中世の組織となると、太古のインド＝アーリアン社会の基底をなしていたあらゆる観念を再獲得しようとする、不思議な手探りのような外観を呈しています。――しかも、人種的デカダンスの土壌に由来する、厭世的な諸価値を抱いて。――ユダヤ人はここでも、単なる《仲介者》のように思えます。――彼らは何ひとつ発見しておりません。」（一八八八・五・三十一付ペーター・ガスト宛書簡）

(34)　vgl. Jacolliot, a. a. O., 105 f.

(35)　ebda., 102 f.

(36)　「人類の《改良家》たち」四において、ニーチェが余りに「アーリアン的」である点に対しては、反ユダヤ主義者テーオドール・ブリッチュに寄せたニーチェの次の書簡を参考にされたい。ブリッチュは『反ユダヤ主義通信』の編集者で、後にナチズムの付和雷同者となった。ニーチェの妹の夫であるベルンハルト・フェルスターの友人でもあった。「貴方は私の言うことをお信じにならないのですか。人間や人種の価値に関するするディレッタントたちのあれほどおぞましい口出し、冷静な精神を持つ誰からも冷やかな侮蔑をもって拒否されている《諸権威》の下へのあの屈服（例えばE・デューリング、R・ヴァーグナー、エブラルト、ヴァールムント、P・デ・ラガルデ――彼らのうちの誰が道徳と歴史の問題で最も不当であり、最も不正でありましょうか?-）、そしてまた、《ゲルマン的》だの、《ユダヤ的》だの、《アーリアン的》だの、《キリスト教的》だの、《ドイツ的》だのといった曖昧な概念を絶え間なく弄ぶあのようなばかばかしい偽造と辻褄合わせ――以上のようなことのすべてが、そのうちいっか私を本気で怒らせてしまうかもしれませんし、私がこれまで、現代ドイツ人たちの美徳めかした気紛、れや偽善を眺めるときに抱いていたイローニッシュな好意から、私を引き摺り出してしまうことになるかもしれません。――そして最後に、ツアラトゥストラの名前を反ユダヤ主義者が口にでもするようなことが起こったときに、私が感じるものが一体何であると、貴方はお思いですか。……」

(37) 『エノク書』は旧約偽典の一種で、啓示文学の代表的なもの。現存する原文はエティオピア語訳。初期の教会ではよく読まれ、教父たちの引用も多く、この書の「人の子」の概念は新約文書に大きな影響を与えた。(――訳者注) ニーチェはルナン『イエス伝』((Renan, *Vie de Jésus*, Paris 1863)) 一八一ページの「エノク書には、福音書よりも、世界や金持や権力者たちに対するいっそう激しい呪いが含まれている。」を、抜き書きしていた (Ⅱ・十 11 [四〇五] 参照)。

(38) 「ですからマヌも、プラトンも、孔子も、ユダヤ教やキリスト教の教師たちも……」以下、この節の終りまでに共通するモチーフが、『アンチクリスト』五五の終結部にある。

(39) 「ドイツ人に欠けているもの」の章は、もともと『偶像の黄昏』の序文として書かれた文章である。というより、その前に、『あらゆる価値の価値転換』という、予定されていて実現しなかった一書の序文として書かれた、と言った方が正しい。この文章は、「ジルス・マリーア、一八八八年九月三日」という日付のある断片で、三節から成り立っていた。ニーチェはこれを序文のつもりですでにナウマン書店に送っていたが、九月十三日付の書簡で、書店に訂正を申し入れた。三節のうち最後の第三節を削除し、最初の二節をさらに加筆して、全体として七つの節から成る「ドイツ人に欠けているもの」という標題の章を作りたい、そしてそれは序文であることを止め、『偶像の黄昏』の「ある反時代的人間の逍遥」の前に収録したい、と提案した。それがこの章の成立次第である。削除された第三節は、『アンチクリスト』の短い序文の元となった原稿である。

(40) ドイツ人を「思想家と詩人の民」として語った最初の人は、カール・ムゼーウス Karl Musäus (1735-89) で、彼の『国民童話集』(一七八二年) の序文の中であった。

(41) このあたりのモチーフと表現の仕方は、II・十二 19 [一] 3に似ている。

(42) vgl. D. F. Strauß, *Gesammelte Schriften*. hg. E. Zeller, Bd. 12: Gedichte aus dem Nachlaß.

(43) 『この人を見よ』「なぜ私はかくも良い本を書くのか」二、及び『ニーチェ対ヴァーグナー』序文、参照。

(44) 「自己教育を行ってきた教育者」という観点について、一八七五年当時のニーチェの次の「断想」を参照。「多少とも長期間にわたって偉大なものが出現している処では、あらかじめ入念な飼育栽培がなされているということに、われわれは気づくことができる。例えば、ギリシア人の場合がそうである。ギリシア人の許で、あれほど多数の人間がどのようにして自由に達したのであろうか？／教育者を教育すること、これである！だが、最初の教育者はどうしても自分自身を教育しなければならない！ そしてこの最初の教育者たちのために、私は書いているのだ。」(I・五 5 [一五])

(45) 「高等の乳母」という表現について、一八八七年秋のニーチェの次の断想を参照。「哲学者たちやその他の高等の乳母たち。彼らの胸に取り縋って、青年たちは知恵のミルクを飲んでいる。」(II・十 10 [一二])

(46) ニーチェの次の書簡参照。「ヤーコプ・ブルクハルトは（『偶像の黄昏』の中で）二度にわたって、並外れた敬意をこめて扱われていますが、ナウマン書店が私用に送って寄越した同書の見本刷の第一冊目を、私はブルクハルトに届けました。」(一八八八・十二・二十二付オーヴァベック宛)

(47) ここのモチーフは、『偶像の黄昏』「反自然としての道徳」二、につながる。

(48) 前注(30)を見よ。

(49) 「ある反時代的人間の逍遥」の章は、ニーチェが『権力への意志』なる著作を目指していた、一八八七年秋と八八年夏の間の文章群の中から生まれた。『偶像の黄昏』が、放棄された『権力への意志』の、いわば解体の産物であったことを余す処なく証拠立てているのが、この章の存在である。

一八八八年夏の最初の印刷用原稿(印刷直前の清書された手書きの原稿)の中では――このときには『偶像の黄昏』と『アンチクリスト』はまだ分離せず全体で一つを成していた――、「ある反時代的人間の逍遥」の現在の一～一八節が、「芸術家たちと著述家たちのあいだで」という標題の下に、一九～三一節及び四五～五一節が「わが美学より」という標題の下に分類されていた。三二～四四節は、この年の十月四日と十三日の間の校正作業の間に、加筆されたものである。解題を参照。

(50) この節は、一八八八―八七年の断想の中の、「今日でもいまだにある著作家に好意を寄せているとなると、こちらの信用がそれっきりがた落ちになってしまうような、そういう著作家がいる。すなわち、ルソー、シラー、ジョルジュ・サンド、ミシュレー、バックル、カーライル、『キリストに倣いて』」(Ⅱ・十 11〔四〇九〕)につながる。

(51) 「叡智的性格」intelligibler Charakter はカント哲学用語。「叡智的自由」intelligible Freiheit とか「叡智的世界」intelligible Welt などと共に用いられる。ニーチェの著作の中では、「叡智的性格」が例えば『道徳の系譜』第三論文一二で、「叡智的自由」が例えば『偶像の黄昏』「四つの大きな錯誤」八で、「叡智的世界」が例えば『この人を見よ』「人間的な……」に関する章の六で、言及されている。(――訳者注)

(52) 前出『ゴンクールの日記』(ニーチェ蔵書)Ⅱ二五ページに、「彼女の態度には、反芻動物の勿体振った処、悠然とした処、何かまどろむような処がある。あるいはまた、「サンド夫人、牝牛のアビスを反芻しているスフィンクス。」とある。アビスは古代エジプトの聖牛。

(53) 『ゴンクールの日記』Ⅲ八〇ページの、「私は最も優しい声でこう断言した。私にはホメロスよりもユーゴーを読む方が喜びが大きかった。」を参照。

(54) II・十 9 [二〇] 参照。

(55) ルナンの「精神の貴族主義」の考え方については、『ゴンクールの日記』に出てくる有名な「マニーの店での晩餐」の会話が参考になる。とりわけニーチェがそのときの哲学的対話を読んだ、次の独訳本が重要である。Ernest Renan, *Philosophische Dialoge und Fragmente, übers. von Konrad von Zdekauer*, Leipzig 1877 (vgl. insbesondere 60 f., 73, 76 f., 83 ff.) (ニーチェ蔵書で、数字はニーチェが確かに読んだ痕跡を示すページ数である。)

「マニーの店での晩餐」のもうひとり別の参加者であったG・フロベールは、学者の寡頭政治がフランスを(ひいては全世界を)統治しなければならないとする、ルナンの学説に与していた。この点はジョルジュ・サンド宛の彼の書簡から明らかだが、同書簡はニーチェも目を通していた。

(56) II・十 11 [九] に、類似のサント=ブーヴ評がある。ところで、ニーチェがこのようなサント=ブーヴの肖像を描くに当って、『ゴンクールの日記』を利用したことは間違いなく、例えば、同日記の次の個所を見よ。「かすかな筆遣い——それがサント=ブーヴの談話の魅力であり、また矮小さである。そこに気高い思想はない。雄大な表現もない。一つのものを一まとまりに描き出すようなイメージもない。それは細く尖ぎすまされ、とがっている。小さな文章の雨が、ある場合には重なり合い、ある場合にはうづ高く積もって、次第に何かを描き出して行く。天才的にして、霊的な対話ではある。しかし、厚みはない。優美さや、エピグラムや、やさしい呟きや、爪や、ビロードの布のある文章である。が、結局それは秀れた雄の会話ではない。(傍点部分は注のフランス語引用文では隔字体である。ここにニーチェが自分の所蔵本にアンダーラインを引いており、また引用個所の全文にも線でしるしがつけられていると、編者は証言している。)」(II六六ページ)「……彼の魂の最も秘められた、最も誠実な場所から奔り出たこれらの言葉において、人はサント=ブーヴの中に、革命的な独身者を感じるであろう。彼はわれわれには、因襲に囚われて物事を平板にする人として、十九世紀の社会に対してルソー的憎悪を噴出させる人として、彼が多少とも生理的に似ているジャン・ジャックの顔を持ったものとして、立ち現われる。（ここでも傍点個所にはニーチェのアンダーラインがあり、一番最後のアンダーラインの欄外には、ニーチェがよく使うehという書き込みがなされている。ehは「この人を見よ」の意味。）」（同九〇ページ）「……ルソーに対する称讃をサント＝ブーヴに惹き起こしたのは、ヴォルテールであった。ルソーのことを、サント＝ブーヴは、自分の家族に属する精神として、自分の血族に属する人間として語っている。（ここでも傍点個所にはニーチェのアンダーラインがあり、ことに「血族」の字には二本線が引かれている。）」（同一〇三ページ）「血族」のフランス語は、大文字で頭書されたRacaである。

(57) ポール・ロワイヤルPort Royalは、十六、七世紀にヴェルサイユ近郊に創立された、有名なベネディクト修道尼院で、ジャンセニスムの本拠となった。周知の通り、パスカルもここの影響下にあり、サント＝ブーヴには*Histoire de Port-Royal*, 1840 - 59, 5 vol. がある。

（――訳者注）

(58)『偶像の黄昏』「箴言と矢」三一、を参照。

(59) サント＝ブーヴのボードレール宛書簡「貴方の仰ることは本当です。私の詩は貴方の詩に深い関わりがあります。私は結局、貴方と同じ、灰を一杯含んだにがい果物を味わってしまったのです。」（『ボードレール遺稿集』より）参照。これは、ニーチェ自身が原文のまま抜き書きしていた（Ⅱ・十 11［一三二］）。右のほかに、サント＝ブーヴとボードレールの関係について、ニーチェはSainte-Beuves, *Les cahiers suives de quelques pages de littérature antique*, Paris 1876 を所蔵しており、読んでいた節がある。ボードレールがヴィクトル・ユーゴーを「天才的なろば」と言った呼び名は同書の中にあり、ニーチェが二度この点に言及している（Ⅱ・八 34［四五］、38［六］）。

(60) 五節に対して、Ⅱ・十 10［一六三］参照。

(61) 六節に対して、Ⅱ・十 11［一四］参照。ところで、ニーチェはすでに一八七六年二月十日に、独訳のジョルジュ・サンド全集 *Sämtliche Werke, mit einer Einleitung von Arnold Ruge*, Leipzig 1844 - 47 を買って、蔵書としていた。

(62)『ゴンクールの日記』の中の、T・ゴーチェの報告文を参照。「結局貴方は、彼女にどういうことが起こったかご存知でしょう。何か怪物じみたことです! ある日彼女は夜中の一時に、ある小説を書き了えました。……そしてその夜のうちにもう一つ書き始めたのです。……原稿は、サンド夫人の場合には、一つの機能になっています。」(Ⅱ一四六ページ)

(63)『ゴンクールの日記』の中のルナンの言葉「私はバルザックよりも、サンド夫人の方がはるかに本物だと思います。彼女の中にある情熱は普遍的なものです。三百年後には、人はサンド夫人を読むでしょう。」(Ⅱ一一二ページ)を参照のこと。「マニーの店での晩餐」の最中におけるルナンのこの判断の個所に、ニーチェはアンダーラインをしている。また、一一二ページでも、ルナンは「サンド夫人、現代の最も偉大な芸術家、最も真実の才能!」と述べている。

(64) 七節に対して、Ⅱ・十 9 [六四] 参照。

(65)「自然に即して」nach der Natur は、フランス語の決まった言い方 d'après nature の独訳である。この言葉は、『ゴンクールの日記』の、ニーチェが読んだ版の序言の中に見出される。すなわち「……われわれはまだ、われわれの楽器を自由にものにすることが出来なかった。われわれは自然に即した音調の、不完全な執筆者にすぎなかった。」

(66)「ある反時代的人間の逍遥」八―一一節は、「芸術の生理学のために」という題を予定していたある章の冒頭に来るはずのものであった。一八八八年五月の『権力への意志』の計画――このときニーチェは『ヴァーグナーの場合』を執筆中であった――では、たしかに第三書第三章の標題は「芸術の生理学のために」であった(Ⅱ・十一 16 [八六] 参照。なおこの邦訳では「心理学のために」と誤記されている)。それゆえ『ヴァーグナーの場合』七、において、ニーチェは「芸術の生理学のために」という一章を主著の中に取り入れる旨予告していた。ところが主著の計画が挫折し、これを放棄せざるを得なくなったとき、彼はこの八から一一までの四つの節を『偶像の黄昏』の中に、ほとんど変更を加えることなしに取り入れたのである。

(67) この一文の書かれた直前、一八八八年三―四月には、『悲劇の誕生』に関する多数の覚え書きが書かれている（Ⅱ・十一 14［一四］－［二六］参照）。
（68）「ある反時代的人間の逍遥」一二、一三節に対しては、Ⅱ・十 11［四五］参照。
（69）オウィディウス『ポントスからの手紙』三ノ四ノ七九 "Ut desint vires, tamene st laudanda voluntas"（たとえ力量は及ばずとも、意欲は讃えるべきものなり。）の冗談めいたパラフレーズ。
（70）「ある反時代的人間の逍遥」一五節に対しては、Ⅱ・十 9［九九］及び［一〇二］を参照。
（71）ショーペンハウアーとハルトマンとを一緒に口にする不見識は、Ⅱ・十 11［一〇二］でも指摘されている。
（72）『善悪の彼岸』二九五番、並びに、Ⅱ・十 9［一一五］を参照のこと。
（73）「ある反時代的人間の逍遥」二四節に対しては、Ⅱ・十 9［一一九］を参照。
（74）「芸術のための芸術」l'art pour l'artは、フランスの哲学者ヴィクトル・クザン（一七九二－一八六七）が、一八一八年の哲学講義の中で（これは一八三六年にパリで出版された）、「宗教のための宗教、道徳のための道徳、芸術のための芸術が必要である」と語ったことを濫觴とする。
（75）「ある反時代的人間の逍遥」二五節に対しては、Ⅱ・十 11［二］を参照。
（76）「ある反時代的人間の逍遥」二七節に対しては、Ⅱ・十 11［五九］、及び「箴言と矢」二〇、を参照。
（77）「ある反時代的人間の逍遥」二八節に対しては、Ⅱ・十 10［一四三］を参照。
（78）「ある反時代的人間の逍遥」三一節に対して、『プルターク英雄伝』カエサル一七、ニーチェのペーター・ガスト宛一八八八・一二・十三付書簡、Ⅱ・十 11［七九］を参照。
（79）「ある反時代的人間の逍遥」の三二節から四四節までの、全部で十三のパラグラフは、『偶像の黄昏』の他の部分とは明らかにニュアンスを異にし、内容的にもきわどい方向に一歩踏み込んでいる。（——訳者注）
三二－四四節は、『偶像の黄昏』の校正作業の期間中（一八八八年十月）に挿入されたものである。まず三二－三五節の成立次第は次のとおりである。一八八八年四月初旬の清書段階において、六節から成るある別の原稿があって、その最初の二節が、解題にも述べたように、『アンチクリスト』の二、三節に移行し、残りの四節がこの三二—三五節に収まった。引きつづいて、ニーチェは「自殺の、《自発的死の》名誉回復」という一文を草し、これが三六節となった。三七節は、彼が『あらゆる価値の価値転換』の、「インモラリスト」と題された第二書（一八八八年九月の計画によると）並びに第三書（十月の計画によると）のために書いていた、断片のままの文章群の中から取り出された。三二節の見出し語が「インモラリストは語る」となっていることは、ニーチェがしばらくの間、現行の三二—三七節を、当時腹案中の「インモラリスト」のために利用しようと考えていて、十月に『偶像の黄昏』の校正段階でこれを断念した、との仮定を偲ばせるものがある。三八—三九節は、「近代性／ある未来人の案内書」と題された六節から成る別の原稿に由来する。四〇—四四節は、ずっと以前の、相互に関係のない文章群を元に、ニーチェがあらためて執筆したものである。

(80) vgl. Joseph Victor Widmann, *Nietzsches gefährliches Buch*. in : Der Bund. Bern Nr. 256 f. v. 16. u. 17. 9. 1886. なお、この批評は、白水社版ニーチェ全集第Ⅱ期第二巻『善悪の彼岸』月報に、訳出されている。ほかに、Ⅱ・十二19〔一〕、及び〔七〕、及び『この人を見よ』「なぜ私はかくも良い本を書くのか」一、を参照。（——訳者注）。

(81)「ある反時代的人間の逍遥」四〇節に対しては、Ⅱ・十11〔六〇〕参照。

(82)『この人を見よ』「なぜ私はかくも賢明なのか」三の末尾部分に、類似のモチーフが見出される。

(83)「ある反時代的人間の逍遥」四五節に対しては、Ⅱ・十10〔五〇〕参照。

(84) ニーチェの次の書簡を参照。「貴方はドストエフスキーをご存知ですか。スタンダールを除けば、私にこれほど多くの愉悦と驚愕を与えてくれた人は他におりません。彼は、私の《話しが通じる相手》である一心理学者なのです。」（一八八七・二・十三付ペーター・ガスト宛）

(85)「ある反時代的人間の逍遥」四八節に対しては、Ⅱ・十9〔一一六〕参照。

(86)「ある反時代的人間の逍遥」四九、及び五〇節に対しては、Ⅱ・十9［一七九］参照。

(87)『ヴァーグナーの場合』「エピローグ」参照。

(88) この章は校正作業中に、『この人を見よ』の第一草稿から抜き出され、急遽つけ加えられた。

(89) ガダラのキニク学派メニッポスの創始による、散文・韻文とり混ぜて書かれた雑録。ウァロ、セネカ、ペトロニウスにその作風が伝えられ、諧謔的調子で種々の倫理的問題を論じ、とくに当時の世相を軽妙に諷し、文体にも特色がある。フランス文学の satyre Ménippée もその流れを汲む。（――訳者注）

(90) この点に対しては、ブルクハルトのゼーマン書店宛一八八九・十一・二十九付、一八九四・十二・八付書簡、並びに、ブルクハルトの『ギリシア文化史』*Die Griechische Kulturgeschichte*, Stuttgart 1930, XXIII bis XXIX に寄せた Felix Stähelin の序言を参照せよ。

(91)『善悪の彼岸』二九五番参照。

(92)「三、九〇」は『ツァラトゥストラ』初版本第三部九〇ページのこと。これは「古い石板と新しい石板」二九に当る。「鉄槌は語る」はもともと『アンチクリスト』の終結部に置かれる予定であった。九月三十日にこの場所に移し換えられたと、推理される。

『アンチクリスト』

(1)『偶像の黄昏』の注(39)に示されている通り、『アンチクリスト』の序言は、もともと『あらゆる価値の価値転換』の、後に『偶像の黄昏』の序言として書かれた、「ジルス・マリーア、一八八八年九月三日」という日付のある断片に由来する。この断片は三節から成り、最初の二節は『偶像の黄昏』「ドイツ人に欠けているもの」に移行し、最後の第三節が、『アンチクリスト』序言の元原稿となった。ニーチェはこれを利用し、改筆して、序言とした。

(2)『アンチクリスト』序言の元原稿（注（1）参照）においては、「……迷路と 分っている運命。」と「七つの孤独からなる……」の中間に、「《傷によって生気は増し、力は生長する》というモットーを掲げた、勇敢なひとびとの健康の教え。」という一行が入っていた。ところでこのモットーは現に『偶像の黄昏』の序言の中に用いられている。ニーチェは後者の最終稿を書いた時点で、重複を避け、『アンチクリスト』の序言の元原稿から、このモットーの入った一行を削除して、序言を完成させたものと考えられる。

(3) 一―七節は「われら極北の民」という題で、一八八八年八月二十六日の計画に拠るところの『権力への意志』の序言であった。解題を参照。

(4) この終結の一文は、『偶像の黄昏』「箴言と矢」四四と同一である。

(5) 二、三節に対しては、Ⅱ・十 11〔四一四〕及びⅡ・十一 15〔一二〇〕参照。なお『偶像の黄昏』注(79)も参照。

(6) 三、四節に対しては、Ⅱ・十 11〔四一三〕参照。

(7) 五節に対しては、Ⅱ・十 11〔四〇八〕参照。

(8) 七節に対しては、Ⅱ・十 11〔三六二〕参照。

(9) トルストイの『わが宗教』からのきわめて多数の抜粋が、Ⅱ・十 11の全体に見出されることに注目。

(10) 八―一四節は、もともと「われわれの味方――われわれの敵」の表題を冠せられていた。八―一四節の成立次第は解題を参照。

(11) 「フランス革命のうちに、カントは……」以後について、vgl. I. Kant, *Der Streit der Fakultäten*, in Werke, Akademie-Ausgabe VII, 85 ff.

(12) 一二節に対して、Ⅱ・十一 15〔一一八〕参照。

(13) 一五―一九節は「デカダンス宗教という概念」という表題を冠せられていた。成立次第は解題を参照。

(14) ニーチェは一八八八年春、五節から成る、「神概念の歴史のために」という題の小論文を書いた。この小論文の一―四節が、現行『アンチクリスト』一六―一九節に相当するが、小論文の第五節は、結局、利用されないで終った。小論文は現在ではそっくりそのまま、Ⅱ・十二 17〔四〕に見出せるが、この利用されなかった第五節を、小論文の全体から切り離して、抜き出したものが、グロースオクタープ版全集第二期(一九一一年)の『権力への意志』アフォリズム一〇三八番に相当する。なお、神概念の歴史という内容については、さらにⅡ・十 11〔三四六〕、及び、『ツアラトゥストラ』第一部「新しい偶像」参照。

(15) 一七節の終結部に似たモチーフが、Ⅱ・十一 16〔五五〕、〔五六〕、〔五八〕の短い三文章にも見出せる。

(16) 一八節に似た表現、モチーフが、Ⅱ・十二17［四］3の終りの方にあり、「……無への意志が神聖なものとして宣言されている！……」にひきつづいて、「われわれはこれほどのことをやりとげた！……まだお分りにならないのか。キリスト教はニヒリズムの宗教である。――その神のゆえに。……」とあるのに注目。

(17) 二〇―二三節は「仏教とキリスト教」という表題を冠せられていた。成立次第は解題を参照。

(18) vgl. H. Oldenberg, *Buddha*, Berlin 1897, 337（但し、ニーチェが参照した本ではない。原注の意図未確認――訳者。）

(19) 『人間的な、あまりに人間的な』（第Ⅰ期第六巻）一四二番に、ノヴァーリスの次の言葉が引用されている点に注意。「肉欲、宗教、残酷さ、これら三つの観念連想から、三つの内的な親近性と共通の傾向とに人人がとうの昔から気づかなかったということは、じつに不思議である。」

(20) 二四節は「キリスト教の根元」という表題を冠せられていた。

(21) Ⅱ・十10［一八二］に、『ヨハネ伝』からのこの一行が引用された短い文章がある。

(22) 二五、二六節の叙述のための出典は（というよりイスラエルの歴史に関するニーチェの詳しい叙述の出典は総じてそうだといってよいが）、Julius Wellhausen: *Prolegomena zur Geschichte Israels*, Berlin 1883（ニーチェ蔵書）である。彼の所蔵本には、じつに多くの欄外書き込み、下線、施線がなされている。Ⅱ・十11［三七七］における同書からの抜粋を参照。

(23) 二七節に対しては、Ⅱ・十11［二八〇］参照。ところで、二七―四七節は、原始キリスト教が、まず最初にユダヤ「教会」に対する平和な反乱であったとするニーチェの解釈を含んでいる。しかし反乱であるからには、原始キリスト教はその開祖にいち早く対立する関係にあった、としている。Ⅱ・十11からⅡ・十二25に収められた「遺された断想」は、ニーチェがこの解釈を行うに当って利用した諸文献をはじめて明らかにしている。ルナンの『イエス伝』は、『アンチクリスト』の本文中でもニーチェ自身が再三論評を加えた著作だが、トルストイやドストエフスキーの諸作は、「遺された断想」ではじめて彼の参考文献であったことが示されている。ニーチェがトルストイの『わが宗教』を知っていたかどうかという問題をめぐって、冗漫な論争が繰り返されてきたが（J・ホーフミラー、E・ヒルシュ、E・ベンツ、最後にW・カウフマンも）、トルストイからの断想の刊行――これまで怠ってきた――がもしもなされていたなら、論争はあらずもがなのことであったであろう。かつてのニーチェ協会《アルヒーフ》は、ニーチェにトルストイからの抜き書きがあることをよく知っていながら、沈黙を守り、あまつさえ抜き書きの幾つかをニーチェ自身の草稿として『権力への意志』の中で公表したほどである。

　ニーチェのキリスト教解釈については、フランツ・オーヴァベックが、ガストに宛てた書簡の中で、次のような判断を述べている。「この作を読んでいると、まるでキリスト教は、アポロンに敗れたマルシュアス（注笛吹き競争に負け、生きながら皮を剝がれ、その血や嘆きの涙が川となった）のような目に会っている有様が、貴方には想像できるでしょう。もとより、そういう目に会っているのは、宗団の開祖（注イエス・キリストのこと）ではありません。――ニーチェの業績と並べてみますと、開祖から一人の人間像を作り出そうとするこれまでのあらゆる試みは、滑稽で、抽象的で、合理主義的な教義学の図解のような印象を与えます。イエスという人物の無類の特異さから人間性を浮き立たせる方法も、同様な印象を与えます。――しかしながら、この作でマルシュアスのようなひどい目に会っているのは、開祖その人ではなく、じつはその後に起こったいっさいの出来事なのです。実際、この作では、多くのことが常規を逸して激越であり、不公平を犯して平然としている有様を、私が認めないわけにいかないのは申すまでもありません。とりわけ、ニーチェのキリスト教観が、私にはいわば余りにも政治的すぎるように思われます。キリスト＝アナーキストという方程式は、キリスト教がローマ帝国の内部で《現実》に則していた実情の、歴史的に大変に疑わしい評価の上に成り立っているように思われます。ニーチェによると、もともとイエスが開始したという《仏教的平和運動》は、イエス以後のキリスト教にも、開祖の初心がどんなに歪められたにしても、ニーチェが想定していたよりははるかに高い程度で残存していたように私には思われます。しかし、そういったことがいろいろあるにも拘わらず、この『アンチクリスト』は、依然としてまったく独自な性格の記念碑であり、ニーチェ自身がそれまでばらばらに発言していた見解を、対象に即して、本質的に明晰化した仕事であるといえるでしょう。」(一八八九・三・十三付ペーター・ガスト宛)

(24) この点については、Ⅱ・十 11〔二四六〕、〔二四七〕参照。また、トルストイは『わが宗教』一二の中で、次のように語っている。「私にとってあらゆることの鍵となった文章は、『マタイ伝』第五章三十八節と三十九節に書かれている。《貴方がたは次のように言われることを聞いたことがあるでしょう。目には目を、歯には歯をと。しかし私は、人が貴方がたに行う悪に抵抗してはならないと言いたい。》」

(25) グロースオクターフ版全集では、「白痴という語」das Wort Idiot の三字が伏せられていた問題個所である。解題を参照。

(26) 三一節のテーマに関連しては、『アンチクリスト』三五、四〇―四二が重要だが、他にⅡ・十 11〔三七八〕参照。

(27) ドストエフスキーへの暗示は、Ⅱ・十一 15〔九〕の次の文章ではっきりしている。「イエス――ドストエフスキー。キリスト教が可能であって、しかもキリスト教が今にも発生しそうな世界に生きていた心理家がいたとすれば、私はただ一人しか識らない。……それはドストエフスキーである。彼はキリストの正体を見抜いた。――キリストのような型(タイプ)を、ルナンの低俗さで想像するようなことを、ドストエフスキーは本能的に、何を措いても警戒した。(以下略)」

(28) この点については、Ⅱ・十 11〔三八五〕参照。vgl. Ernest Renan, *Vie de Jésus*, Paris 1863, 354.

(29) 三二節に対しては、Ⅱ・十 11〔三六八〕、〔三六九〕参照。

(30) vgl. J. Wellhausen, *Reste des arabischen Heidentums*, Berlin 1887, 106.(ニーチェ蔵書)。この著作もニーチェの参考資料で、Ⅱ・十 11〔二八七―二九三〕に、同書からの抜き書きが引用されている。Ⅱ〔二九四〕、〔二九五〕も同書に関連。

(31) 原語は元原稿では、「まるっきり何も知らない無知」die vollkommen ahnungslose Unwissenheit であったが、決定稿では「純粋な痴愚」die reine Thorheit に替えられた。ヴァーグナー『パルジファル』の「純粋な愚者」der reine Thor を示唆しようとしたものと思われる。

(32) 三三節に対しては、Ⅱ・十 11［三五七］参照。

(33) 三三節の第二段落に対しては、『マタイ伝』五の七の山上の垂訓を参照。

(34) 三四節に対しては、Ⅱ・十 11［三五五］参照。

(35) vgl. Renan, a. a. O., 243 並びに、Ⅱ・十 11［三八九］参照。

(36) ギリシア神話で、アンピトリュオンの出征中にその妻アルクメネが夫に化けたゼウスと交わって、ヘルクレスを生んだ。ローマの喜劇詩人プラウトゥスがこの題材を用いて喜劇『アンピトルオ』を書いて以来、戯曲の題材にしばしばなり、ルイ十四世とモンテスパン夫人の情事を諷したモリエール作『アンフィトリョン』（一六六八）はことに有名。近代ではジロードー『アンフィトリヨン三十八番』（一九二九）があり、文学史上この題材を用いた三十八番目の意味である。（――訳者注）

(37) 三五節に対しては、Ⅱ・十 11［三五四］、［三七八］参照。

(38) 「彼とともに十字架に掛けられた盗賊たちに、彼が述べた言葉は……」から、「……と救世主は答える。」までが、グロースオクターフ版全集では削除されていた問題個所。ここでニーチェは「《誠に此人は神の人なり、神の子なり》と盗賊たちが言えば」と書いているが、聖書ではキリストが死んだ後のこの台詞は、盗賊ではなく、百人隊長の言葉である。（『ルカ伝』二三の四七、『マタイ伝』二七の五四、『マルコ伝』一五の三九参照。）聖書からの引用のこのような誤記を怖れ、前後を削除したのは、ニーチェ協会《アルヒーフ》側がニーチェの聖書知識が不正確だと思われたくない、と判断したためかもしれない。vgl. Josef Hofmiller, *Nietzsche* (Suddeutsche Monatshefte, November 1931) 94 ff. 解説五、参照。

(39) 三六節に対しては、Ⅱ・十 11［三五八］参照。

(40) この点については、Ⅱ・十 11［二五七］、［二七六］

参照。また、トルストイ『わが宗教』の次の文をも参照。「教会の教理というものは、キリスト教という名前で呼ばれているにも拘わらず、イエスがそれに対して戦いかつまた弟子にもそれに対して戦うようすすめたあの暗黒に、どこか奇妙に似ているという確信を私は得た。」

(41) ビスマルクへの当てこすり。原著の編者はそう言うが、必ずしもそう取らなくてもよいだろう。(——訳者)

(42) Ein junger Fürst の junger(若い)の一字が、グロースオクターフ版全集において削除されていた問題個所。若き国王ヴィルヘルム二世への当てこすりであることを、隠蔽しようとしたためと思われる。——以上原注。ヴィルヘルム二世に対するニーチェの誹謗めいた表現を隠蔽しようとした例は他にもあり、『この人を見よ』「なぜ私はかくも賢明なのか」三、「なぜ私はかくも怜悧なのか」一〇、「ヴァーグナーの場合」に関する章の三がそれである。また、不敬罪を恐れて母親が焼き捨てた「紙片」の中に、ヴィルヘルム二世を「緋色の服を着た偽善家」と揶揄する言葉があった。(——訳者注)

(43) 『偶像の黄昏』一九、『善悪の彼岸』二九五番、並びにⅡ・十 9 [一一五] を参照。

(44) 四〇、四一節に対しては、Ⅱ・十 11 [三七八] 参照。

(45) 四二節に対しては、Ⅱ・十 11 [三七八]、[三八三] 参照。

(46) 四四節に対しては、Ⅱ・十 10 [七二]、[七三] 参照。

(47) 四五節に対しては、Ⅱ・十 10 [一七九]、[二〇〇] 参照。

(48) ここでいう「少し前のところ」とは、『マタイ伝』六の二九と考えられる。

(49) 四六節に対しては、Ⅱ・七 25 [三三八]、Ⅱ・十 9 [八八]、Ⅱ・十 10 [六九]、[一八三]、並びに『ツァラトゥストラ』第四部「最も醜悪な人間」参照。

(50) 四七節に対しては、Ⅱ・十 11 [一一二] 参照。

(51) 四八節に対しては、Ⅱ・十 9 [七二] 参照。また、vgl. J. Wellhausen, *Prolegomena zur Geschichte Israel*-, Berlin 1883, 310 - 336(ニーチェ所蔵本には、欄外書き込み、下線、施線が多数ある。)

(52) vgl. Wellhausen, a. a. 0., 321, 「エホヴァは此処では天国から降臨するのではなく、夕方、庭園を遊歩するのである。まるでわが家にでもいるかのような様子で。」ニーチェは上記の「遊歩している」lustwandeltという動詞にアンダーラインをしている。そして、『アンチクリスト』のこの個所に、同じ動詞を用いている。

(53) vgl. Wellhausen, a. a. 0., 324 Anm.

(54) 「周期性痴呆」folie circulaire についてはvgl. Ch. Féré, *Dégénérescence et criminalité*, Paris 1888（ニーチェ蔵書）。なお、右の書からのニーチェの抜き書きは、Ⅱ・十一 14［一七二］、［一八一］、及び、Ⅱ・十一 15［三七］、［四〇］に見出される。「周期性痴呆」の使用例は、『道徳の系譜』第三論文、『この人を見よ』「なぜ私は一個の運命であるのか」八。

(55) ユング・シュティリングのような人。ニーチェは彼の自伝を読み、『漂泊者とその影』一〇九で賞讃していた。（ユング・シュティリングはゲーテの若い時代の友人で、敬虔主義風な環境に育ち、一七七七年から一八〇四年までの間に生々しい表現で、暖かい内面性から出た自伝を書いた。）

(56) 五四節に対しては、Ⅱ・十 11［四八］参照。

(57) カーライル主義については、『偶像の黄昏』「ある反時代的人間の逍遥」一二、参照。

(58) 五五節に対しては、Ⅱ・十一 14［一五九］参照。

(59) デ・グロイター版全集の編者は、初版本の三三一ページがアフォリズムの何番に相当するかを示していない。今までは、四八三番とするものと、五四番及び四八三番とするものと、二種類ある。（――訳者注）

(60) Louis Jacolliot, *Les législatcurs religieux. Manou-Moïse-Mahomet*, Paris 1876, 225 ff.

(61) 「これがパウロのダマスコの瞬間であった。」以下、終りまでは、トルストイの読後に書かれた。（Ⅱ・十 11［二八一］参照。）

(62) アウグスティヌスについては、ニーチェのオーヴァベック宛書簡を参照。「私は今、気晴らしに、聖アウグスティヌスの『告白』を読みましたが、君が今、私の傍にいないということは、まことに残念です。アウグスティヌス、おお、この老いたる雄弁家よ！何という偽わりを語る人でしょう！そしていかに白眼を剝き出しにして語る人でしょう！私はどんなに笑ったことでしょう！（例えば、彼の若き日の〝盗み〟についてですが、あんなのは所詮、学生時代によくある話じゃありませんか。）何という心理的な嘘いつわりでしょう！（例えば、彼が心を一つにしているというほどの親友の死について語るとき、「自分は生きつづける決心をしました。自分が生きつづけることで、友が完全には死んでしまわないようにするためにです」などというのですが、こういう言い方が、反吐が出るほどの嘘っ八なのです。）哲学的な価値ときてはゼロにも等しい言い方です。賤民化されたプラトン主義です。言う心は、最高の霊的貴族主義のために発案されながら、奴隷的な性根を持っ人々向きに化粧を施された一つの思考方法ということです。おまけに、この本を読んでいますと、キリスト教の腹の中が見えてきます。私は一人のラディカルな医師と生理学者の好奇心を抱いてその場に立ちつくしてしまいます。――」（一八八五・三・三十一付）

（63）イスラムについては、ニーチェは前出 Wellhausen の著作を読んでいた。このほかに、当時のノートブックに記載されている本は、August Müller, *Der Islam in Morgen- und Abendland*, 1885 - 87 がある。この点については、Ⅱ・十二 21［二］参照。

（64）vgl. Jacob Burckhardt, *Die Kultur der Renaissance in Italien*, Leipzig 1869（ニーチェ蔵書）の次の個所。「チェーザレが、アレクサンデル（注　教皇アレクサンデルはチェーザレの父）の死後、教皇に選ばれる選ばれないは別として、何物にかえても教会国家を確保するつもりでいたこと、そしてこの人がこれまで犯してきたすべての悪事からみて、もし教皇になったら、教会国家の確保ということも、長くはとうていつづけられなかったであろうということは、じじつ何の疑いもありえない。もしだれかが教会国家を世俗化するとすれば、この人こそそれをしたであろうし、またそこで支配をつづけるためには、それをせざるをえなかったであろう。もしわれわれの思い違いでないならば、これこそマキアヴェリがこの大悪人を、ひそかな共感をもってあつかっている本質的な理由である。……そしてチェーザレもまた、父の死の瞬間に自分も瀕死の床に横たわっているのでなかったら、何をしたであろうか。もしチェーザレが、折も折フランスの軍隊は近くにまったくいなかったので、あらゆる手段を講じ毒を用いてつごうよく縮小した枢機卿団によって、教皇に選ばれたとしたら、どんな秘密会議が出来あがっていただろうか！　われわれの想像力は、この仮定をたどってゆくと、たちまち奈落の中に見失われてしまう。」（中央公論社刊・世界の名著・ブルクハルト『イタリア・ルネサンスの文化』柴田治三郎訳一七八―九、一八二ページ）

(65)「ところがルターは教会を再興したのであった、」からここまでに対して、Ⅱ・十二 22［九］を参照。

(66)「ところが、……」以下、最後までは、一八九五年の最初のグロースオクターフ版全集で削除された問題個所。ただし一八九九年以後の全集では復元された。

(67)「この後に、《キリスト教に反抗する律法》の語句のみが書かれている一枚の白紙が来る」という、植字工宛の指示書がつづくが、これはニーチェ自身によって消されている。

*

解説

批判精神の自己陶酔

三島憲一

ニーチェは一八八九年一月三日北イタリアのトリノの街頭で狂気の徴候を発し、その後紆余曲折はあるものの一九〇〇年八月二五日にドイツのヴァイマールで亡くなるまでの十年ちょっと知的発信は途絶した。だが、狂気に陥る前の年、つまり一八八八年は迫り来る破滅を予感したのか、あるいは既にその症状が始まっていたのか、激烈に多産な年だった。この年には次から次へと作品を脱稿している。『ヴァグナーの場合』『偶像の黄昏』『アンチクリスト』『この人を見よ』『ディオニュソス讃歌』『ニーチェ対ヴァグナー』の計六点。このうち『ディオニュソス讃歌』は四〇ページほどの一種の自由詩であるが、それ以外はアフォリズムの集積だ。また、あとの四点、つまり『アンチクリスト』『この人を見よ』『ディオニュソス讃歌』『ニーチェ対ヴァグナー』は、ニーチェが精神の闇に閉ざされてから、友人の手によって出版されている。

本書にはこの狂乱の一八八八年の作品群から『偶像の黄昏』と『アンチクリスト』が収められている。『偶像の黄昏』については、一種の自伝ともいうべき『この人を見よ』の中に以下の記述がある。「序言は、一八八八年九月三日に出来上がった。それを書き終えて外に出ると、オーバーエンガーディーンがかつて私に見せたこともないほどの美しい一日が、眼前に繰り拡げられていた。――透き通って、とりどりの色も鮮やかに、氷と南国とのあらゆる対立、あらゆる中間を内に含みつつ――九月二〇日にようやく私はジルス＝マリーア村を離れた。その日まで洪水に引き止められていたので、とうとう私はこの素晴らしい村の最後のひとりの逗留者になっていた。この村に対する私の感謝の念は、村に不滅の名前をプレゼントしたいと願う」。九月二十一日にトリノに到着。カルロ・アルベルト広場に面した部屋に入る。「私はぐずぐずせずに、一瞬たりとも気持ちを逸らせないで、再び仕事に取り掛かった。九月三十日、大勝利。価値転換の書の完成。神のような気持ちでポー河の畔りを散策した。(…)私はあんな秋をついぞ体験したことがない。地上にあんな種類のことがおよそあり得るなどと思ったこともない」。

自分の名前を「不滅」としたり、河岸の散歩を「神のような」と言ったり、いわば一人で舞い上がっている多幸症《オイフォリー》の感は拭えない。

その後に脱稿した『アンチクリスト』の前書きには、この本を読む人のいわば資格についてこうある。「山頂で生きる修練——政治や民族的利己心という哀れな当世風のお喋舌りを足下に見くだす修練が必要である。(…)七つの孤独からなる経験。新しい音楽が分る新しい耳」。

当初ニーチェは『偶像の黄昏』のタイトルとして「心理学者の散策」という表現を考えていたが、友人かつ弟子のペーター・ガストが、あまりにパンチが効いていないという趣旨の難色を示したこともあり、ヴァグナーの楽劇『ニーベルンゲンの指輪』の最終部のタイトル「神々の黄昏」をもじったタイトルとなった。『アンチクリスト』は、当初の刊行にあたってペーター・ガストがタイトルを『いっさいの価値の転換。アンチクリスト』としたり、その後は存在しない『力への意志』なる著作の第一部に組み入れようとしたり、種々のおかしな編集があったが、白水社版ニーチェ全集の底本となった『批判的全集Kritische Gesamtausgabe』では、そうした難点は除去されている。

両著作ともキリスト教批判のみでなく、ダーウィニズム、サント゠ブーヴやジョルジュ・サンドなど同時代の流行の思想や有名人へのあたり散らしも含み、テーマは多岐にわたるが、現代から見て重要な要素を三点ほど上げておこう。

まずはキリスト教批判である。ニーチェのキリスト教批判の骨子はよく知られている。いわく弱者のルサンチマンに発する奴隷の道徳、いわく無の上に最高の価値なるものを打ち立てただけのニヒリズムなどなど。だが、重要なことは、ニーチェが宗教や理想主義の成立と解体を啓蒙の歴史として見ていたことだ。『偶像の黄昏』の中の「いかにして「真の世界」がついに作り話となったか」はそれをよく表している。そこにはプラトンによって発案された真なるイデアの世界がやがて、キリスト教によって敬虔な信仰者にのみ約束されるようになったことが、そして、カントとともに認識不能になったが、義務として真なる世界が残ったことが、そして最後に科学の勃興や啓蒙と共に真なる世界が解体されてしまったことが皮肉な表現で述べられている。そして解体と共に「朝食」の時が来る。それは「プラトンの赤面」でもある、と比喩ゆたかに暗示される。そして重要なのは、最後の文章だ。「真の世界を我々は廃絶してしまったのだ。で、どんな世界が残っているのか? ひょっとして仮象の世界が残っているのでは? そんなばかな! 真の世界と共にわれわれは仮象の世界をも廃絶してしまったのである」。そして「正午。最も影の短い瞬間」と続く。

真なる世界とともに見かけの世界もなくなった――つまり、真理と仮象といった二項対立もなくなる。あるのは、我々が日常で現実と思っているものだけだ。今まで真と思っていたものが、見かけにすぎない、いや、見かけですらないというのは、それは一種の学び直しである。理性などというのは特別な存在ではない。「我々ははじめから勉強し直したのである。あらゆる点で謙虚になった。もはや人間の由来を「精神」や「神性」の中に尋ねたりはしない。再び動物の中に人間を位置づけた」(『アンチクリスト』一四)。

ニーチェのキリスト教批判は時代の産物だ。つまり、ドイツ観念論の崩壊と共に形而上学が力を失い、一九世紀半ば以降の資本主義の中で一部再生したキリスト教の欺瞞がますます明らかになってきた事態の告発だ。「一部再生した」と言ったのは、十八世紀啓蒙とフランス革命で力を失ったはずのキリスト教だが、ナポレオン戦争の終結に伴い、そしてその三〇年後の一八四八年の三月革命の失敗の後ますます復活してきたことだ。だが、そうしたキリスト教は非情な資本主義社会の政治的潤滑油の機能と家族中心社会の心情的蝶番の役割を果たしたにすぎなかった。ニーチェが好んだスタンダールの『赤と黒』はまさにその事態の告発だった。こうしたいわゆる「再宗教化の欺瞞」はニーチェには耐え難かった。キリスト教の欺瞞の告発こそ彼の本領だ。「僧侶にしてからが（…）もはや「神」など存在しないということを、知っているのだ。（…）教会の概念はすべてその正体を見破られている。（…）悪質な贋金づくりである」。「しかも、それにも拘らず、いっさいは昔のままだ。普段には非常に囚われのない種類の人間であり、行動の上では徹底的な反キリスト者である現代の政治家諸公でさえもが、今日なおキリスト者を名乗り、聖餐式に列席している有様では、そもそも礼節品位という、自己自身への尊敬という、あの最後の感情は何処へ行ってしまったと言えるのか」（『アンチクリスト』三八）。かたちだけ教会に行きながら、裏ではとても人には言えないことをしているほとんどアンチクリストと言ってもいい政治家という事態は、今でも変わっていない。

ここでは、我々がいわゆるポスト形而上学（ハーバーマス）の時代にいるという認識がある程度先取りされている。その新たな時代に必要な真の自律性がキリスト教徒には欠けている。「信仰の人は（…）必然的に、依存的な人間である」（『アンチクリスト』五四）がゆえにニーチェは、キリスト教を批判し、人間の真の自律性を希望した。その意味でニーチェが求めていたのは、アドルノが一九五〇年、ニーチェ死後五十年を記念したホルクハイマーおよびガーダマーとのラジオ討論会で述べているとおり、「市民社会の牢獄」とその蝶番のキリスト教から「解放された人間」である(1)。

そしてニーチェは初期の断片「道徳外の意味における真理と虚偽」以来、人間には固有の能力として言語があることを強く意識していた。言語に依拠した概念化の能力こそは、宗教による人間支配の、また科学による自然支配を可能としていることをニーチェは知っていた。キリスト教とプラトニズムは一緒になって、理想を語る言語を通じて人間を支配してきた、というのだ。ただ、ニーチェが目を向けなかったのは、人間には言語だけでなく、言語による意思疎通の能力が、いや正確に言えば、人間の集団にはあることだった。孤独な自我といえども他者と共通する言語を使って「七つの孤独」を語らざるを得ないのだ。共同性が孤独の前提なのだ。そのことを見ないで、プラトンとキリスト教に発する「弱者の道徳」を軽蔑しても、最終的にはコミュニケーション能力を失い、自己喪失に至らざるを得ない。本書のアフォリズム群はそうしたプロセスの痛ましい痕跡でもある。再生したキリスト教への見事な批判が、唯我独尊的な「高貴な価値」論へと落ち込んでいった軌跡を一九世紀の知的悲劇の重要な一幕として我々は見ることができる。

二番目に重要なのは、同時代のドイツ人への批判である。

『偶像の黄昏』には、「ドイツ人に欠けているもの」と題した一説がある。大国の一員に上昇したドイツへ皮肉を飛ばすのがニーチェは大好きだった。「ドイツ人、かつては思索家の民と言われていたはずですが、今日でもなおドイツ人は物事を何か思索しているといえましょうか?」「この民衆は、自ら望んで自分を愚劣にしてまいりました」。「ドイツの大学(…)には、何という空気が支配していることでしょう」などなど。『この人を見よ』の中では、「私は生まれつき、私の本能の最深部において、ドイツ的なものが何から何まで疎ましくてたまらず、ドイツ人が近寄って来ただけで消化が悪くなるほどの人間である」とまで言っている。ニーチェが終生嫌ったのは、普仏戦争に勝ってプロイセン主導の統一を成し遂げ、大国として栄え出したビスマルクのドイツ、その中でのドイツ人の自己満足や俗物根性ぶりである。そもそも政治的隆盛の中でスラブ系民族への軽蔑が広く行き渡っていた時代に、自分はポーランド貴族の末裔であると僭称するぐらいだから、本当にドイツが嫌だったのだろう。それに対してフランスの文化を彼は若い頃から限りなく愛した。親しくヴァグナー家と交際していたバーゼル時代の一八七〇年には、夫人のコジマ・ヴァグナーからクリスマス・プレゼントしてモンテーニュの豪華本全集を贈られたエピソードからもそれはわかる。そのことを記した同年末の家族宛の手紙には「私がとても尊敬しているモンテーニュ」とある。「ドイツが強国として登場するその同じ瞬間に、フランスは文化国家として、今までとは違った重要性をかち得ております」(『偶像の黄昏』「ドイツ人に欠けているもの」三)。「私はフランスの教養しか信じない。それ以外のヨーロッパで「教養」と言われているものは誤解だと私は思う。ドイツの教養については言わずもがなだ」(『この人を見よ』)。

そもそもニーチェは当時のヨーロッパに蔓延ったナショナリズムを「ナショナリティの狂気」と呼んで毛嫌いした。日本ではニーチェを読んで日本回帰したり、「日本すごい」のナショナリズムに走った人々が戦前からそれなりにいた。ニーチェ研究者にもいたが、ニーチェを愛読した三島由紀夫も含めてそれはまったくの誤解だ。

ところが、フランス好きのニーチェといえども、フランスも現代の問題性に病んでいることは認めざるを得ない。ジョルジ・サンドは大嫌いだった。それゆえにドイツもフランスも共通する現代とは違う過去、例えばルネッサンスを彼は愛した(「現代ヨーロッパ人はルネッサンス期のヨーロッパ人と比べてはるかに価値が低い」)(『アンチクリスト』四)。しかし、そのルネッサンスといえども、無の上に価値を打ち立てたヨーロッパの一段階だ。それゆえにニーチェが向かったのは、そうしたヨーロッパの誕生以前のギリシア、すなわちソクラテス以前の異教的=ディオニュソス的ギリシア、運命悲劇の時代である。とはいえ、それも所詮はヨーロッパの始まりの始まりには違いない。そしてついには脱ヨーロッパの思想に辿り着く。それが古代ペルシャの宗教創設者ゾロアスター、つまりツァラトゥラだ。晩年の手紙を読むと、雨が少ないとの情報でメキシコ移住も考えていたらしい。そして雨が本当に少ない、つまり空気が乾いているとの誤報に接して日本への移住も一瞬頭をよぎったらしい(知己に浮世絵の蒐集家がいたことも働いていたようだ)。アメリカに出来つつあったファン・クラブからの招待は断っているが。いずれにしてもドイツ嫌いには、こうした脱出思考の連鎖の最初の段階であることもわかる。そもそも西欧などという区分は若い頃から嫌いだった。「東洋とか西洋とかいうのも、わたしたちの気の小ささをからかうために何者かが勝手に引いた白墨の線でしかない」とは、『教育者としてのショーペンハウアー』で、自由を求める学生にニーチェが叫ばせている言葉である

（『反時代的考察』「教育者としてのショウペンハウアー」）。

三番目、そして最後にモダニズムとデカダンスについて手短に述べておこう。晩年に顕著になってくるのは、モダニティとデカダンスの両義性が収斂する極点を踏査し尽くそうとするかぎりなく知的な思いである。『アンチクリスト』の冒頭では、「われわれは極北の民である」と古代ギリシアから見て遥か北に住むとされた名も知れぬ北方の民を指す言葉が使われ、すぐにその言い換えとして、「近代人der modern Mensch」と言われる。そして「われわれはこの近代性（Modernität）という病気にかかっていた」とつづく。「近代性」とは、ここでは安易な妥協や偽りの平和であり、またなにもかも理解する教養主義であり、それと同義の歴史的相対主義である。ようするに彼の時代の文化である。

だが、元来この言葉は当時は、反抗的な意味を持ち出していた。市民社会の自己満足への批判が、文学におけるモダニズム（ドイツ語ではdie Moderne）であり、建築におけるそれであり、音楽における新たな動きであった。建築といえば、ニーチェはトリノに当時できたアレッサンドロ・アントネリの設計による高層の商業ビルを、そしてその設計者を崇拝していた。彼の葬儀にも参列している。同じころアメリカのセント・ルイスにできた巨大な高層ビルの設計者にして、モダニズム建築の巨匠フランク・ロイド・ライトの友人でもあったサリヴァンは『ツァラトゥストラ』の愛読者だった。(2) いわゆるモダニズム建築は、ニーチェの書いたもの全てと同じく一九世紀の臭気からの決別を意味していた。いや反抗だった。もちろんそうしたモダニズムは、すべての革新運動と同じに、進歩と退行の両面を宿していた。ニーチェは自分の哲学が、そしてその文体がそうした両面を生きていることを自覚していた。それはまたモダニティとほぼ同義のデカダンスの概念にもあてはまる。

当時デカダンスをそのライフスタイルにおいても詩作においても体現していたのはボードレールである。アブサンと夜の女性たち、都会という地獄の悦楽、大衆の中を泳ぎ回りながらも大衆から密かに距離を保つ快楽――この詩人をニーチェはこよなく愛した。アルプスの高地と地中海の岸辺を彷徨う孤独の哲学者は、キリスト教やプラトニズムを激越に批判しながら、パリと不可分に結びついたこの詩人を発見し、読んだ。同時に、フランスにおいて最も早くヴァグナーを発見していたのはまさにこの憂愁の詩人ボードレールにほかならなかった。「そもそもヴァグナーに一番最初に帰依した知性ある人は誰であったか？　それはシャルル・ボードレールであった。彼は最初にドラクロワを理解した人物で、典型的なデカダンである。当時の芸術家という種族全部がその中に再認されうるような典型的なデカダンである」（『この人を見よ』「なぜ私はかくも怜悧なのか」）。そして自分自身についても「私は一個のデカダンなのであるが、それとはまた別に、私はデカダンの正反対のものでもある」（『この人を見よ』「なぜ私はかくも賢明なのか」）

「常にモダンであらねばならない」という有名なキャッチフレーズを残したボードレール、デカダン精神を体現した芸術評論家でもあるボードレール、モダニティのあけぼのそのものを体現しながら、そのことに苦しんだニーチェ――こうした両義性の中にニーチェは生きていた。

先に触れたように、ドイツ敗戦後五年の一九五十年に、アメリカ亡命から帰国したホルクハイマーとアドルノは、ドイツに残りながら解釈学の伝統を絶やさなかったガーダマーとニーチェについて座談会をしている。その席でホルクハイマーはおよそ次のように述べている。ニーチェはキリスト教では世界は良くならないことを見抜いたためにアンチクリストを称した。また市民階級は社会問題を解決できないことを見抜いたために貴族主義を宣揚した。そして、科学の進歩ではなにも得られないことを見抜いたために、真理の価値そのものを疑った。そしてこう結論づける。「もしもこうした無力の認識自体を哲学の課題としていたら、アンチクリストを美化しないで済んだのに」と。そしてアドルノは続ける。「市民社会を批判する思考そのものが、現実の歴史的傾向に潜む暴力を体現している」ことを彼は見抜けなかった、と。先にも述べたように、すべての革新運動は進歩と退行の両面を宿してしまう。モダニティとデカダンの両犠牲をニーチェはわかっていた――その認識の深化をわれわれにニーチェの思想は要求している。その意味でニーチェは今もわれわれをとらえて離さないのだ。

（1） Horkheimer, Max, *Gesammelte Schriften*, Frankfurt 1989, Bd. 13.S. 114.

（2） Buddensieg, Tilmann, *Nietzsche* Italien, 2002, S. 184-189.

解説

思想を初源と根底とから否定する

吉本隆明

1

新約書に触れたニーチェの言葉――「福音書がわれわれを導き入れるあの奇妙な病的な世界――まるでロシアの小説にでも出て来そうな、社会の屑や神経病や、『子供のような』白痴の群れが密かに密会をしているように見える世界」(『アンチクリスト』、本書二〇一～二〇二ページ)、この言葉ほどかつてわたしに衝撃を与えた言葉はなかった。わたしたちは誰も、ある瞬間、ある場面では真摯で敬虔であることもできれば、投げやりで、ふて腐れた態度であることもできる。そしてどの態度を択ぶかは、当面しているものの質の如何によるのだ。

新約書は真摯で敬虔であることを強いるだけの力をもった最大の書物のひとつだといえる。わたしはまさしくそう読んでいたとき、ニーチェのこの言葉につきあたったのだ。いったん視線を目覚めさせられると、ニーチェの言葉は怖ろしいほどの真実の言葉として迫ってくる。たしかにニーチェのように醒めた冷静な眼で読めば、福音書は、大工の子の神がかった誇大な言葉と、流浪する布教行為にだまされた漁師の子シモンやその兄弟アンデレや、ゼベダイの子ヤコブや、その兄弟ヨハネや、税吏アルファイの子レビなど、どうみても「社会の屑や、神経病や子供のような」白痴の群れが密会して、小さな不徳について大騒ぎをやらかしている卑小な世界におもえてくる。

ほんとのところ、わたしたち異教徒で異邦人の眼からみれば、新約の福音的な世界を聖なる倫理や信仰とみても、ニーチェのようにアンチクリストの眼で嘲笑的にみても、どちらでもいいことになる。だが福音書が偉大なのは、そこに記述された貧しき者、賎しき者、いっさいの蹂躙された者、悲惨な者、出来損ないの者、うまく行かなかった者の福音、復讐、怨恨の道徳的な正統性を認めるかどうか、択一を強いる力能をもっているからだ。

同じようにニーチェのアンチクリストが偉大におもえるのは、福音書の世界を卑小な者たちの小さな不徳をさも重大らしく論議している箸にも棒にもかからない世界だとみなす切迫した息づかいに力があるからだ。ただニーチェのように、ユダヤ＝キリスト教的な信仰、倫理、福音を初めから終わりまで全部否定するためには、西欧文明の歴史をすべて根底から根こぎにできなくてはならない。そしてニーチェは満身の力をこめてそれをやっている。ソクラテスからはじまり、セネカ、ルソー、シラー、ダンテ、カント、ヴィクトル・ユーゴー、リスト、ジョルジュ・サンド、ミシュレ、カーライル、スチュアート・ミル、ゴンクール、ゾラ、それからルナン、サント・ブーヴ。かれが西欧的思想の典型とみなして親和した巨匠たちに対して、短いが鋭い否定の言葉を酬いている。だがこのやり方では、なかなか歯が立たない。また一個のニーチェの生涯では二千年を生きるよりほかにどうすることもできない。そこでニーチェは歴史、少なくとも因果の連鎖としての歴史を否定する。現実の動きには因果もなければ、目的もなく、ただ偶然の出来事があるだけだ。ニーチェはこうしてはじめて、歴史を同時代の感覚から倫理までの諸概念におきかえている。もっと別の言葉でいうこともできる。ニーチェは歴史を頭から否定し、またいちばん最後から否定する。歴史はそこで否定の円環になって非歴史に転化するよりほかなくなってしまう。わたしは手短にそれを列挙してみる。

（1） 感覚は自然で偏らない。それなのに感覚的な把握を危ふやなもの、当てにならないうわべだけのもの、たんなる本能や無意識の生理からでてくるものとして卻《しりぞ》ける作為から「理性」という概念が登場し、この登場とともに感覚的な自然に背いた「偽り」が造りあげられてゆく。

（2） 道徳は、キリスト教的な心貧しきものの擁護であれ、カント的な格律であれ、人間の生命の発現のしるしである情熱《パッション》に対する違反だ。その根底には切断（割礼のような）、去勢による生命の衰退がある。いいかえれば道徳は生の根元に対する攻撃なのだ。僧侶、哲学者、またある種の芸術家は、不能者になれない禁欲者、不能者そのものの役割を演じている。現在まで教えられ、尊重され、説かれてきた道徳はすべて生の本能に逆らって、それにくびきをかけるものとして存続した。

（3）すべての良いものは本能だ。良いものは軽やかで、必然的で、自由なものだ。辛苦、苦悩、衰弱、病気、憔悴と欠乏、罪、これは本能の発想をさまたげる欠陥のしるしだ。

本能と反対に、意志はもともと人間を罰し、裁きたいという目的から生まれたものだ。人間の生命はもともとただそうあるかたちを本来とするので、目的を設けたり、現実が目的をもつかのようにみなすことなど何の意味もない。人間は「必然であり、一片の運命であり、全体に属し、全体の中にある」ものだ。つまり偶然とおなじだ。裁き、測り、比量し、議論するものなど人間の生や歴史にはなにもない。

（4）もし道徳が設定できるものとすれば、それは「正反対へ向かう無制限の意志」を具えていなければならないはずだ。これは秩序に飼い馴らされることではなくて、むしろ懲罰で鍛え上げられたものだ。いってみればとても不気味な問題なのだ。

（5）福音書は、チャンダーラ（賤民）の憎悪を道徳として永遠化した第一級の証拠文書だ。キリスト教は一切のアーリアン的価値に対する価値転倒で、チャンダーラ（賤民）的価値の勝利をつげている。

（6）ダーウィンの適者生存の説はむしろ間違っている。生きのこるのはいつも弱者だ。なぜなら弱者はたくさんの精神を具え、利口だからだ。強者は精神を不要とし、それを失い、じぶんで滅亡にいたる。

（7）愛他の道徳、我欲を枯らしてしまう道徳は良くない徴候で、本能的に自分に有害なものを択ぶことになる精神のデカダンスというべきだ。

こんなふうに要約していきながら、ニーチェの溢れるような官能が、ぜんぶしぼんでしまうのを感じる。あらためてニーチェとは何者なのかという問いがやってくる。わたしにとってはなによりもアンチクリストの思想家としてあった。ユダヤ＝キリスト教がつくりだした倫理的な善、虐げられた貧者と悲惨な者たちに加担する倫理、それがなかったら社会改革の論理や理念など生まれなかったであろう方向づけられた思想の秩序、要するに近代にいたるまでの西欧文明の支柱となった母体の思想を、初源と根底とから否定してみせた思想家だ。わたしはニーチェのアンチクリストの理念にアンビバレントな共感を感じてきた。

だが貧民や社会の下層にあるもの、服従を強いられて生きる弱者に対して、チャンダーラ〈賤民〉呼ばわりするニーチェの傲慢さは、どうしても病気としかおもえなかった。そこにはニーチェの言語が透過してゆかない壁があり、この貧民に対するチャンダーラ〈賤民〉呼ばわりのところでは、ニーチェは硬直し、生真面目になってしまっている。ここには追及されるべきニーチェの病像の謎がかくされているとおもえる。ニーチェは単なる理念や論理ではない。また体系的な理性ではない。感覚、本能、生命の肯定、いってみれば健康な生命の表層を、貧欲にくりかえし擁護しているが、それでも擁護が沸き出てくるところは、けっして表層ではなくて、深い無意識の地層からのようにおもえる。ある場合にはニーチェの言葉は、かれが攻撃と否定の対象にしているユダヤ＝キリスト教的な信仰や道徳の源泉よりも、もっと暗い深部から発生してくる欲望の声のようにさえみえる。これは感覚と生命の流れとが一体になって触れあいながら、無意識の核のところで根源的な「否定」の声を発しているのだとおもえる。論理と理念がアンチクリストなのでもなく、現実に対する意識がアンチクリストなのでもない。無意識の核にある「否定」が、まるで母に対する嬰児の「否定」のようにアンチクリストだというべきではないのか。もしニーチェのアンチクリストが自身に対する誇大妄想として病気だといえるのなら、この病像は深く遠い無意識の核に秘められたものだ。この無意識の核にある「否定」の領域にまで、西欧の文明の歴史を閉じこめたうえで、ニーチェのアンチクリストはさまざまな倫理を暴き出している。病んだ無意識の母胎に病んだ文明を入れて、わたしたちに病像と病像とが角逐するドラマをみせてくれている。

2

ニーチェとは何者か。どんなものよりも深いところから、本能、感覚的印象、歩行（歩くこと）の動きなど、刹那的な、表面的なものとおもわれてきたものに、最大の価値をあたえた生の福音者だ。だがそう規定したとき誤解している。ニーチェの印象は不健康な者の言葉で、健康の輝きを讃美するようにおもえるからだ。

ニーチェが賢者とか、偉大な人物はみな病んでいるという判決を下しているのは興味ぶかい。なぜかといえば、いくばくかの度合で、わたしたちの胸に実感として響いてくるからだ。ではかれら偉大な人物たちは病んでいることをおおいかくすために、無理に偉大を志したのか。それとも偉大を志すことが病むことにつながったのか。ニーチェはこの歴史肯定か歴史否定かという根本問題をあれかこれかの形で露出させている。これはかつてありえなかったし、そのあともありえない問題を、ニーチェが提起したことを意味する。たとえばマルクスが提起したのは、わずかに資本主義制度としての歴史の現在であり、歴史区分でいえば、「前史」の終焉と「本史」の始まりということだった。ではニーチェの歴史肯定か歴史否定かという根本提起は、どこにつながるかといえば、ユダヤ・キリスト教文明か、それともその全否定としてのアンチクリストかということだ。

3

ニーチェはつぎにギリシャ的という概念に牙を向ける。ニーチェにとってソクラテスの問題とは、ソクラテスの志向がユダヤ＝キリスト教的な文化に向いているという批判だった。これはギリシャ古典にむかうわたしたちを根底から躓かせる。

(1) ソクラテス＝プラトンはギリシャ解体、衰亡の象徴で、ギリシャ的ではない。

(2) ソクラテスは最下層の民衆の出自で、醜く、「外観においても怪物、魂においても怪物」で、こころは邪悪の心情と欲望でうごめいていた。

(3) ソクラテスは、無意識的な本能の荒廃、傴僂に特有の底意地の悪さ、病的な幻想をもっていた。たとえば『弁明』には「わたしには、何か神からの知らせと鬼神《デーモン》からの合図とかいったものが、よく起るのです。それは、メレートスも、訴状のなかに、茶化して書いておいたものです。これはわたしには、子供のときから始まったもので、一種の声となってあらわれるのであって、それがあらわれるときは、いつでも、わたしが何かをしようとしているときに、それをわたしにさし止めるのであって、何かをなせとすすめることは、いかなる場合にもない」(プラトーン『ソークラテースの弁明』田中美知太郎・池田美恵訳)と書かれている。

これはむろん資質的に病気の徴候だ。だがニーチェがソクラテスについて言いたいのは、ソクラテスが本能的な怒りを強いて抑圧することで、はじめて冷静な理性的な物言いをしているということだ。本能的な怒りを抑圧して冷静な物言いをすれば、その言及の仕方にはひとりでにふるえの響きがあるはずだ。その響きを抑圧すれば、つぎの言及にはふたたびふるえの響きが起こり、これは無限の階程をくり返すはずだ。だがソクラテスはどうしてもそんなふうにならない。自分のことを他人ごとのように客体化する言及の仕方が、次第にあらわれてくる。これは「理性」の力ではなく、ニーチェによれば病的な「底意地の悪さ」なのだ。『弁明』のなかでソクラテスは、じぶんの死刑の判決に同意した人々にむかってこういう。

　さて、それでは、次には、わたしに有罪の投票をした諸君よ、諸君のために予言をしておきたいと思う。なぜなら、わたしもいま既に、人間が最もよく予言するときにあるからだ。つまり正《まさ》に死なんとするときにあたっているのです。わたしの言うことは、すなわちこういうことだ。諸君よ、諸君はわたしの死を決定したが、そのわたしの死後、間もなく諸君に懲罰が下されるだろう。それは諸君がわたしを死刑にしたのよりも、ゼウスに誓って、もっとずっとつらい刑罰となるだろう。なぜなら、いま諸君がこういうことをしたのは、生活の吟味を受けることから、解放されたいと思ったからだろう。しかし実際の結果は、わたしの主張を言わせてもらえば、多くはその反対となるだろう。諸君を吟味にかける人間は、もっと多くなるだろう。彼らをいままでわたしが引きとめていたので、諸君は気づかないでいたわけなのだ。そして彼らは、若いから、それだけまた手ごわく、諸君もまたそれだけ、つらい思いをすることになるだろう。というのは、もし諸君が、人を殺すことによって、諸君の生き方の正しくないことを、人が非難するのを止《や》めさせようと思っているのなら、それはいい考えではない。なぜなら、そういう仕方で片づけるということは、立派なことでもないし、また完全にできることでもないのだ。むしろ他人を押えつけるよりも、自分自身を、できるだけ善い人になるようにするほうが、はるかに立派で、ずっと容易なやり方なのだ。さて、以上が、わたしに死刑の投票をした諸君に対するわたしの予言なのであって、これでもうお別れだ。

（プラトーン『ソークラテースの弁明』田中美知太郎・池田美恵訳）

人間はどんなとき生活の吟味を強いられるのか。ニーチェによればそれは余計なお世話なのだ。だがソクラテスの倫理は、アテナイ人に生活の吟味を強いる。ソクラテスはアテナイ的な道徳の系譜を発生させた。ニーチェによればアテナイの生命の衰弱が、ソクラテスの衰弱を象徴する倫理的な干渉を受け入れる基盤をもっていたことになる。これはソクラテスが狙った立派な復讐の予告になっている。懲罰の下し方は、じわじわと忍びよる締めつけの気配を、じぶんの死後に信じることだ。生き方、生活の仕方が正しいか正しくないか、吟味をもとめるほうが正しくない。それはニーチェによれば道徳主義なのだ。ソクラテスは正しくない。まして死後の懲罰で脅している。そのうえソクラテスはじぶんの異常な幻聴の徴候をいつものとおり鬼神《デーモン》のささやきのように思いなしている。今後はその否定の声が聴きとれないことを、じぶんの死の善いしるしとみなしている。

ところが今度、わたしの身に起ったことは、諸君も親しく見て、知ってられるとおりのことなのであって、これこそ災悪の最大なるものと、人が考えるかも知れないことであり、一般にはそう認められていることなのです。ところが、そのわたしに対して、朝、家を出て来るときにも、神の例の合図は、反対しなかった。また、この法廷にやって来て、この発言台に立とうとしたときにも、反対しなかったし、弁論の途中でも、わたしが何かを言おうとしている、どのような場合にも、反対しなかったのです。ところが、他の場合には、話をしていると、それこそほうぼうで、わたしの話を、それは途中からさし止めたものなのです。ところが今度は、いまの事件に関する限り、行動においても、言論においても、わたしは反対を受けないでしまったのだ。それなら、何が原因なのだろうか。わたしの考えていることを、あなたがたにわたしはお話ししよう。つまり今度の出来事は、どうもわたしにとっては、善いことだったらしい。そしてもしわれわれが、死ぬことを災悪だと思っているのなら、そういうわれわれすべての考えは、どうしても正しくはないのです。何よりも、わたしの身に起ったことが、それの大きな証拠です。なぜなら、例の神の合図が、わたしに反対しなかったということは、わたしのこれからしようとしていたことが、何かわたしのために善いものではなかったなら、どんなにしても、起り得ないことだったのです。

（プラトーン『ソークラテースの弁明』田中美知太郎・池田美恵訳）

ニーチェの意地悪い解釈で、ソクラテスが頼りにしている幻聴＝異常体質が、否定の託宣を下したり下さなかったりするしるしは、例外的なケースではなく、アテナイの世界そのものが退化変質しつつあったことのあらわれにすぎない。ソクラテスはそれを極端なデーモンとして身につけ、また極端にそれを抑圧することができた。その醜い怪物性がソクラテスが人の心を魅了した理由になっているとかれはかんがえている。

ニーチェはまたも極端まで走ってゆく。アテナイ人たちが当面していたのは、ほんとは「理性」かそれとも破滅かという切羽つまった危機であり、「理性」がソクラテスにとってもアテナイの哲学にとっても至上のものとされたのは、こんな病的な理由からだ。本能、無意識、自然にさからうものとして仕方なしに「理性」が択ばれたにすぎない。これがソクラテスのデカダンスとその魅力だった。

ソクラテスは何が何でもしゃにむに死にたかったのだ。だからいつも否定をささやくはずだった鬼神《デーモン》が、死ぬなとささやかなかった。じぶんは病気だったのだから、死だけが医者であることを知っていたので、アテナイが毒杯を与えるように仕向けたのだ。これがニーチェの意地悪い解釈だ。

ソクラテスが死についてつくりあげた弁証は、いわば負けおしみであり、詭弁であり、じぶんが仕向けたということを揚棄するための抜け目のない弁明だ、とニーチェはいう。

しかし、考えてみようではないか。それが善いものだということは、またこう考えてみても、大いに期待できることなのです。つまり死ぬということは、次の二つのうちの一つなのだ。あるいは、全くの無といったようなもので、死者は何も少しも感じないのか、あるいは、言い伝えにあるように、それはたましいにとって、ここの場所から他の場所へと、ちょうど場所をとりかえて、住居を移すようなことになるかなのです。そしてもしそれが、何の感覚もなくなることであって、人が寝て、夢一つ見ないような場合の、眠りの如きものであるとしたならば、死とは、びっくりするほどの儲《もう》けものであるということになるだろう。なぜなら、わたしの思うに、もし人が夢も見ないくらいに熟睡した夜を選び出して、その夜に並べて、自分の全生涯の、それ以外の昼と夜とをおき、これを比較対照するかたちで観察して、この夜よりも、もっとよく、もっと楽しく生きた昼と夜とが、自分の生涯のうちに、どれだけあったかを言わなければならないとしたら、思うに、普通の人は無論のこと、ペルシア大王といえども、そういう昼夜が、そうでない昼夜に比べて、ごく数えるほどしかないことを発見するだろう。だから、死がもしこのようなものであるとしたならば、それは儲けものであると、わたしは言うのです。なぜなら、その全時間は、このような事情にあっては、ただの一夜よりも、少しも永いことはないようにも見られるからです。また他方、死というものが、ここから他の場所へ、旅に出るようなものであって、人は死ねば、誰でもかしこへ行くという、言い伝えが本当だとするならば、これよりも大きい、どんな善いことがあるでしょうか、裁判官諸君。なぜなら、人はハーデースの住居に行きつけば、この世の自称裁判官たちから解放されて、本物の裁判官が見られるというのであれば、すなわちミーノースとか、ラダマンチュスとか、アイアコスとか、トリプトレモスとか、その他、その生涯において正義の士であった半神たちが、ちょうどまた、かの世で裁判をしていると言われているのですが、もしそうなら、この道行《みちゆき》は、果してつまらないということになるだろうか。あるいはまた、オルペウスやムーサイオス、ヘーシオドスやホメーロスなどと一緒になることを、諸君のうちには、どんなに多くを払っても、受容《い》れたいとする人があるのではないだろうか。というのは、わたしは、いま言われたことがもし本当なら、何度死んでもいいと思っているからです。

（プラトーン『ソークラテースの弁明』田中美知太郎・池田美恵訳）

『弁明』のなかで純粋「理性」が光を放っている数少ない個所だとおもえる。「死」についての冷静で透徹した認識が語られている。ソクラテスの生と「死」のあいだが橋を架けられていて、途中からひきかえすことなく誰でもがこの橋を渡れそうな気がしてくるほどだ。するとソクラテスとプラトンには、ギリシャ的なものが、ニーチェの言うよりも遙かにたくさん残されているというべきだ。

イデー選書（一九九一年）より再録

解題＝訳者あとがき

ニーチェ『偶像の黄昏』『アンチクリスト』

西尾幹二

本書に収められた二篇は、ニーチェの精神が錯乱し、深い暗闇に沈むおよそ三、四ケ月前に完成した作品である。ひきつづき『この人を見よ』が書かれて、その後、彼の精神は燃え尽きている。さながら火山の最後の爆発にも似て、短時日に白熱的な著作が相次いでまとめられた、一八八八年という多産な最晩年期に属する作品である。

一八八五―八六年冬以後、ニーチェの胸中に、四部作から成る『権力への意志』と題された大型の主著の構想が宿り、これが幾度も計画されては変更、中止され、さらに再計画がくり返されるといういきさつがあったことは、予てからよく知られている。本書所収の『偶像の黄昏』と『アンチクリスト』の成立次第は、『権力への意志』というこの幻の主著の行方と深く関わっている。

二十世紀の初頭にニーチェの妹エリーザベトや弟子ペーター・ガスト等の手で、ニーチェが書き残した断片や未完の雑稿の類が勝手に編集され、再構成されて、そこから『権力への意志』という架空の主著がでっち上げられたことは、以前より問題とされていた。当時それを疑問とする者がいなかったわけではないけれども、第二次大戦までは、原資料が妹たちの手に押さえられていた事情もあって、贋作『権力への意志』は最晩年におけるニーチェの思索の重要な到達点として扱われてきた。第二次大戦後になって、文献学的な疑問は確定的となった。けれども、ニーチェが最晩年に何らかの体系的主著を完成させようと悪戦苦闘し、ついにその計画は失敗し未完に終わったけれども、遺された断片や雑稿の山のなかに未完のライフワークの思想のすべてが内蔵されている、ということだけは疑われなかった。疑われたのは、妹たちがやったように、それらの断片や雑稿の山に何らかの主著の理念を外からもち込んで秩序づけることの間違いだった。

ところがその後事情は一転するのである。ヴァイマルに保管された原資料に、二人のイタリア人学者が一九六〇年代になって厳密に当たった。そしてニーチェの書き遺したすべての文字を、作為なしに、編集意図も入れずに、完全に時代順に配列し、出版するという一大事業を達成した。それがデ・グロイター版全集であり、白水社版ニーチェ全集は全面的にこれに依拠している。本書ももとよりそうである。

ところで、この実証的批判的なデ・グロイター版全集の編集の結果、一つの驚くべき事情が明らかになった。原資料に当たったイタリア人学者の結論は、最晩年のニーチェが体系的主著と取り組んで完成間近にまで悪戦苦闘したという事実はないこと、全力を傾けたライフワークがついに未完に終わったのではなく、何度も変更された主著の計画があって、ニーチェはそれの公刊意志をそのつど否定し、書かれた文章のあるものは未公刊のままに放置し、あるものはかなりの量を公刊された著作――われわれが翻訳を通じてすでに知っている――のなかに吸収した、という事実があるだけだ、ということである。

『権力への意志』という著作の実現する可能性が一番高かったのは、一八八八年二月頃であった。計画はこのとき、ある一定の見取図に向かって具体的に接近していたかのごとき外観を呈している。しかしそれ以後、ニーチェの思念の動きのなかに急速に微妙な変化が生じ、新しい関心や好奇心が動きだしている。と同時に、『権力への意志』の計画が思うに任せないことへの気落ちや苛立ち、ときどきうまく行きそうに思えるときの喜びや自信などが交替して現われる不安定が、大雑把にいって彼の特徴――一八八八年春から夏にかけての――を示すようになっていく。

そして、八月二十六日に、同書の最後の計画書が書かれた。「あらゆる価値の価値転換の試み」という副題を付けたこの計画書は、四部構成で各部三章から成る堂々たる体系的プランであったが、九月三日までのあいだに、どういうわけか、ある大きな心境の変化が生じ突如として全計画を撤回する一大決意が示される。『権力への意志』の企図はここで最終的に放棄されることとなるのである。この間の事情は、今日、資料的に明白に跡づけられている。

ニーチェはこのとき『権力への意志』の計画を断念はしたが、しかしその代わりに、今まで書き貯めた文章を整理し、自分の哲学の一つの「抜粋」を出版する企てを決定して、内容目録を作成した。その「抜粋」に最初彼は『一心理学者の怠惰な暮らし』という斜に構えた、洒落た題を付けていたが、ペーター・ガストの忠告もあって、『偶像の黄昏』と改めた。まもなく「抜粋」の内容目録を再吟味したニーチェは、このなかから四つの文章群を除外した。その一つは八月二十六日付の最後の計画に拠るところの『権力への意志』の序言として書かれた文章で、これは現行の『アンチクリスト』の第一―七節に相当する。他の三つの文章群もそれぞれ『アンチクリスト』の第八―一四節、第一五―一九節、第二〇―二三節に移行している。

いいかえれば、ニーチェは八月二十六日から九月三日までのあいだに、著作計画の方針を根本的に変え、『権力への意志』の草案として書き貯めていた文章を分類、整理して、これらの一部を『偶像の黄昏』にまとめ、一部は『アンチクリスト』の前半三分の一に役立てた、という結果が、今日はっきり残っているのである。それでいて彼は、体系的主著の計画を完全に諦めたわけではない。『権力への意志』の構想は放棄したが、代わりに当時、今まで副題としていた『あらゆる価値の価値転換』という名を冠した四部作構成の新しい著作計画が浮かび上がっている。そして、注目すべきことは、その第一部として、旧稿ですでに三分の一できあがっている『アンチクリスト』が予定されていたことである。

ニーチェが正気でいるあいだに書物の形になったのは、一八八八年九月以後の著作では、結局は『偶像の黄昏』だけであった。校正は九月を通じて行なわれ、印刷は十一月初旬に完了し、販売は翌年が予定された。十一月二十五日前後に、著者は見本刷四部を受け取っている。精神の薄明の淵に立つ約一ヶ月前の時期であった。

『偶像の黄昏』の校正作業が進んでいた九月に、並行して、『アンチクリスト』の残りの三分の二が書き進められた。前者はアフォリズム形式の断片集であり、思想のエッセンスのいわば抽出にすぎないが、後者には一つのテーマを執拗に追う展開がある。一種の歴史叙述でもあり、説得調の論述の仕方も際立っている。論の組み立て、構成もしっかり計算されているし、読者に訴えかける劇的な語り口も秀抜である。ニーチェは『アンチクリスト』において新しい文学的な伝達形式、表現形式を発見したのだといっても、過言ではない。あらためて計画された四部構成の主著の第一部に同作が据えられたことに、並々ならぬ自信が認められる。

ニーチェ自身はこのとき終結へ向かって没落しかけていたのではなく、再び主著を目指して再出発を果たしたのだといってもいい。『アンチクリスト』は、私見では、最晩年の最高の作品であり、彼の全著述のなかでも最良の部に属する。けれども、やがて例によって今度の主著の計画もまた挫折することになるのである。新しい四部構成のプログラムは再び幻と化す。十一月には、ニーチェは『アンチクリスト』を『あらゆる価値の価値転換』の第一部とはもはや見なさなくなり、むしろ『アンチクリスト』が『あらゆる価値の価値転換』そのものであると考えはじめ、これを副題に置き換えた。ところが、最終的には、「あらゆる価値の価値転換」という副題もまたニーチェの手で削られ、「キリスト教呪詛」という現行の副題が最後に残って、今日に至っている。

ただし、十月から年末へかけてニーチェの関心は特異な自伝『この人を見よ』に移った。また、ニーチェ自身が『アンチクリスト』の破壊力をより効果あらしめるには自伝を世に問うてから以後にこれを出版するほうがよい、との判断にも立っていたので、『アンチクリスト』の出版計画はしばらく見合わせていた。『この人を見よ』のほうが先に印刷に付せられた。そしてその印刷が校正段階にある一八八八年末から八九年初頭へかけて、ニーチェの精神的崩壊が歴然とし、すべての出版はしばらく中止のやむなきに至ったのである。

『アンチクリスト』が最初に刊行されたのは、一八九五年であった。それから五年経った一九〇〇年、明治三十三年に、ニーチェは死去している。

　第二九節でイエスに対し「白痴」と呼んだ語は、第二次大戦前の版ではすべて伏字であった。その他にも三ケ所永らく隠蔽された個所があったが、本書では注（38）（42）（66）において説明されている。

　以上私は、『権力への意志』という主著はついに幻であったとするデ・グロイター版編者の説に基づいて、本書の解題も、訳注も叙述しているが、膨大量の断片、雑稿、草案が主著を目指して書き継がれた当時のニーチェの精神の運動、星雲状のいわば混沌が、消えてなくなったわけではけっしてない。ヴァイマルに秘蔵され、その後公刊されたきわめて分量の多い遺稿断片集が、彼の混沌たる内奥の運動を暗示している。主著の世界は幻であったというイタリア人学者の説も、しょせん、一つの解釈にすぎない。一つの主張にすぎない。今後この説に対する再修正、再検討の試みが再び行なわれるときが来るのではないか、とも私は秘かに予感している。


『ニーチェ全集』第二期 第四巻（一九八七年）より再録

*

著者紹介

ニーチェ
Friedrich Wilhelm Nietzsche

1844年、プロイセン王国領ザクセンの牧師の元に生まれる。ボン大学、ライプツィヒ大学において文献学を学び、バーゼル大学古典文献学教授として教壇に立つ。『悲劇の誕生』、『人間的な、あまりに人間的な』などを発表するも体調の面から教職を辞し、以後療養のために様々な地をさまよいながら『ツァラトゥストラはこう語った』、『善悪の彼岸』他、多くの著作を刊行する。キリスト教道徳を痛烈に批判し今ある生を称える彼の哲学は、後世の思想家に多大な影響を与えた。1900年、精神錯乱の後、肺炎のため死去。

訳者略歴

西尾幹二
にしお・かんじ

1935年－2024年。東京大学文学部独文科卒業。文学博士。電気通信大学名誉教授。主な著書に『ニーチェ』(筑摩書房)、『ヨーロッパの個人主義』(講談社)、『国民の歴史』(文藝春秋)他。訳書に『悲劇の誕生』、『意思と表象としての世界』(ともに中央公論新社)他。

思想の
地平線

ニーチェ・コレクション
偶像の黄昏／アンチクリスト

訳　者©
西尾幹二

2025年4月 5 日　印刷
2025年4月30日　発行

発行者　岩堀雅己
発行所　株式会社白水社
東京都千代田区神田小川町 3-24
00190-5-33228　〒101-0052
www.hakusuisha.co.jp
03-3291-7811（営業部）　03-3291-7821（編集部）

本文印刷　株式会社精興社
カバー印刷　株式会社東京美術印刷社
製　本　誠製本株式会社

ISBN978-4-560-72140-7
乱丁・落丁本は送料小社負担にてお取り替えいたします。

本書は1991年に単行本として小社より刊行された。

白水Uブックス　1140